Ute Schall

Claudius –
der unterschätzte Kaiser und seine Zeit

Das Römische Reich 41–54

Dem Andenken
meines geliebten Bruders Horst
und meinen Geschwistern
Friederike und Klaus gewidmet.

Ute Schall

CLAUDIUS – DER UNTERSCHÄTZTE KAISER UND SEINE ZEIT

Das Römische Reich 41–54

ibidem
Verlag

Bibliografische Information der Deutschen Nationalbibliothek
Die Deutsche Nationalbibliothek verzeichnet diese Publikation in der Deutschen Nationalbibliografie; detaillierte bibliografische Daten sind im Internet über http://dnb.d-nb.de abrufbar.

Bibliographic information published by the Deutsche Nationalbibliothek
Die Deutsche Nationalbibliothek lists this publication in the Deutsche Nationalbibliografie; detailed bibliographic data are available in the Internet at http://dnb.d-nb.de.

ISBN-13: 978-3-8382-1432-0

Printed in the EU

Inhalt

Ein Wort zuvor

Wer die Bibliotheken der Neuzeit nach einer Biografie des vierten römischen Kaisers durchstöbert, Tiberius Claudius Drusus, wird bald frustriert aufgeben. Namhafte Historiker zählen ihn nicht zu den großen Kaisern Roms und haben sich schon deshalb kaum mit ihm beschäftigt. Und doch wird man nicht umhin können, ihn in gewisser Weise als Retter des Reiches oder doch des frühen Kaisertums zu betrachten. Denn nach den Auswüchsen eines Caligula musste er seinen Römern geradezu als eine Wohltat, als eine besondere Gunst des Schicksals erscheinen.

Im Gegensatz zu den neuzeitlichen Historikern haben ihm die Autoren der Antike, zeitgenössisch oder auch nicht, durchaus einen Platz in ihren Berichten eingeräumt, und er scheint nach deren Auffassung tatsächlich nicht der schlechteste Regent gewesen zu sein, der über das riesige Römerreich herrschte. Dies erschien ihnen umso erstaunlicher, als Claudius, wie er in den Geschichtsbüchern vereinfachend genannt wird, seit seiner Geburt an diversen Behinderungen litt und ihm niemand vorausgesagt hätte, auch nur die ersten Lebensjahre zu überstehen. Dass er dann über 60 Jahre alt würde und wahrscheinlich noch eine Weile länger gelebt hätte, wenn er nicht der Machtgier seiner vierten Ehefrau zum Opfer gefallen wäre, mag einem kleinen Wunder gleichgekommen sein.

Wer war er, dieser „Kaiser wider Willen“, als der er sich zumindest am Anfang gab? Dieser von der Natur betrogene Mensch, dem das Schicksal so übel mitgespielt hatte und den selbst seine Mutter als unfertiges Ungeheuer verachtete? Wer war er, der dennoch am Leben nicht verzweifelte, sondern versuchte, das Beste daraus zu machen? Schon früh, als er noch das Leben des unabhängigen Gelehrten führte, und erst recht, als ihn durch einen puren Zufall die Herrschaft überkam?

Es muss sich lohnen, sich mit seiner seltsamen Lebensgeschichte zu befassen. So will ich mich denn an die Arbeit machen.

Sein Name war Drusus

Rom schrieb das Jahr 744 *ab urbe condita* – seit Gründung der Stadt, nach der die Römer ihre Jahre zählten. Die Geschichtsschreiber späterer Jahrhunderte würden vom Jahr 10 vor Beginn der neuen Zeitrechnung sprechen. Aber daran dachte im Augenblick noch niemand, da die alten Götter noch herrschten.

Hoch im Norden des mächtigen Römerreichs, bei den aufrührerischen Stämmen der Germanen, träumte ein römischer Feldherr einen Traum, dem viele Römer anhingen: Er verfolgte Augustus' Vision von einem Rom, das bis an die Elbe reichte, ja womöglich weit über deren jenseitiges Ufer hinaus. Sein Name war Drusus, Nero Claudius Drusus (oder Drusus Maior), der als Decimus Claudius Drusus geboren wurde und der angesehensten Familie des Imperiums angehörte: Seine Mutter Livia Drusilla war die Ehefrau des Octavianus, der später Augustus genannt wurde und der Drusus' Stiefvater und als Princeps der mächtigste Mann Roms und damit der Welt war. In einer spektakulären Aktion hatte dieser die römische Schönheit, die dem höchsten Adel entstammte, der alteingesessenen Familie der Claudier, die hochschwangere Livia, dem Ehemann entführt und sie und sich damit dem Spott einer ganzen Stadt ausgeliefert.

An seinen leiblichen Vater Tiberius Claudius Nero hatte Drusus, der jüngere Stiefsohn des Octavianus Augustus, nur eine vage Erinnerung. Denn dieser starb, als der Junge gerade fünf Jahre alt war, vermutlich an gebrochenem Herzen. Er hatte die Schande, dass ihm der junge Aufsteiger Octavianus die hochschwangere Ehefrau weggenommen hatte, nicht verwunden. So musste Drusus, gemeinsam mit seinem vier Jahre älteren Bruder Tiberius, dem nachmaligen Kaiser, als kleines Kind ins Haus des Stiefvaters umziehen.

Da war der Spott der Römer schon weitestgehend verstummt. „Wer Glück hat, bekommt auch noch ein Dreimonatskind", hatte ganz Rom, Drusus' Geburt begleitend, gelacht. Denn Livia Drusilla, die sich jetzt als Augustus' Gattin in unverdientem Ruhm sonnte, war damals, Schwangerschaft hin oder her, nur allzu bereitwillig dem hoffnungsvollen Aufsteiger (der zu jener Zeit, wie gesagt, noch Octavianus hieß) gefolgt, hatte ihren Ehemann verlassen und mit ihrem Liebhaber einen neuen Lebensbund geschlossen. Drei Monate nach der skandalösen Hochzeit war ihr zweiter Sohn, eben jener Drusus, zur Welt gekommen, und das Neugeborene dem Vater „zurückgegeben" worden, wie das Gesetz es befahl …

Nicht nur viele Bürger Roms, auch Drusus' jüngerer Sohn, der spätere Kaiser Claudius, waren davon überzeugt, dass sein Vater die Frucht eines Ehebruchs Livia Drusillas mit Octavianus war. Tatsächlich lassen erhaltene Bildnisse den aufmerksamen Betrachter gewisse Ähnlichkeiten zwischen Augustus und dem Vater unseres Protagonisten erkennen, der sich auch in seinem Wesen so auffällig von seinem älteren Bruder Tiberius unterschied.

Offiziell freilich galt Drusus als Stiefsohn des Augustus, der den jungen Mann später ebenso wie dessen Bruder mit Aufgaben nördlich der Alpen betraute, die die Erfahrung manches gestandenen Feldherrn herausgefordert hätten. Und dennoch gelang es dem ungleichen Brüderpaar scheinbar mühelos, das aufmüpfige Volk der Raeter dauerhaft zu befrieden und ihr Stammesgebiet dem römischen Imperium einzuverleiben.

Doch allen Eroberungsversuchen widersetzt hatten sich bisher die bis zum Nordmeer siedelnden Stämme der Germanen, zu denen der Generationen später wohl bekannteste römische Geschichtsschreiber Cornelius Tacitus bemerken sollte, sie seien wegen ihrer Freiheitsliebe dem römischen Imperialismus noch gefährlicher als die Parther, ja es handele sich bei ihnen um den Feind Roms schlechthin.

Jenen sturen Wilden also sollte Drusus den römischen Frieden bringen, was immer man im Zentrum der Macht darunter verstand: Zivilisation, mediterrane Stadtkultur und ein Rechts- und Verwaltungssystem, mit dem ein Volk, bei dem noch immer in weiten Bereichen Blutrache und Faustrecht galten, wenig anfangen konnte und wollte.

Beachtliche Erfolge nicht kriegerischer Art konnte Drusus in Germanien mittlerweile vorweisen, so die nach ihm benannten *Fossae Drusianae*, Kanäle, die den Rhein mit der Zuidersee verbanden. Doch auch auf dem Kriegsschauplatz war er erfolgreich. „In vielen Schlachten", so sein antiker Biograf Suetonius Tranquillus, „schlug er den Feind und ließ nicht von der Verfolgung ab."[1] Er hätte sicherlich gut daran getan, sich mit dem Erreichten vorerst zu begnügen. Aber Drusus war ehrgeizig. Er kehrte kurz nach Rom zurück, wo ihm Augustus das Recht des kleinen Triumphes zugestand und ihm die Triumphabzeichen verlieh. Nach Prätur und Konsulat nahm der junge Mann den Feldzug gegen die Germanen wieder auf, siegreich zunächst wie gewohnt, aber die Götter Roms gönnten ihm weiteren Ruhm nicht. Und dennoch meinten sie es gut mit ihm. Sie schickten ungünstige Vorzeichen, die ihn hätten warnen sollen. Doch er schlug alle in den Wind. Stürme und schwere Gewitter, wie sie seit Generationen nicht mehr beobachtet worden waren, fegten über Italien hinweg, Tod und Verwüstung hinterlassend. In Rom „gingen viele Tempel zugrunde, ja selbst der des Jupiter Capitolinus" und angrenzende Gebäude wurden beschädigt.[2] Aber Drusus achtete auf die düsteren Vorzeichen nicht.

Er drang bis zu den Sueben vor, fiel in das Stammesgebiet der Chatten ein, wandte sich dem Land der Cherusker zu und rückte, alles verheerend, bis an die Elbe vor. Seine Verluste waren schmerzlich, und er hätte sich spätestens jetzt mit dem Erreichten begnügen sollen. Doch er wollte auch diesen Fluss, „... welcher sich in großer Breite in die Nordsee ergießt", überschreiten. Da erhob sich aus den dem Wasser entsteigenden Nebeln vor seinen Augen ein riesiges Germanenweib. „Wohin willst du, unersättlicher Drusus?", wollte sie in seiner Muttersprache von ihm wissen. „Es ist dir nicht beschieden, das jenseitige Land zu schauen. Kehre um, denn das Ende deiner Taten und deines Lebens ist gekommen!" Durch die geheimnisvolle Erscheinung zutiefst erschreckt, ließ der Feldherr nur eilig die römischen Siegeszeichen errichten und trat, völlig verwirrt, den Rückzug an. Es ist erstaunlich, wie empfindlich ein ansonsten vernunftbegabtes Volk immer wieder auf Wunderzeichen und allerlei düstere Vorhersagen reagierte. Verfolgt von Zauberspruch und Hexenbann ritt Drusus womöglich unvorsichtiger, als es das unwegsame Gelände gebot. Irgendwo zwischen Saale und Rhein stürzte er vom Pferd und zog sich einen komplizierten Schenkelbruch zu.

Der unerschrockene Feldherr, neben seinem Bruder Tiberius der tüchtigste, den Rom im Augenblick aufzubieten hatte – Marcus Vipsanius Agrippa, der Schwiegersohn des Kaisers, in dieser Hinsicht unübertroffen, war vor drei Jahren gestorben – konnte an eine Weiterreise auf sicheres römisches Gebiet nicht denken.

Die Römer schlugen ihre Zelte auf, befestigten den Ruheplatz und hofften auf eine baldige Genesung ihres Kommandanten, den sie beinahe wie einen Heiligen verehrten. Doch der einstige Liebling der Götter siechte langsam dahin, wurde von Tag zu Tag schwächer. Wölfe umkreisten heulend das Lager. Weibliche Klagelaute waren zu vernehmen, und in mondheller Nacht regnete es vom Himmel blutige Sterne. Für den erst 30jährigen gab es keine Rettung mehr. Viele seiner Männer boten den Göttern das eigene Leben für das ihres Feldherrn an. Aber die Himmlischen Roms wiesen das billige Opfer zurück ...

Einen Monat nach dem schrecklichen Unfall starb Drusus, wohl an Wundbrand, wie die heutige Forschung vermutet. Vom Sommerlager der Römer nördlich der Alpen würde man künftig nur noch vom „verfluchten" sprechen ...

Aber es gibt auch zumindest eine andere Version der traurigen Geschichte. Drusus sei, so der antike Biograf Suetonius Tranquillus, der sich dabei allerdings auf „einige Schriftsteller" beruft, also für seinen Bericht nicht die Verantwortung übernimmt, seinem Stiefvater verdächtig geworden, sodass er von diesem nach Rom zurückgerufen wurde. „Verdächtig", das bedeutet, dass man vermutete, er wolle, notfalls mit Gewalt, die alte und über Jahrhunderte bewährte Staatsform der *res publica* wiederherstellen. Der Verdacht ist nicht ganz von der Hand zu weisen, wenn man bedenkt, dass Drusus zumindest offiziell einer Gens entstammte, die sich über Generationen als treueste Verfechterin der republikanischen Freiheit erwiesen hatte. Livia Drusilla, Drusus' Mutter, habe sich, so wird ebenfalls vermutet, mit der Ausschaltung ihres Sohnes einverstanden erklärt, wenn auch schweren Herzens. Längst hatte sich die ehrgeizige und berechnende Frau an ihren neuen Status gewöhnt und war sicherlich nicht mehr bereit, diesen für eine unsichere Republik aufzugeben, in der sie eine allenfalls untergeordnete Rolle gespielt hätte, wo sie doch jetzt die erste Frau des Reiches und ihr Einfluss auf die Politik ihres Gatten bedeutend war. Drusus habe, so wird weiter berichtet, gezögert, dem Befehl seines Stiefvaters, nach Rom zurückzukehren, nachzukommen. So habe man von Seiten der Staatsführung keinen anderen Ausweg gesehen, als den Ungehorsamen durch Gift beiseite zu schaffen.[3] Und doch hat der Biograf erhebliche Zweifel. Denn, so meint er, Augustus habe Drusus so sehr geliebt, dass er ihn immer „zum Miterben seiner Söhne" bestimmte und ihn den beiden jungen Cäsaren Gaius und Lucius Caesar, seinen Enkeln und Adoptivsöhnen, als Vorbild vor Augen stellte.

Würdenträger der Land- und Kolonialstädte begleiteten den Toten nach Rom. Augustus hatte, nachdem er von Drusus' Unfall erfahren hatte, Tiberius eilig in den Norden geschickt, damit er seinem Bruder beistehe. Angeblich habe dieser den Schwerverletzten noch lebend vorgefunden. Jetzt begleitete er den Verstorbenen, wobei er den ganzen Weg dem Trauerzug vorangeschritten sein soll.

In Rom angekommen, wurde Drusus' Leichnam auf dem Forum aufgebahrt, damit das Volk Abschied nehmen konnte, dann auf dem Marsfeld verbrannt und mit allen erdenklichen Ehren bestattet. Mit doppelter Leichenrede wurde seiner gedacht. Tiberius lobte den toten Bruder noch auf dem Forum. Und Augustus sprach die Laudatio im Flaminischen Zirkus. Der oberste Staatslenker durfte nämlich „die beim Eintritt in die Ringmauer (Roms) gewöhnlichen Obliegenheiten (des Staatsoberhauptes) wegen der Kriegstaten noch nicht erfüllen". Der Flaminische Zirkus lag außerhalb des *Pomeriums*, der geheiligten Stadtgrenze Roms.[4] Die Anmerkung weist darauf hin, dass Augustus gerade von einem Feldzug nach Italien zurückgekehrt war.

Augustus betrauerte den so tragisch verlorenen Sohn so sehr, dass er die Götter bat, ihm selbst einen ebenso ehrenvollen Tod wie Drusus zu gewähren, wenn seine Zeit gekommen wäre. Er ließ auf Drusus' Gedenkstein einen selbst gedichteten Grabspruch einmeißeln und verfasste ein Werk über die Lebensgeschichte des Toten.

Das Heer errichtete Drusus einen Grabhügel, „um den jedes Jahr an einem bestimmten Tag die Soldaten defilierten und bei dem die gallischen Stämme von Staats wegen Opfer darbrachten".[5] Der Senat erbaute ihm an der Via Appia einen marmornen Triumphbogen und verlieh ihm zur Erinnerung an seine Siege nördlich der Alpen das Cognomen Germanicus.

Die besten Eigenschaften wurden dem Stiefsohn des Kaisers zugeschrieben, sowohl im Krieg als auch im Frieden. Es habe ihm beispielsweise nicht genügt, nur Sieger zu sein. Er habe selbst Rüstungen seiner Feinde erbeutet und oft unter Lebensgefahr an der Spitze seines Heeres germanische Stammesführer verfolgt. Und es heißt, er habe keinen Hehl daraus gemacht, wie sehr er der verlorenen Republik nachtrauere, die er wiederbeleben würde, wenn er es denn könnte. Dies vor allem könnte Augustus' Missfallen erregt haben.

Drusus hinterließ seine Ehefrau, Antonia Minor, die jüngere Tochter aus der kurzen Ehe des Marcus Antonius und der Octavia, Augustus' Schwester. Aus der Verbindung Drusus – Antonia waren mehrere Kinder hervorgegangen, von denen drei Kindheit und Jugend überlebten: Germanicus, Livilla und Claudius. Keiner dieser Nachkommen sollte eines natürlichen Todes sterben, wenn es auch für die Ermordung des Ältesten der Geschwister keinen eindeutigen Beweis gab und gibt.

Man darf mit Bestimmtheit sagen, dass Claudius, mit dem wir uns hier in erster Linie zu beschäftigen haben, an seinen berühmten Vater keine Erinnerung hatte.

Keine poetische Prophetie kündete 10 v. Chr. von einem weiteren Hoffnungsträger für das längst befriedete Rom. Vergils *Iam nova progenies caelo dimittitur alto* – schon steigt ein neuer Erbe vom Himmel herab – hatte vor vielen Jahren Augustus, dem lang ersehnten Friedensbringer, gegolten, der längst ein gesetzter Mann war und nahezu unangefochten auf dem Thron saß. Der berühmteste römische Dichter, Verfasser der Aeneis und Autor obiger Vorhersage, war schon lange tot. Claudius' Geburt vollzog sich in aller Stille, von der Öffentlichkeit unbemerkt.

Er erblickte am 1. August des Jahres 10 vor Beginn der christlichen Zeitrechnung im gallischen Lugdunum (heute Lyon) unter dem Konsulat des Iullus Antonius (einem Sohn des Marcus Antonius) und Fabius Africanus das

Licht der Welt – an dem Tag, an dem dort auch ein Augustus-Altar geweiht wurde. Lugdunum war die Hauptstadt des von Caesar eroberten Gallien. Sie diente Claudius' Vater als Operationsbasis für die Germanenkriege. Nur ein Jahr nach Claudius' Geburt sollte dieser im feindlichen Germanenland sein Leben verlieren. Claudius sollte übrigens der erste Kaiser des Römerreichs sein, der nicht in der Hauptstadt Rom geboren wurde. Dass am Geburtstag unseres Protagonisten Kaiser Augustus so besonders geehrt wurde, also in Lyon gewissermaßen Feiertag war, mag für Claudius ein besonderer Glücksfall und neben seiner hochadeligen Herkunft womöglich sogar lebensrettend gewesen sein. Denn Tiberius Claudius Drusus, so sein offizieller Geburtsname, kam behindert zur Welt. Und ein weit in Roms Vergangenheit zurückreichendes Gesetz verbot es, missgestaltete Neugeborene aufzuziehen. Sie mussten getötet oder irgendwo in den Bergen ausgesetzt werden – Menschenfängern als kurioser Nachschub für Bordell und Arena oder hungrigen wilden Tieren zum Fraß.

Aber Claudius – wie er fortan der Abkürzung halber genannt werden soll – hatte Glück. Trotz seiner offensichtlichen Behinderung – das eine Bein scheint kürzer als das andere gewesen zu sein, das Köpfchen hing schief und aus dem kleinen Mund sabberte ständig Speichel heraus – durfte er am Leben bleiben. Vielleicht hoffte man ja, dass sich der Schaden auswüchse, wenn der Junge Kindheit und Jugend erst einmal überstanden hätte. Oder dass er ohnehin nicht lange leben würde, da ja die Kindersterblichkeit damals bekanntlich sehr hoch war.

Möglicherweise war es ein Geburtstrauma, das für seinen bedauerlichen Zustand verantwortlich war. Oder Kinderlähmung, die damals allerdings meistens zum Tode führte. Die neuzeitliche Forschung geht eher von einer infantilen Zerebralparese aus, einer frühkindlichen Hirnschädigung, die mit Störungen des Nervensystems, der Muskulatur und der willkürlichen Motorik einhergeht. Sein antiker Biograf Suetonius Tranquillus sollte Claudius' Zustand wie folgt beschreiben: „Seiner Gestalt fehlte es nicht an imponierender Würde, ob er stand oder saß, aber hauptsächlich, wenn er auf dem Ruhebett lag; denn er war schlank, ohne mager zu sein, hatte ein schönes Gesicht, schöne weiße Haare und einen vollen Hals. Beim Gehen aber ließen ihn seine ein wenig schwachen Kniegelenke im Stich, und beim Sprechen, sei es, dass er scherzend oder ernsthaft etwas behandelte, hatte er viel Unangenehmes an sich; sein Lachen war grell, und im Zorn erschien er besonders hässlich, mit schäumendem Mund und tropfender Nase. Außerdem stotterte er und zitterte beständig mit dem Kopf, was sich bei jeder wichtigen Tätigkeit noch steigerte …"[6] In jungen Jahren ließ auch seine Gesundheit zu wünschen übrig. Leider verrät uns der antike Biograf nicht, woher er seine Kenntnisse hatte. Suetonius Tranquillus hat Claudius nie kennengelernt, da dieser schon lange tot war, als der Biograf seine Kaisergeschichte verfasste.

Ein ganz negatives, ja geradezu gehässiges Bild von Claudius zeichnete Lucius Annaeus Seneca, der berühmte Philosoph, der ein Zeitgenosse des Kaisers war und ihn sogar persönlich kannte. Nach dessen Ableben legte er eine Schmähschrift vor, die er *Apocolocyntosis sive Ludus de Morte Claudii Neronis* nannte – Die Verkürbissung des Kaisers Claudius oder Satire auf den Tod des Claudius Nero. „Dem Jupiter“, so schreibt er, „wird gemeldet, es sei da jemand gekommen, von großer Statur, schon recht grau, er stoße Gott weiß was für Drohungen aus und schüttle in einem fort den Kopf; auch ziehe er das rechte Bein nach. Man habe gefragt, welche Staatsangehörigkeit er besitze; aber jener habe irgendetwas in undeutlichem Tonfall und mit verworrener Stimme erwidert; man könne seine Sprache nicht verstehen, es handle sich weder um einen Griechen noch um einen Römer, noch gehöre er irgendeiner anderen bekannten Nationalität an …“ Ja, er sei überhaupt kein zu Lande lebendes Wesen. So etwas fände man nur bei Seeungeheuern … [7] Einem der Stoa verpflichteten Lehrer der Weisheit, unter dem in Rom gerade diese Lehre ihre höchste Vollendung erlangt haben soll, hätte es sicherlich besser angestanden, dem römischen Grundsatz *de mortuis nil nisi bene* zu folgen. Weshalb er den Toten so sehr verunglimpfte, wird an späterer Stelle zu untersuchen sein.

Man schenkte Claudius also das Leben, aber die Götter allein wussten, dass es ein über Jahrzehnte trostloses, von Spott und Hohn, von Scham und Schande vergiftetes werden sollte. Sogar die eigene Mutter würde von ihrem Sohn nur als von einem „Ungeheuer von einem Menschen“ sprechen, der „von der Natur nur begonnen und nicht vollendet“ worden sei. Und wenn sie jemanden für besonders dumm hielt, pflegte sie zu urteilen, der sei ja blöder als ihr Sohn Claudius. Und noch etwas sollte dieses Leben erschweren: Man würde ihn, Drusus' jüngeren Sohn, wie seinen Bruder Germanicus stets am berühmten und bei den Römern äußerst beliebten Vater messen – ein Anspruch, dem Claudius nie würde gerecht werden können, den sogar sein Bruder Germanicus nur mit Mühe erfüllte.

Keine günstige Vorhersage begleitete Claudius' Geburt, kein Spruch der weisen Sybille, kein Orakel sagte diesem Knaben eine hoffnungsvolle Zukunft voraus. Roms Götter hüllten sich in Schweigen.

Der altrömischem Brauch verpflichtete Drusus hob also schließlich auch diesen Sohn, den man ihm nach der Geburt zu Füßen legte, auf und bekannte sich so öffentlich zu seiner Vaterschaft, nicht ahnend, dass er dieses Kind nicht aufwachsen sehen würde, da der Tod bereits auf ihn wartete.

Als sein Bruder Germanicus in die Iulische Familie adoptiert wurde, im Jahr 756 *ab urbe condita,* rückte Claudius gewissermaßen an dessen Stelle, und es gesellte sich zu seinen drei Namen ein weiteres Cognomen hinzu, Germanicus.

Folgen wir dem antiken Biografen, so litt das Kind, wie erwähnt, während seines gesamten Knaben- und Jünglingsalters an verschiedenen hartnäckigen Krankheiten, die der Geschichtsschreiber für seine körperliche und vermeintlich auch geistige Zurückgebliebenheit verantwortlich macht. So hielt man ihn auch in fortgeschrittenen Jahren für unfähig, ein verantwortungsvolles politisches Amt auszuüben.[8] Besonders seine Kindheit muss sehr traurig gewesen sein. Man gab das Kleinkind in die Obhut des Aufsehers der Lasttierknechte. In einer seiner Schriften sollte sich Claudius später beklagen, man habe ihn der Aufsicht eines Barbaren und ehemaligen Stallmeisters unterstellt, um ihn für die kleinsten Vergehen auf grausamste Weise bestrafen zu können und womöglich hoffend, durch strenge Zucht werde sich sein Zustand normalisieren.

Ansonsten wurde er zumindest während seiner Knabenzeit nur von Frauen erzogen: Von seiner Mutter Antonia Minor, die, wie wir gesehen haben, von dem anscheinend blödsinnigen Sohn nichts hielt. Und von Livia Drusilla, seiner Großmutter väterlicherseits, die sich für diesen Enkel schämte und ihn, genau wie die Mutter, ständig zurücksetzte. So soll sie kaum je das Wort an ihn gerichtet haben, und wenn es einmal unumgänglich war, ihm etwas zu sagen, so tat sie das schriftlich. „Augusta, seine Großmutter“, bemerkt der antike Biograf, „verachtete ihn aus tiefstem Herzen; sie sprach nur höchst selten mit ihm und pflegte ihm die Ratschläge nur in einem bitteren kurzen Schreiben oder durch Dritte zu geben“.[9] Selbst Livilla, seine Schwester, zeigte keinen Funken Liebe für ihn. Sie hatte gehört, dass der Bruder einst Kaiser werden könnte. Da bedauerte sie den römischen Staat, der ein solch „unwürdiges Los“ nicht verdient habe.

Claudius’ Großmutter mütterlicherseits, Octavia, die, wie gesagt, Augustus’ Schwester war, durfte diesen Enkel nicht kennen lernen. Die unglückliche Frau war im Jahr vor seiner Geburt gestorben, nachdem sie den letzten Abschnitt ihres Lebens in tiefer Trauer verbracht hatte, Trauer um ihren Sohn Marcellus. Der war von ihrem Bruder mit dessen Tochter Julia verheiratet worden und nur zwei Jahre nach der Hochzeit unter mysteriösen Umständen ums Leben gekommen. Octavia war so unglücklich, dass sie die Kleider des Verstorbenen an die Armen verteilte, die Räume, die ihr Sohn bewohnt hatte, zumauern ließ und keinem mehr Zutritt zu ihnen gestattete. Auch soll sie die Trauerkleider nie mehr abgelegt und jedem verboten haben, den Namen ihres Sohnes auszusprechen. Und Claudius' Großvater Marcus Antonius, der Freund des gemeuchelten Caesar? Er war schon 20 Jahre tot, als Drusus' jüngerer Sohn geboren wurde, aus dem Weg geräumt von Octavianus (Augustus), dessen Machtanspruch er als Ehemann der ägyptischen Königin Kleopatra so offensichtlich bedroht hatte.

Mutter und Großmutter wurden in ihrer ablehnenden Haltung von Augustus unterstützt, der sich nicht weniger als die beiden Frauen für den behinderten Familienangehörigen schämte.

Es scheint in der kaiserlichen Familie Brauch gewesen zu sein, sich Briefe zu schreiben anstatt sich von Auge zu Auge zu begegnen. Jedenfalls pflegte auch der Kaiser selbst mit seiner Gattin in Dingen von einiger Wichtigkeit schriftlich zu verkehren, um, wie es heißt, nichts Unüberlegtes oder gar Falsches zu sagen. In dreien seiner Briefe, die er an seine Frau richtete, drückte er für den angeblich schwachsinnigen Claudius Verachtung, aber gleichzeitig auch ein wenig Bewunderung aus. Wenn dieser, so im ersten Brief, sowohl geistig als auch körperlich nicht ganz auf der Höhe sei, so dürfe man den Leuten, die es gewohnt seien, über derlei Gebrechen zu spotten und zu kichern, auf keinen Fall Anlass geben, Claudius und dessen Familie zu verlachen. Livia Drusilla hatte offensichtlich von der Staatsführung wissen wollen, ob man Claudius mit der Organisation des Festessens der Priester bei den anstehenden Marsspielen betrauen könne. Augustus meinte, dass ihm der Gedanke nicht missfalle, Claudius sich dabei aber von seinem Schwager, dem Sohn des Silvanus, beraten lassen müsse, „damit er nichts anstellt, womit er unangenehm auffallen oder verspottet werden könnte".

Allerdings dürfe man ihn bei den Zirkusspielen nicht von der kaiserlichen Loge aus zusehen lassen, da er an so exponierter Stelle die Aufmerksamkeit ganz Roms auf sich ziehen könnte. Und erst recht dürfe er während des Latinerfestes nicht auf die Albaner Berge steigen. Denn wenn er dazu in der Lage sei, würden sich die Römer zu Recht fragen, weshalb er dann nicht auch in der Stadt ein öffentliches Amt, etwa das des Stadtpräfekten, übernehmen könne. Selbst bei Gladiatorenspielen, die Claudius zusammen mit seinem Bruder zum Andenken seines Vaters gab, musste er die Kapuze seines Umhangs weit ins Gesicht ziehen, damit niemand seine Behinderung sähe.

Augustus fügte noch hinzu, er hoffe, mit diesen „Richtlinien" seinen Entschluss, Claudius betreffend, deutlich gemacht zu haben. Und Livia dürfe davon auch gern Claudius' Mutter Antonia in Kenntnis setzen.

Dieser Brief zeigt, dass die Staatsführung wünschte, Claudius so gut wie möglich vor der Neugier der Stadtbewohner zu verbergen. Er kann von Augustus allerdings erst verfasst worden sein, als der Behinderte bereits das Mannesalter erreicht hatte. Doch darf zu Recht angenommen werden, dass man mit dem Jugendlichen in gleicher Weise verfuhr.

Der beste Beleg dafür war die Verleihung der *toga virilis*, die Mündigerklärung, ein Akt, der jeden römischen Jungen in die Liste der Erwachsenen und kriegsfähigen Bürger aufnahm, ihn also zu einem vollwertigen Mitglied der Gesellschaft machte. In jeder anderen Familie war der Tag der Einkleidung in die Männertoga für den Jugendlichen und seine Verwandten einer der Freude und ein lang ersehntes Fest, wenn die jungen Männer, begleitet von ihren Angehörigen, in strahlend weißen Gewändern durch die wärmende Frühlingssonne über das Forum zogen. Die Mündigerklärung, vergleichbar der Konfirmation im christlichen oder der Bar Mizwa im jüdischen Brauchtum, fand am Fest der *Liberalia* statt, das Rom alljährlich am 17. März beging. Es stellte einen der Höhepunkte im römischen Festkalender dar, zumal an diesem Tag auch die neue Feldzugsaison eröffnet wurde.

Claudius blieb die feierliche Zeremonie versagt. Um jedes Aufsehen zu vermeiden, trug man ihn um Mitternacht in einer Sänfte auf das Kapitol, dem heiligsten Ort der Stadt, wo sich seit alters her der Tempel der römischen Götterdreiheit Jupiter, Juno und Minerva befand. Dort wurde er ohne jede Feierlichkeit eingekleidet. Man kann sich leicht vorstellen, wie gekränkt der Junge über diese Behandlung seiner Verwandten sein musste.

Auf einem Ehrenbogen, den man Augustus und seiner Familie in Ticinum (heute Pavia) in den Jahren 7/8 der neuen Zeitrechnung errichtete, wurde Claudius an letzter Stelle genannt, und böse Zungen behaupten sogar, er selbst habe seinen Namen, nachdem er Kaiser geworden war, dem der anderen Familienmitglieder hinzugefügt.[10] Auch dadurch muss sich der junge Mann zurückgesetzt gefühlt haben.

Da sich Claudius offensichtlich keine großen Hoffnungen auf eine verantwortliche Stellung im römischen Staat machen konnte, begann er, sich anderweitig zu beschäftigen. Mit großem Eifer widmete er sich wissenschaftlichen Themen, vor allem der Geschichte Roms und seiner eigenen Familie. Besondere Anerkennung erntete er zu seiner Zeit von seinen Verwandten dafür allerdings nie.

Er hatte als Heranwachsender zwei Freunde: Sulpicius (Flavus) und einen gewissen Ahenobarbus. Ob dieser der berühmten und mit der Kaiserfamilie weitläufig verwandten Sippe der Ahenobarbi entstammte, ist nicht bekannt. (Der Vater Neros, mit dessen Tod das julisch-claudische Kaiserhaus im Jahr 68 n. Chr. erlosch, hieß Gn. Domitius Ahenobarbus und war ein übel beleumdeter Angehöriger der Oberschicht.) Mit beiden scheint der junge Claudius sehr vertraut, sie scheinen aber auch sein bevorzugter Umgang gewesen zu sein. Augustus hat die beiden nicht sonderlich geschätzt. Denn in einem weiteren Brief an seine Ehefrau ließ er diese wissen, er werde während ihrer Abwesenheit den jungen Tiberius Claudius täglich zum Essen einladen, „damit er nicht allein mit seinem Sulpicius und Ahenobarbus essen muss. Ich wollte", so hoffte der Kaiser, „er wählte sich mit mehr Sorgfalt und weniger Unüberlegtheit einen Kameraden, dessen Bewegung, Haltung und Gang er nachahmen würde. Der arme Kleine", bedauerte er, „hat kein Glück in wichtigen Angelegenheiten", denn „wenn sein Geist nicht verwirrt ist, wird sein Adel offenbar."[11]

Augustus erkannte auch mit Erstaunen, dass Claudius keineswegs so blöde sein konnte, wie es wegen seiner Behinderung vielleicht schien und wie es seine Mutter so oft lieblos behauptete. Es ist ein dritter Brief des Kaisers überliefert, in dem es heißt, er, der Stiefgroßvater, habe mit Vergnügen Livias Enkel eine Rede halten hören. „... ich verstehe nicht", wundert sich der erste Mann des Staates, „wie jemand, der so undeutlich spricht, beim Vortrag einer Rede alles, was er zu sagen hat, so deutlich hervorbringt".[12]

Nichts in diesem Leben deutete, wie gesagt, auf eine hoffnungsvolle Zukunft hin. Die meiste Zeit von Kindheit und Jugend verbrachte Claudius in der Obhut von Frauen, Frauen, die ihn ablehnten. Es lohnte doch nicht, für einen so offensichtlich Unnützen größeren Aufwand zu betreiben. Niemand hätte vorauszusagen gewagt, Claudius würde dereinst in der römischen Politik auch nur eine bescheidene Rolle spielen und schon gar nicht, er würde einmal zum höchsten Staatsamt, das Rom zu vergeben hatte, gelangen.

Die Erziehung des Kleinkinds lag in Rom in den Händen der Mutter, die sich in höheren Kreisen der Hilfe ausgesuchter Sklaven bediente. Im Alter von sechs Jahren wurden Jungen wie Mädchen Privatlehrer beigestellt, die ihnen die ersten Schritte der Bildung, Lesen, Schreiben und die Grundrechenarten vermittelten. Man darf im Hinblick auf Claudius' spätere Bildungsbeflissenheit annehmen, dass man auch für ihn einen entsprechenden Hauslehrer fand. Die körperliche Ertüchtigung, die im Jugendalter begann und mit Reiten, Scheinkampf und anderen Sportarten auf dem Marsfeld unter der Leitung der Väter erfolgte und die jungen Römer auf das Kriegshandwerk vorbereiten sollte, dürfte sich für Claudius schon wegen seiner Behinderung von selbst verboten haben. So entwickelte sich der Jüngling langsam, aber stetig zum Bücherwurm, der in Rom alles andere denn angesehen war.

Feindlich gestaltete sich das familiäre Umfeld für das Kind und den Heranwachsenden. Und wie sahen die politischen Verhältnisse in den ersten Jahren dieses scheinbar vergeudeten Lebens aus? Was hat Claudius, der nahezu hermetisch von der Außenwelt abgeschirmt wurde, von den Dingen, die sich außerhalb des Palastes abspielten, erfahren?

Die Lebensgeschichte unseres Protagonisten teilt sich in vier Abschnitte, wobei sich die ersten drei kaum voneinander unterscheiden. Es sind die Jahre der Kindheit, Jugend und ersten Mannesjahre unter Kaiser Augustus. Die Zeit, die er unter der Herrschaft des Tiberius verbrachte, der sein Onkel war. Und die Tyrannei unter seinem Neffen Caligula, während der er beständig um sein Leben fürchten musste. Allesamt waren Jahre der Bedeutungslosigkeit, und niemand, am wenigsten er selbst, hätte zu hoffen gewagt, dass sich an seiner Lage jemals etwas ändern würde.

Augustus, dem ersten Kaiser Roms, hatte die Vorsehung viel Zeit gelassen, in seine neue Rolle hineinzuwachsen. Tiberius war in langen Jahren neben Augustus an die spätere Verantwortung herangeführt worden, und sogar Caligula hatte Gelegenheit, seinem Onkel beim Regieren über die Schulter zu blicken. Eher zufällig fiel Claudius, den man Zeit seines Lebens sorgfältig von allen öffentlichen Aufgaben ferngehalten hatte, an der Schwelle zum Alter der Thron wie eine reife Frucht in den Schoß. Was durfte man von einem erwarten, der wegen seiner angeborenen Behinderung nicht nur als geistig zurückgeblieben galt, sondern auch ohne jegliche Regierungserfahrung war?

Das würde die Zeit erweisen.

Die politischen und familiären Verhältnisse

Bevor wir uns mit den politischen Verhältnissen in Claudius' ersten Lebensjahren befassen, sei ein Blick in die Vergangenheit der claudischen Gens gestattet, die weit in die Anfangszeit Roms zurückreicht. Alle angesehenen adeligen Familien versuchten damals, ihre Wurzeln möglichst weit zurück zu führen, um ihren augenblicklichen Herrschaftsanspruch zu legitimieren. Es gab sogar professionelle „Ahnenforscher", die für gutes Geld bereit waren, Stammbäume zu konstruieren und einflussreiche Geschlechter bis in die Höhen des Olymp zurück zu verfolgen. Denn nur wer sich auf bedeutende Ahnen, die zu Roms Größe beigetragen hatten, berufen konnte, gehörte zum inneren Kreis der Nobilität, die sich sorgfältig gegen andere Gesellschaftsschichten abschirmte. Und nur ihm standen Sitz und Stimme im Senat zu, der auch in der Kaiserzeit noch eine gewisse Rolle spielte und als Instanz das Kaisertum sogar überleben sollte. Kaum einem *homo novus* war es bisher gelungen, in diese Schicht vorzudringen. Marcus Tullius Cicero mag hier eine rühmliche Ausnahme dargestellt haben. Und doch musste auch er sich als „selfmade man" manchen Spott seiner Zeit- und Standesgenossen gefallen lassen.

Der Senat hatte sich seit Augustus' Regierungsantritt zu einem fügsamen Werkzeug des Princeps entwickelt. Er war bestrebt, alle kaiserlichen Ideen und Anregungen in die Tat umzusetzen. Das Gremium der eingeschriebenen Väter setzte sich aus Patriziern und Plebejern zusammen. Neue Mitglieder wurden ursprünglich von den Censoren gewählt. Doch allmählich war der Senatssitz ein Erbamt geworden, das vom Vater auf den Sohn, oder, sofern eigene Söhne nicht vorhanden waren, einen anderen männlichen Verwandten überging. Es machte dabei schon zu Zeiten der späten Republik fast keinen Unterschied mehr, ob eine Familie adeligen oder plebejischen Ursprungs war. Sie musste nur reich und angesehen sein. Schon Augustus hatte verfügt, dass man nur dann dem Senatorenstand angehören konnte, wenn das Vermögen mindestens eine Million Sesterzen betrug. Doch gab es auch innerhalb des Senats verschiedene Gruppen, deren einflussreichste die altadeligen Familien waren, die im Idealfall noch einen Konsul zu ihren Ahnen zählten.

Wenn zur Zeit von Claudius' Geburt die in Jahrhunderten bewährte *res publica* auch verloren war und die Leitung des Staates längst nicht mehr in den Händen der Ersten und Besten lag, so garantierte die Zugehörigkeit zur römischen Oberschicht doch noch einige Privilegien, auf die keiner ihrer Angehörigen verzichten wollte.

Auch Claudius sah mit Stolz auf eine Reihe erlauchter Vorfahren zurück. So betonte er als Kaiser in öffentlicher Rede – es ging um die gesellschaftliche Integration „Andersstämmiger" – seine Herkunft von Clausus, der „von sabinischer Abstammung, zugleich in die römische Bürgerschaft und in die patrizischen Familien aufgenommen" worden war.[1] Nach der sagenhaften Überlieferung war Attus Clausus im Jahr 504 v. Chr. aus der Sabinerstadt Regillum nach Rom eingewandert und hatte dort in der städtischen Oberschicht Aufnahme gefunden.

Tiberius Claudius Nero, Claudius' Großvater väterlicherseits, der, wie wir gehört haben, wenige Jahre nachdem ihm Livia Drusilla von Octavianus entführt worden war, starb, verkörperte den der republikanischen Tradition verpflichteten Vertreter dieser Staatsform schlechthin. Im Jahr 510 v. Chr. war sie in Rom eingeführt worden, nachdem man den letzten etruskischen König Tarquinius Superbus verjagt hatte. Damals hatte man sich nach schlimmen Erfahrungen mit der Alleinherrschaft geschworen, die Leitung des Staates nie mehr – außer für höchstens sechs Monate in Zeiten äußerster Not und Gefahr – einem Einzigen zu überlassen, sondern nur noch in die Hände mehrerer kompetenter Führer, Leuten der Hocharistokratie, zu legen. Es handelte sich bei der *res publica,* der „öffentlichen Sache", nicht um eine Demokratie, wie sie die griechischen Stadtstaaten kannten, nicht um eine Volksherrschaft im heutigen Sinne. An die Stelle des Alleinherrschers, des Diktators (mit oft tyrannischen Zügen) traten Angehörige erlauchter, alteingesessener Familien, die sich in die Geschicke von Stadt und Reich teilten.

Die Republik hatte sich, was in Rom auch immer geschehen war, über Jahrhunderte bewährt. Doch mehr als hundert Jahre vor der Zeitenwende (von der damals freilich noch niemand etwas ahnte) waren heftige Bürgerkriege ausgebrochen, die erst mit dem Antritt der Alleinherrschaft Octavians, also etwa 30 Jahre vor Beginn der neuen Zeitrechnung, endeten. Sie hatten vor allem die staatstragende Schicht Roms nahezu ausgeblutet und das Imperium Romanum an den Rand des Verderbens geführt. Die heftigen Auseinandersetzungen gipfelten in der Ermordung Caesars an den Iden des März 44 v. Chr. und den darauf folgenden Rachefeldzügen seiner Anhänger gegen jene Vertreter der althergebrachten *res publica,* die für den Tod des Diktators verantwortlich waren. Erst mit Marcus Antonius' Freitod 30 v. Chr. in seiner selbst gewählten neuen Heimat Ägypten an der Seite von dessen Königin Kleopatra waren die blutigen Bürgerkriege beendet.

Rom verdankte den so teuer erkämpften Frieden vorwiegend einem Mann, Gaius Octavianus, der kurze Zeit später den Beinamen Augustus erhielt, „der Erhabene und der in Ehrfurcht zu Verehrende“.

Nur wenigen Römern fiel auf, dass sich unter diesem Augustus ein schleichender Wandel in der Staatsform vollzog. Die *res publica,* die Sache, die einst viele betraf, mutierte langsam zur Herrschaft eines Einzelnen, mochte sich Octavianus auch hartnäckig nur als Princeps, als Erster unter Gleichen, bezeichnen. Die Römer gewöhnten sich an ihn, waren am Ende froh, dass es einen gab, der für sie und ihr Reich die Verantwortung übernahm. Mit der neuen Regierungsform war bald niemand mehr unzufrieden, und es gab kaum noch einen Römer, der sich an die republikanische Freiheit erinnerte. Denn die Menschen starben damals früh. Die durchschnittliche Lebenserwartung lag bei knapp über 30 Jahren, wobei jedoch die hohe Kindersterblichkeit zu berücksichtigen ist. Augustus hatte das Glück, das nach unserer Kenntnis nur wenigen seiner Zeitgenossen vergönnt war: Er sollte das stattliche Alter von 76 Jahren erreichen, obwohl er, wie berichtet wird, Zeit seines Lebens an diversen Krankheiten litt.

Als Claudius geboren wurde, herrschte Augustus schon 20 lange Jahre über Rom, wenn man davon ausgeht, dass er die Stellung als erster Mann im Staate bereits mit dem Tod seines letzten Widersachers Marcus Antonius erlangt hatte. Claudius wurde also in eine Zeit hineingeboren, in der sich die *Pax Augusta,* der von Augustus heraufgeführte Reichsfrieden, bereits ahnen ließ. Die Stellung des Princeps war nahezu unerschütterlich. Größere Verschwörungen gegen seinen Anspruch waren nicht zu befürchten. Und dennoch war zumindest der Familienfrieden der julisch-claudischen Gens bedroht.

Augustus hatte seine Tochter Julia, eine stadtbekannte Schönheit, unmittelbar nach dem Tod ihres ersten Gatten Marcellus, von dem bereits die Rede war, seinem langjährigen Freund und Weggefährten Marcus Vipsanius Agrippa zur Frau gegeben. War ihre erste Ehe kinderlos geblieben, so erwies sich die zweite als erstaunlich fruchtbar. Julia schenkte ihrem Gatten drei Söhne und zwei Töchter, wobei der jüngste Sohn erst nach dem Tod seines Vaters zur Welt kam und deshalb Agrippa Postumus genannt wurde.

Marcus Vipsanius Agrippa stand bei seinem Freund und Schwiegervater in hoher Gunst. Augustus war sich auf seinem steilen Weg nach oben stets bewusst geblieben, was er dem Gleichaltrigen verdankte und dass er ohne ihn wohl nie die Stellung erlangt hätte, die er jetzt so verbissen hielt. Agrippa war d e r Feldherr seiner Zeit, beim Volk und seinen Soldaten gleichermaßen beliebt, und er war der, dem Rom augenblicklich seine bereits weltbeherrschende Stellung verdankte.

Aber nicht nur als Oberbefehlshaber der Streitkräfte, als tatkräftiger Verwalter und Unterstützer der kaiserlichen Politik, auch als Ehemann seiner Tochter war er für den Staatsführer von größtem Nutzen. Denn Augustus' Ehe mit Livia Drusilla war trotz aller Bemühungen kinderlos geblieben – ein nach langer Dauer geborener Sohn starb bald nach der Geburt -, und so lieferte die äußerst fruchtbare Verbindung des Kaiserfreundes mit der schönen Julia den Nachwuchs, den der Princeps als Nachfolger und Vollender seiner Herrschaft so dringend benötigte. Wen interessierte es schon, dass nie vorgesehen war, dass der Anspruch auf den römischen Thron vererblich sein sollte!

Augustus setzte sich nicht nur insofern über alle Bedenken hinweg. In großväterlicher Freude adoptierte er die ersten beiden Söhne seiner Tochter, Gaius und Lucius Caesar, ließ ihnen eine standesgemäße und auf die Übernahme der Regentschaft gerichtete Ausbildung zukommen, um sie Stadt und Reich fortan als seine Söhne und Nachfolger vorzustellen. Er ahnte nicht, dass er beide Jünglinge um viele Jahre überleben sollte...

Zwei Jahre vor Claudius' Geburt war Marcus Vipsanius Agrippa gestorben, 51 Jahre alt und im ganzen Reich hoch angesehen. Anders als bei seinem Vorgänger im Ehebett der Kaisertochter ging diesmal wohl kaum jemand von einer Vergiftung des kaiserlichen Vertrauten aus. Agrippa litt offensichtlich, wenn die von ihm angestrebte Therapie richtig gedeutet wird, an Rheuma, Arthritis und Gicht, nicht verwunderlich bei einem, der mehr als sein halbes Leben im rauen Feldlager verbracht und die Härte des Krieges mit seinen Soldaten geteilt hatte. Der unermüdliche Feldherr hatte sich noch bemüht, in den heißen Quellen Campaniens zumindest Linderung seiner Leiden zu finden, vergeblich. Die Einweihung des von seinem Freund 12 v. Chr. in Auftrag gegebenen Friedensaltars auf dem Marsfeld, der *Ara Pacis Augustae*, die auch sein Bildnis schmückt, sollte er nicht mehr erleben. Noch heute erinnert eines der schönsten erhaltenen Kunstwerke der römischen Antike an die kaiserliche Familie und ihr oft hartes Schicksal.

Agrippas Tod ließ nicht nur bei seinem Freund Augustus eine schwer zu füllende Lücke zurück. Er machte auch seine fünf Kinder zu Halbwaisen und Julia, die gerade 30 Jahre alt und schon zum zweiten Mal Witwe geworden war, zur reichsten und begehrtesten Frau Roms, wenn nicht des ganzen Imperiums. Wen wundert es da, dass die lebenshungrige Kaisertochter, von ihrem Vater im Sinne der Staatsräson in zwei arrangierte Ehen gezwungen, nach vielem griff, das sich ihr anbot. Doch sind insofern die alten Quellen, die ihr einen leichtfertigen Lebenswandel nachsagen, mit Vorsicht auszulegen. Denn es ist kaum möglich, dass die Tochter des Kaisers, auf die sich permanent die Augen der ganzen Stadt richteten, tatsächlich das anstößige Leben führte, das ihr die zeitgenössischen Historiker andichteten. Es war vor allem der Vater, der verbissen an entsprechenden Gerüchten festhielt und wohl doch nur verschleiern wollte, dass seine Tochter und ihre Freunde aus der römischen Oberschicht womöglich einen Umsturz planten, der das Ziel hatte, ihn vom Thron zu stürzen und vielleicht sogar ums Leben zu bringen, um die republikanische Staatsform wieder einzuführen oder zumindest einen Wechsel an der Spitze der Staatsführung vorzunehmen. Denn zu ihrem Freundeskreis gehörte kein Geringerer als Iullus Antonius, der Sohn des berühmten Marcus Antonius und als solcher möglicherweise der Auffassung, ein genuines Recht auf eine Führungsposition im römischen Staate zu haben – mehr jedenfalls als dieser blasse Aufsteiger, dessen Vorfahren noch in der leicht schmuddeligen Unterstadt zu Hause gewesen waren. Überhaupt verdankte Augustus seine jetzt so herausragende Stellung nur der Adoption durch einen alten Mann, Gaius Iulius Caesar, dem er, wie jedermann wusste, vor Zeiten in ganz bestimmter Weise gefällig gewesen war … Was konnte ein Octavianus Augustus, zu dem nicht auch Angehörige des alten Stadtadels fähig gewesen wären?

Die Lage muss sich für Augustus als besonders gefährlich dargestellt haben, zumal Antonius und Julia eine tiefe leidenschaftliche Beziehung verband. Auf jeden Fall wurde Julia, wie gesagt, zum zweiten Mal Witwe geworden, ein neuer Ehemann verordnet, der ihr wallendes Blut kühlen sollte. Von allen möglichen Heiratskandidaten schien der Stiefsohn des Kaisers, Tiberius Claudius Nero, der nachmalige Kaiser, am geeignetsten zu sein. Livia Drusilla, Tiberius' Mutter, dürfte dabei auf ihren Gatten erheblichen Druck ausgeübt haben.

Der finstere, zu Melancholie und Schwermut neigende Mann war in glücklicher Ehe mit Vipsania Agrippina verheiratet, einer Tochter des Marcus Vipsanius Agrippa, und empfand die erzwungene Trennung von ihr, dem einzigen Menschen, den er je wirklich geliebt zu haben scheint, äußerst schmerzlich. Noch viele Jahre später sah er ihr mit Tränen in den Augen nach, als er ihr zufällig in der Stadt begegnete, sodass man künftig darauf achtete, dass sie nicht mehr zusammentrafen. So war die Verbindung zwischen dem unglücklichen Mann und der lebenslustigen und -hungrigen Kaisertochter von Anfang an zum Scheitern verurteilt.

Die Katastrophe ließ auch nicht lange auf sich warten. Nur eine kurze Zeit schienen die Himmlischen Roms ihre schützende Hand über das frisch vermählte Paar zu halten. Vielleicht hätte man sich ja arrangieren können, wäre der Sohn, den Julia bald nach der Eheschließung gebar, nicht wenige Monate später gestorben. Sie nahm, so heißt es, nach dieser Tragödie ihren leichtfertigen Lebenswandel wieder auf, trieb sich angeblich mit den Schönlingen der städtischen Oberschicht herum und reizte ihren Vater damit bis aufs Blut. Tiberius, der nach den kürzlich erlassenen Ehegesetzen des Princeps ihren Ausschweifungen hätte Einhalt gebieten müssen, schwieg.

Im Jahr 747 *a.u.c.* kehrte er von einem Feldzug, der ihn ins feindliche Germanien geführt hatte, nach Rom zurück. Er hatte Sugambrer und Sueben umgesiedelt und war im Jahr zuvor von Augustus mit einem großen Triumph geehrt worden. Die Gerüchte um den unsittlichen Lebenswandel seiner Frau hatten inzwischen einen Höhepunkt erreicht. Bereits um diese Zeit spielte der gehörnte Ehemann mit dem Gedanken, Rom den Rücken zu kehren. So lehnte er die Übernahme des Oberkommandos für einen Feldzug in den Osten des Reiches ab, begann mit den Vorbereitungen für seine Abreise und bat Mutter und Stiefvater um Urlaub. Es dauerte lange und bedurfte harter Drohungen von Seiten des entschlossenen Gekränkten, bis man seinem Ansinnen endlich nachgab. Man gestattete ihm, künftig als Privatmann auf der Insel Rhodos zu leben. Nur wenige Vertraute durften ihn dorthin begleiten.

Nicht nur der Sittenskandal um die schöne Julia hatte den Stiefsohn des Kaisers aus Rom vertrieben. Ihm war auch längst bewusst geworden, welch schändliche Rolle er im römischen Machtgefüge spielte. Augustus setzte alles daran, die Nachfolge seinen beiden Enkeln und Adoptivsöhnen, Gaius und Lucius Caesar, zu sichern und ihm, dem ungeliebten Stiefsohn, nur den undankbaren Status eines Platzhalters zuzuweisen. Schon erhielt Gaius Caesar die Männertoga und stieg damit gewissermaßen zum Kronprinzen der julischen Dynastie auf.

Auch auf der entfernten Insel Rhodos, wo sich Tiberius mit Gelehrten und Philosophen umgab, erreichten ihn die Neuigkeiten aus Rom. Vor drei Jahren war er in sein freiwilliges Exil gekommen, als er von der Einweihung des neuen Augustus-Forums erfuhr, das nördlich des Forum Romanum entstanden war, und von der Fertigstellung des Tempels des rächenden Mars. Sein Stiefvater hatte diesen gleich nach dem Sieg über die Caesar-Mörder in Auftrag gegeben und sich über den langsamen Baufortschritt immer wieder lustig gemacht. Tiberius mag auch mit einer gewissen Genugtuung erfahren haben, dass Julias Ausschweifungen endlich bestraft worden waren – nicht mit der Hinrichtung, an die ihr Vater wohl eine Zeitlang gedacht hatte, sondern mit der Verbannung auf die Insel Pandateria, ein ödes Felseneiland im Golf von Neapel, von dem es normalerweise keine Wiederkehr gab. Noch öfter sollte diese Insel unliebsamen Frauen des Kaiserhauses als Gefängnis dienen.

Mochte Julia auch im Sinne der gegen sie erhobenen Vorwürfe schuldig gewesen sein, Tiberius trat zumindest dem strengen Vater gegenüber für seine Frau ein und bat, sie nicht allzu schwer zu bestrafen. Doch kann nicht ausgeschlossen werden, dass er sich damit bei der Staatsführung nur in ein günstiges Licht setzen wollte und in Wirklichkeit froh war, die unbequeme Julia los zu sein. Nach Augustus' Tod kümmerte er sich jedenfalls nicht mehr um sie und setzte sogar die ihr von ihrem Vater gewährten Unterhaltszahlungen aus. Er berief sich darauf, Augustus habe darüber in seinem Testament nichts verfügt. Nach Rom zurückkehren durfte die Verbannte nie. Und selbst der Toten wurden die Heimkehr und eine ehrenhafte Ruhestätte im Familienmausoleum am Tiber verwehrt.

Den geflohenen Tiberius, der in Rom längst als Verbannter galt, erreichte auch ein Brief von Augustus, der ihn unmissverständlich aufforderte, sein Stillhalten zu brechen und Julia endlich den Scheidebrief zu schicken. Und wieder vergingen drei Jahre, als seine Sehnsucht nach der Heimat so stark geworden war, dass er nach Hause zurückkehren wollte. Aber wenn er je auf ein einfaches Unterfangen gehofft hatte, sah er sich bitter getäuscht. Es war fast schwieriger, von der Staatsführung die Erlaubnis zur Rückkehr zu erhalten als es sechs Jahre zuvor gewesen war, Rom zu verlassen. Erst nachdem sich Tiberius verpflichtet hatte, auch in der Hauptstadt wie ein Privatmann zu leben und sich nicht in die Staatsgeschäfte einzumischen, durfte er, auch auf Fürsprache seiner Mutter, die Koffer packen. Man schrieb inzwischen das Jahr 754 *a.u.c.*

Auf Rhodos besaß der Verbannte eine Villa über den Klippen; von ihr führte ein Weg hinauf zur Sternwarte, auf der er sich nach dem Lauf der Gestirne öfter die Zukunft vorhersagen ließ. Unter anderen begleitete ihn auch Thrasyllos, sein Sterndeuter, dorthin. Dieser hatte Tiberius schon öfter günstige Prophezeiungen gemacht, doch hatte sich bislang keine davon erfüllt. Tiberius wurde misstrauisch. Schon hatte er einem Freigelassenen befohlen, Thrasyllos nach dem Besuch der Einrichtung die Klippen hinabzustoßen, wie das mit einigen seiner Begleiter schon geschehen war, da sie nicht weitergeben sollten, wovon sie dort oben Zeugen geworden waren. Da bemerkte er, dass der Wahrsager ungewohnt traurig war. „Was verraten dir heute die Sterne?", wollte er von Thrasyllos wissen. Dieser meinte, Tiberius befände sich in einer äußerst günstigen Lage, er werde in Zukunft nur noch Glück haben. Und wie es mit seinem, Thrasyllos' eigenem Schicksal stünde, wollte der Verbannte weiter wissen. Da wurde der Mann noch trauriger. Ach, meinte er, ihm stünde ein nahes schreckliches Unglück bevor. Sein Schicksal sei aber mit dem seines Herrn eng verbunden, fügte er eilends hinzu. Nur, wenn Tiberius bald eine glückliche Nachricht erhielte, sei auch er, Thrasyllos, gerettet. Tatsächlich war ein Schiff angekommen mit einem Brief des Augustus. In ihm wurde Tiberius gestattet, nach Hause zurück zu kehren. Da umarmte er seinen treuen Wahrsager und nahm ihn in die Reihe seiner besten Freunde auf.

Auch wenn Claudius am Hofe des Kaisers unter der Aufsicht von Mutter und Großmutter aufwuchs, dürfte er von all den Skandalen, Kränkungen und Enttäuschungen nicht viel mitbekommen haben. Im Jahr 10 vor Beginn der neuen Zeitrechnung geboren, war er bei Tiberius' Rückkehr nach Rom elf Jahre alt. Wahrscheinlich hat er sich an seinen Onkel kaum erinnert. Es ist anzunehmen, dass man des in der Verbannung Lebenden bei Hofe kaum gedacht hatte und dass sein Name so selten wie nur möglich gefallen war. Denn Augustus war von dem Verhalten des Stiefsohns, der sich seiner Familienpolitik so offensichtlich widersetzt hatte, aufs Tiefste enttäuscht und ahnte noch nicht, wie bald er auf Tiberius' unumschränkte Unterstützung angewiesen sein würde ….

Der Heimkehrer war kaum in Rom angekommen, als dort eine schreckliche Nachricht eintraf: Lucius Caesar, von seinem Adoptiv- und Großvater Augustus im Zuge seiner Ausbildung in die spanische Provinz geschickt, war auf dem Weg dorthin in Massalia (heute Marseille) unter mysteriösen Umständen ums Leben gekommen. Sogleich kam der Verdacht auf, Livia Drusilla, Stiefmutter par excellence, habe ihren eigenen Sohn Tiberius dem Thron ein Stückchen näher bringen wollen und bei Lucius' Beseitigung die Hände im Spiel gehabt. Der Verdacht erhärtete sich, als nur zwei Jahre später auch sein älterer Bruder Gaius Caesar in Limyra an der kleinasiatischen Küste den Folgen einer Verletzung erlag. Konnte es so viel Zufall geben? Reichte Livias Einfluss, die sich ja selbst nicht von ihrem Zuhause wegbewegt hatte, so weit, dass sie den von Rom entfernten leiblichen Angehörigen ihres Mannes gefährlich werden konnte? Bewiesen ist nichts, und auch Augustus scheint gegen seine Frau keinerlei Misstrauen gehegt zu haben. Er schrieb die gehäuften Unglücks- und Todesfälle den Launen des Schicksals zu und adoptierte nolens volens seinen Stiefsohn Tiberius, der als einziger Erwachsener von seinen männlichen Familienmitgliedern für die Nachfolge übrig geblieben war. Sein jüngster Enkelsohn, Agrippa Postumus, der, wie bereits erwähnt, erst nach dem Tod des berühmten Feldherrn und kaiserlichen Schwiegersohnes geboren war, war noch zu jung, um sich für eine Führungsrolle im römischen Staat zu eignen, wurde aber gleichzeitig mit Tiberius von seinem Großvater adoptiert. Allerdings erhielt Tiberius die Auflage, seinerseits Germanicus, seinen Neffen, Sohn seines verstorbenen Bruders Drusus, an Sohnes Statt anzunehmen.

Wie bereits erwähnt, führte Claudius von Anfang an ein Schattendasein. Kaum jemand bekam diesen missgestalteten Jungen zu Gesicht. Er mag sich wie andere Kinder mit den üblichen Spielsachen beschäftigt haben, Würfeln, aus Knochen geschnitzten Figürchen, Murmeln und kleinen Wägelchen. Wirklich gekümmert hat sich wahrscheinlich niemand um ihn. Es ist auch nicht bekannt, wie sich das Verhältnis der Geschwister untereinander entwickelte. Mag sein, dass der fünf Jahre ältere Germanicus dem schwachen Kleinen beistand, wie das bei größeren Geschwistern ja oft der Fall ist. Seine Schwester Livilla aber wird sich wie alle Frauen des Kaiserhauses für den behinderten Bruder eher geschämt haben. Das lässt schon die bereits erwähnte spätere Äußerung auf die Vorhersage vermuten, Claudius werde dereinst Kaiser sein.

Nur zwei Jahre älter als unser Protagonist war Julias jüngster Sohn Agrippa Postumus. Die Angehörigen der kaiserlichen Familie wohnten auf dem Palatin, wenn auch wahrscheinlich nicht alle in dem verhältnismäßig bescheidenen Haus, das sich Livia und Augustus eingerichtet hatten, da dieses für mehrere Familien zu klein war. Der nachgeborene Agrippa und Claudius waren, wenn auch weitläufig, miteinander verwandt. Es ist also anzunehmen, dass sich die beiden Jungen zumindest gut kannten, wenn nicht sogar befreundet waren. Teilten sie doch gemeinsam das Los, von ihren Familien nicht als vollwertige Mitglieder anerkannt zu werden. Auch der vaterlose Nachgeborene hatte in seiner Familie einen schweren Stand, besonders, nachdem seine Mutter aus Rom verbannt worden war.

Wie auch in neuzeitlichen Herrscherhäusern üblich, etwa bei den Habsburgern des 19. Jahrhunderts, grenzte sich die römische Nobilität streng vom einfachen Volk ab. Man hat peinlich darauf geachtet, dass die Kinder der adeligen Familien stets nur unter ihresgleichen verkehrten. Da dürfte die Auswahl an geeigneten Spielkameraden nicht übermäßig groß gewesen sein.

Man hatte ja den behinderten Claudius, bei dem sich auch noch eine Art nervöses Stottern eingestellt hatte, von Anfang an vor der Öffentlichkeit versteckt gehalten, und so dürfte es schon aus diesem Grund nicht möglich gewesen sein, dass er andere Spielgefährten als die aus der eigenen Verwandtschaft oder zumindest dem höfischen Umfeld hatte. Eine Ausnahme bildete da vielleicht Herodes Agrippa (eigentlich Iulius Herodes Agrippa), ein Nachkomme des Judenkönigs Herodes des Großen. Er war wie Claudius 10 v. Chr. zur Welt gekommen und in Rom als eine Art vornehme Geisel am Hofe aufgewachsen. 37 n. Chr. sollte ihn Kaiser Caligula, Claudius' Neffe und Vorgänger auf dem Thron, zum König über diverse Kleinreiche im Osten machen. Er hat bei der Thronbesteigung seines Freundes Claudius im Jahr 41 n. Chr. – er war zufällig in Rom, als Caligula ermordet wurde – eine entscheidende Rolle gespielt und durfte sich bis an sein Lebensende 44 n. Chr. der Freundschaft des neuen Kaisers erfreuen. Doch davon wird zu gegebener Zeit noch ausführlich zu berichten sein.

Claudius mag selbst schon früh erkannt haben, dass für ihn wegen seiner Andersartigkeit die übliche Ausbildung des jungen Römers vornehmen Standes nicht in Frage kam. Wie alle römischen Knaben wird auch er die ferne Welt bewundert haben, in der tapfere Krieger und furchtlose Gladiatoren um bleibenden Ruhm kämpften. Doch würde ihm diese Welt wohl für immer verschlossen bleiben.

Mit sechs oder sieben Jahren haben die römischen Kinder, Jungen und Mädchen gleichermaßen, die ersten Schreibversuche unternommen. Schon zu damaliger Zeit gab es in Rom und im Reich öffentliche Schulen. Doch standen noch keine geräumigen Schulhäuser zur Verfügung. Man unterrichtete in kleinen Räumen, bei günstiger Witterung auch im Freien. *Ludi,* Spiele, wurden die öffentlichen Elementarschulen genannt, die sich jedoch für die Kinder der Adelsschicht von selbst verboten. Die römischen Nobiles verpflichteten für ihren Nachwuchs Privatlehrer, meist gelehrte griechische Sklaven. Leider ist nicht bekannt, wer Claudius das Schreiben und Lesen beibrachte. Doch dürfte man auch für ihn einen gebildeten Griechen angestellt haben.

Die Kinder lernten das Schreiben auf kleinen Holztäfelchen, die mit farbigem Wachs überzogen waren. In dieses wurden mit spitzem Griffel Buchstaben und Wörter geritzt. Mit dem spachtelförmigen Ende des Werkzeugs konnte das Geschriebene wieder gelöscht werden. Die Römer empfanden die lateinische Sprache als schwer. Besonderer Wert wurde auf die Grammatik gelegt. Daneben übte man die richtige Aussprache. Der Lehrer, der dieses Grundwissen zu vermitteln hatte, hieß daher *grammaticus.*

Wie Claudius' weitere Ausbildung vor sich ging, ist nicht überliefert. Man wird deshalb von der allgemeinen Praxis auf den einzelnen Fall schließen müssen. Er scheint, wie es in den höheren Kreisen üblich war, profunde Kenntnisse des Griechischen erlangt zu haben. Das lernte man zunächst an Hand lateinischer Übersetzungen, dann an Originaltexten, etwa Homers Odyssee. Die Kenntnis der griechischen Sprache war Voraussetzung für die Beschäftigung mit Philosophie und Literatur. Sie war zudem die Gebildeten- und Gelehrtensprache. Und sie war notwendig für einen Aufenthalt in Griechenland selbst. Dorthin wenigstens einmal im Leben zu kommen, war das Ziel jedes gebildeten Römers. Ob Claudius als junger Mann das Land der Griechen zu Ausbildungszwecken je besuchen durfte, ist nicht bekannt.

Auch zur beginnenden Kaiserzeit galt den Römern der Oberschicht ein fundiertes Wissen um das Griechentum als Bildungspflicht, von der Frauen allerdings ausgenommen waren. Das der Scholle und dem Schwert verhaftete Natur- und Bauernvolk sah nicht im Römertum die Wurzeln seiner Kultur, sondern bei den Griechen, die lange vor ihm das menschliche Zusammenleben nach Recht und Gesetz geregelt und hervorragende Kunstwerke geschaffen hatten und darum zu bewundern waren. Die Lehre der Stoa, von einem im wahrsten Sinne des Wortes über Nacht verarmten Kaufmann namens Zenon 300 v. Chr. in Athen ins Leben gerufen, eine Philosophie, die Bescheidenheit und Askese predigte, reifte gerade in Rom zu höchster Vollendung und hatte längst auch am Kaiserhof Einlass gefunden. Das Volk der Waffen schmückte sich mit Gedichten und stellte sich mit seiner *Aeneis* kühn neben Homers heroische Epen vom Untergang Trojas und den Irrfahrten des Helden Odysseus.

Und doch blieb sich der Römer stets der Grenzen seiner geistigen Begabung bewusst. Er hatte Griechenland zwar mit dem Schwert in die Knie gezwungen, konnte seiner Kunst und Kultur jedoch nur mit sprachloser Bewunderung gegenüberstehen. In weiser Voraussicht hatte er die griechische Kultur deshalb nicht zerstört, sondern „in verzückter Andacht gehegt und als heiliges Erbe weitergegeben an die kommenden Jahrhunderte".[2]

Griechisches Kulturgut galt den Römern als Schatzkiste aller menschlichen Erfahrungen. Alles, was es im gegenwärtigen Rom gab, hatte dort seinen Ausgang genommen, das Gute wie das Böse, Tugend und Laster, Mäßigung und Ausschweifung. Latein und Griechisch waren die Kommunikationsmittel der zivilisierten Welt. Hinter ihren Grenzen hausten nach römischer Vorstellung die Barbaren, die unverständlich sprachen und die es von den Segnungen der mediterranen Stadtkultur immer wieder zu überzeugen galt. Das vor allem hatte sich der römische Schüler stets vor Augen zu halten.

Sicherlich war es für die Lehrer nicht immer eine Freude, den behinderten Jungen, der obendrein noch stotterte, zu unterrichten. Trotz der offensichtlichen Beeinträchtigung stellte sich sein Geist jedoch bald als äußerst rege heraus. Seine Neugier und seine Interessen verrieten einen wachen Verstand. Schon in früher Jugend erforschte er mangels besonderer Aufmerksamkeit seiner Verwandtschaft und damit anderer Betätigung die römische Geschichte und verfasste eine Abhandlung über die erst von Augustus beendeten Bürgerkriege, die Rom nach Caesars Ermordung bis auf die Grundfesten erschüttert hatten. Aber er musste das Vorhaben nach nur zwei fertiggestellten Büchern aufgeben. Das Thema war politisch noch zu brisant, zumal es den Princeps immer wieder an seinen größten Widersacher erinnerte, Marcus Antonius, der dazu noch Claudius' Großvater mütterlicherseits war und erst mit seinem Selbstmord Augustus die Alleinherrschaft gewissermaßen freiwillig überlassen hatte. Als sich Claudius später wieder seiner historischen Schriften annahm, überging er die Bürgerkriege und auch das zweite Triumvirat, das einst zwischen Octavianus, Marcus Antonius und einem gewissen Lepidus geschlossen worden war.

Großmutter Livia und Mutter Antonia waren von den schriftstellerischen Ambitionen des Behinderten ohnehin nicht begeistert und beklagten völlig zu Unrecht die „Faulheit" des vermeintlich missratenen Jungen, der nach ihrer Auffassung mit etwas Willensstärke seine Behinderung hätte in den Griff bekommen können.

Dennoch erreichte Claudius, der sich von seinen Studien nicht abbringen ließ, dass man ihm, als er 16 Jahre alt war, den Gelehrten Sulpicius Flavus und den berühmtesten Historiker seiner Zeit, Titus Livius, als Lehrer und Gesprächspartner zur Seite stellte. Auch dem in dem einen der überlieferten Augustus-Briefe genannten Ahenobarbus, einem Philosophen, wurde der wunderliche Jugendliche anvertraut. Es ist sogar möglich, dass Claudius' Verhältnis zu diesen Lehrmeistern weit über das einer Lehrer-Schüler-Beziehung hinausging. Darauf weist ja auch Augustus' Bemerkung hin, er wolle während Livias Abwesenheit den Jungen zum Essen einladen, damit er nicht immer nur mit seinen Lehrern zu Tisch gehen müsse.

Doch so sehr sich Claudius auch mit seinen wissenschaftlichen und vor allem historischen Untersuchungen abmühte, Ansehen oder auch nur ein wenig Anerkennung erntete er bei seinen Zeitgenossen dafür nicht. Auch hoffte er nicht auf eine glänzende Zukunft, wie sie anderen jungen Männern seiner Gesellschaftsschicht offenstand. Erst die Nachwelt begriff langsam, dass Claudius zumindest ein ausgezeichneter Historiker und von seiner Umwelt völlig zu Unrecht derart missachtet worden war.

In jungen Jahren

Nicht allzu üppig sprudeln die antiken Quellen, die sich mit Claudius' Kindheit und Jugend befassen. Dies wäre möglicherweise anders, wenn uns seine Autobiografie erhalten geblieben wäre. In acht Bänden soll er die Erinnerung an sein turbulentes Leben, das, wenn auch spät, mancherlei Überraschung bot, festgehalten haben.

Sein schriftstellerisches Werk muss erstaunlich umfangreich gewesen sein. Und man wundert sich umso mehr, als Claudius die letzten dreizehn Jahre seines Lebens über das gewaltige Römerreich herrschte und auch da noch Muße fand, sich derart intensiv mit der römischen Vergangenheit auseinander zu setzen. Man darf allerdings nicht unbeachtet lassen, dass Claudius weitgehend durch seine Freigelassenen und später durch seine vierte Ehefrau Agrippina Minor regieren ließ.

Einige antike Historiker haben sich ernsthaft auch mit Claudius beschäftigt, unter ihnen Suetonius Tranquillus in seinen Kaiserviten, der frühere Sekretär Kaiser Hadrians, Publius Cornelius Tacitus in den Annalen und Dio Cassius in seiner römischen Geschichte. Doch war keiner von ihnen Zeitgenosse des Kaisers. So konnten sie nur wiedergeben, was sie in den Archiven aufbewahrt fanden. Überlebende, die sich auf eigene Erfahrungen mit Claudius und seiner Herrschaft berufen konnten, dürfte es allenfalls nur noch in geringer Zahl zu Tacitus' Zeit gegeben haben, der seine Annalen unter Kaiser Trajan um 100 n. Chr. veröffentlichte.

Bei anderen Geschichtsschreibern erscheint Claudius nur als Randfigur, so bei dem jüdischen Historiker Flavius Josephus, der am Hofe der flavischen Kaiser Vespasian, Titus und Domitian seine *Antiquitates Iudaicae* und die „Geschichte des Jüdischen Krieges" verfasste.

Unter den antiken Gelehrten, die sich mit Claudius' Persönlichkeit und Regierung beschäftigten, nimmt der Philosoph Lucius Annaeus Seneca eine besondere Rolle ein. Er, der sich allenfalls ab und zu der Geschichte Roms widmete, verfasste nach Claudius' Tod jene Schmähschrift, von der im vorigen Kapitel bereits die Rede war. Die beiden Männer standen sich keineswegs nahe, im Gegenteil, obwohl sie ein Gutteil ihres Lebens unter einem Dach verbrachten und sich auch öfter über den Weg gelaufen sein dürften. Claudius' vierte Ehefrau Agrippina hatte Seneca aus der Verbannung an den Hof geholt, wo er als Lehrer, Erzieher und Vorbild ihres Sohnes Nero fungierte. Doch davon später mehr.

Am beredtsten freilich sind wie so oft Bildnisse, Statuen und Inschriften, die über Claudius' Charakter Aufschluss geben – letztere festgehalten im *Corpus Inscriptionum Latinarum* (CIL). Es sind die unzähligen kaiserlichen Erlasse und Verordnungen – bis zu 20 am Tag – die auf Claudius' Verwaltungsarbeit ein ganz besonderes Licht werfen.

In Rom heiratete man früh. Das galt vor allem für den Nachwuchs der Nobilität. Die Ehen wurden arrangiert, das heißt, von den Eltern oft schon vereinbart, wenn die Kinder noch in den Windeln lagen. Liebesheiraten fand man selten. Ausschlaggebend für die Wahl des Partners war das Ansehen von dessen Familie. Auch Einfluss und Vermögen spielten eine gewisse Rolle.

Ein junger Römer galt mit vierzehn Jahren als ehefähig, ein Mädchen mit zwölf. Die meisten Jünglinge wurden aber erst im Alter von sechzehn Jahren verheiratet. Selbst der bejahrte Römer bevorzugte ganz junge Bräute, die er noch nach seinem Gutdünken formen und beeinflussen konnte.

Claudius hatte die Männertoga empfangen, wahrscheinlich im Jahr 5 der neuen Zeitrechnung. Es galt nun, eine geeignete Braut für ihn zu finden, was nicht ganz einfach gewesen sein dürfte. Es hat sich wohl kaum ein Elternpaar bereitgefunden, die Tochter einem Jüngling anzuvertrauen, der zwar dem regierenden Kaiserhaus angehörte, aber wegen seiner Behinderung keinerlei Aussicht auf eine auch nur bescheidene Bedeutung im römischen Staat hatte und zudem noch nicht einmal dem Senatorenstand angehörte, sondern nur Ritter war. Claudius hatte sich ja bisher in der Öffentlichkeit noch in keinerlei Weise hervorgetan, ja nicht einmal sehen lassen, was sicherlich am wenigsten an ihm selbst lag.

Die erste Verlobte des späteren Kaisers hieß Livia Medullina. Sie trug noch den Beinamen Camilla, da sie aus dem alten Geschlecht des Diktators Camillus stammte. Die Hochzeit war bereits festgesetzt. Doch der Bräutigam hoffte auf das Kommen der Braut vergebens. Kurz vor Beginn der Feierlichkeiten traf die Nachricht ein, dass das Mädchen, das möglicherweise an einer Krankheit litt, plötzlich verstorben sei.[1]

Zweifel an dem überraschenden Tod sind angebracht, selbst wenn Medullina tatsächlich krank gewesen sein sollte. Die Braut mag von vornehmer Herkunft gewesen sein. Aber ihr haftete doch, zumindest in den Augen von Großmutter Livia, ein wesentlicher Mangel an: Sie war mit dem Kaiserhaus nicht im Entferntesten verwandt. Und Livia Drusilla legte größten Wert darauf, dass ihre Enkel und die ihres Mannes nur untereinander heirateten und so die Familie noch stärkten. Die Verlobung der beiden jungen Leute scheint von Augustus ohne das Wissen seiner strengen Ehefrau arrangiert worden zu sein. Nach allem, was über die mysteriösen Todesfälle innerhalb der augusteischen Familie geredet wurde, kann nicht ausgeschlossen werden, dass sie auch die anstehende Hochzeit von Claudius und Medullina Camilla auf ihre Art verhinderte, indem sie die unliebsame Braut einfach aus dem Weg räumte.

Es fand sich bald ein anderes Mädchen, das für eine Ehe mit Claudius in Frage kam und gegen die nicht einmal Livia etwas einwenden konnte. Ihr Name war Aemilia Lepida, und sie war eine Großnichte des Kaisers. Doch Claudius verschmähte die Braut, da ihre Eltern Augustus beleidigt hatten und er dadurch die Familienehre beschmutzt sah. Wie sehr er auf diese achtete, sollte sich gleich nach seiner Thronbesteigung erweisen.

Leider verrät uns der antike Vitenschreiber Suetonius nicht, worin die Kränkung des Kaisers bestand. Etwas befremdlich mutet die Bemerkung an, Aemilia sei, als sie von Claudius verstoßen wurde, noch Jungfrau gewesen. Dies könnte darauf hinweisen, dass er sie bereits geheiratet, die Ehe aber noch nicht vollzogen hatte. Allerdings hatte Claudius, wie zuverlässig überliefert ist, nur vier Ehefrauen. Das wiederum lässt Zweifel aufkommen, dass Aemilia tatsächlich für kurze Zeit seine Ehefrau war.

Die nächste Braut hieß Plautia Urgulanilla. Auch sie entstammte einem edlen Geschlecht. Ihr Vater war mit den Triumphabzeichen geehrt worden. Ihre Großmutter war Urgulania und galt als beste Freundin der Livia Augusta. Sicherlich haben die beiden alten Damen die Heirat ihrer Enkelkinder ausgeheckt. Ihre Freundschaft muss sehr eng gewesen sein. Denn Urgulania, die Gattin des M. Plautius, wurde später in einen Geldprozess verwickelt, den Calpurnius Piso, ein temperamentvoller Mann aus uraltem Adel, gegen sie angestrengt hatte. Urgulania musste sogar persönlich vor Gericht erscheinen. Daraufhin bezahlte Livia die von der Freundin geforderte Summe, wie Tacitus in seinen Annalen bemerkt.[2] Die ganze Stadt wusste um das besondere Verhältnis der beiden Frauen zu einander. Tacitus berichtet weiter, Piso habe es „unter Missachtung der Machtstellung der Augusta gewagt, Urgulania vor Gericht zu ziehen“.[3]

Von Urgulanilla hatte Claudius eine Tochter namens Claudia und einen Sohn, der Drusus hieß – wie sein 9 v. Chr. im feindlichen Germanenland tödlich verunglückter Großvater. Der kleine Drusus verstarb schon im Kindesalter in Pompeji. Er hatte versucht, beim Spielen eine in die Höhe geworfene Birne mit dem Mund aufzufangen und war daran erstickt. Nur wenige Tage zuvor hatte ihn sein Vater mit einer Tochter des Prätorianerpräfekten Seianus verlobt.[4] Folgen wir dem antiken Biografen, so sollen einige zeitgenössische Schriftsteller behauptet haben, der Junge sei von seinem Schwiegervater in spe meuchlings ermordet worden. Doch was hätte den Präfekten dazu bewogen? War er doch Zeit seines Lebens darauf aus, zum Kaiserhaus in möglichst enge Beziehung zu treten. Nach dem Tod von Kaiser Tiberius' Sohn Drusus soll er sogar um die Hand Livillas, Tiberius' verwitweter Schwiegertochter, angehalten haben (die Tiberius allerdings verweigerte). Eine Verbindung seiner Tochter mit Claudius' Sohn wäre Seianus sicherlich mehr als recht gewesen.

Ob Claudia tatsächlich die Tochter des nachmaligen Kaisers oder, wie auch behauptet wird, die Frucht eines Ehebruchs Urgulanillas mit einem Freigelassenen war, wird nicht mehr zu klären sein. Vier Monate, bevor sich Claudius von Urgulanilla scheiden ließ, geboren, wurde sie zunächst von ihm anerkannt und als sein Kind aufgezogen. Doch dann müssen ihm erhebliche Zweifel an seiner Vaterschaft gekommen sein. Denn er ließ den Säugling aussetzen und nackt vor die Tür des Hauses seiner in Ungnade gefallenen Mutter legen. Und er schickte Urgulanilla den Scheidebrief, da er sie des Ehebruchs bezichtigte und sie aus uns nicht bekannten Gründen unter Mordverdacht geraten war.[5] Doch dürfte diese erste verbürgte Ehe bis weit in die zwanziger Jahre des ersten nachchristlichen Jahrhunderts bestanden haben. Denn vermutlich erst im Jahr 28 bemühte sich Claudius um eine neue Gattin.

Seine zweite Ehefrau hieß Aelia Paetina. Sie war die Tochter eines ehemaligen Konsuls. Nur drei Jahre nach der Hochzeit ließ sich Claudius von ihr scheiden. Es hatte sich herausgestellt, dass es sich bei Paetina um eine streitsüchtige und launische Frau handelte. Ihr folgten Valeria Messalina (die Claudius hinrichten ließ) und schließlich seine Nichte Agrippina Minor, deren Ehrgeiz er selbst zum Opfer fiel. Von beiden Frauen soll später noch ausführlich berichtet werden.

Mit einiger Bewunderung bemerkt der berühmte Althistoriker Theodor Mommsen, dass Claudius Tiberius Nero zu den wenigen Kaisern gehörte, die weder pädophile noch homophile Neigungen hatten. Er war, erstaunlich bei all den ihm nachgesagten Behinderungen, fast das, was man einen Frauenhelden nennen könnte. Allerdings ist nicht auszuschließen, dass ihn die Damenwelt vor allem wegen seiner Stellung begehrte, wofür seine letzte Ehefrau das beste Beispiel ist.

Bereits im Jahr 5 der neuen Zeitrechnung, 757 *a.u.c.* , hatte Claudius' Bruder Germanicus Agrippina geheiratet, eine der beiden Enkelinnen des Augustus, die nach der Geburt ihrer gleichnamigen Tochter in der Geschichtsschreibung die Ältere (Maior) genannt wird. Schon ein Jahr nach der Hochzeit kam Nero Caesar zur Welt, Claudius' erster Neffe, der einst wie sein anderer Bruder Drusus dem Hass des Prätorianerpräfekten Seianus anheimfallen sollte.

In dem nach der neuen Zeitrechnung 6 n. Chr. genannten Jahr erfolgte die Verbannung des Agrippa Postumus, des letzten noch lebenden Enkels des greisen Augustus, zunächst nach Sorrent, später auf die Insel Planasia. Es ist nicht bekannt, wie Claudius die Entfernung des Verwandten aufnahm. Agrippa sei, so der antike Biograf, „mit der Zeit immer weniger umgänglich" geworden, „ja sogar mehr und mehr geistiger Umnachtung" verfallen. Augustus habe ihn deshalb sogar militärisch bewachen lassen. Auch habe auf seine Veranlassung hin der Senat die lebenslange Inhaftierung des Unglücklichen auf der Insel angeordnet.[6]

Claudius selbst war jetzt 15 Jahre alt und dürfte, seiner geistigen Entwicklung entsprechend, am politischen Tagesgeschehen äußerst interessiert gewesen sein. Ob er froh war, von seiner Großmutter Livia Drusilla nicht für ganz zurechnungsfähig gehalten zu werden, sodass sie in ihm keinen Rivalen für ihren Sohn Tiberius sah, und damit womöglich sein Leben zu retten, wissen wir nicht. Jahrzehnte später sollte er nach eigener Einlassung am Hof seines Neffen Caligula den Hofnarren spielen, um vor dessen Nachstellungen sicher zu sein.

Über das Verhältnis des Kaisers Augustus zu seinem jüngsten Enkel ist in der Wissenschaft besonders viel gerätselt worden. Unstreitig ist wohl, dass der nachgeborene Agrippa, nachdem seine Brüder Gaius und Lucius so überraschend gestorben waren, zusammen mit Tiberius im Jahr 4 n. Chr. von Augustus adoptiert worden war.[7] Tacitus und Dio Cassius berichten übereinstimmend darüber hinaus, Agrippa sei von seinem Großvater kurz vor dessen Tod noch auf der Insel besucht worden, wobei es eine tränenreiche Versöhnung gegeben habe und von Augustus das Versprechen, den Enkel bald „seinen Ahnen zurückzugeben", das heißt, ihm die Rückkehr nach Rom zu gestatten. Selbstredend hätte alles heimlich geschehen und vor allem vor Livia verborgen werden müssen. Schließlich sei sie es gewesen, die darauf gedrängt habe, den Jungen zu verstoßen. Doch trotz aller Vorsichtsmaßnahmen des besorgten Großvaters, der es sich zuletzt wohl doch anders überlegt hatte, habe Livia vom Ausflug ihres Gatten erfahren und nun befürchtet, Augustus werde den leiblichen Angehörigen jetzt von Planasia zurückholen und ihn womöglich noch zum Alleinherrscher des Imperiums machen. Damit aber wären all ihre Pläne, dem eigenen Sohn die Herrschaft zu verschaffen, vereitelt worden. So habe sie, um ihren Gatten zu töten, „Feigen von einem Baum, von welchem Augustus mit eigener Hand zu pflücken pflegte, mit Gift" bestreichen lassen, und um nicht unter Verdacht zu geraten, „solche, die nicht bestrichen waren", selbst gegessen und die anderen ihm zugeschoben.[8]

Es ist denkbar, dass sich Dio Cassius hinsichtlich des kaiserlichen Besuchs auf Planasia auf den Bericht des Tacitus stützte, der die Vorfälle ähnlich überliefert. Gleich zu Beginn seiner Annalen spricht er davon, dass sich der Gesundheitszustand des weit über 70jährigen Kaisers von Tag zu Tag verschlechterte. „Manche argwöhnten", schreibt er, „es stehe ein Verbrechen seiner Gemahlin dahinter. Denn es war das Gerücht aufgekommen, vor einigen Monaten sei Augustus nach Planasia zu einem Besuch des Agrippa gefahren; eine Anzahl ausgewählter Leute sei in die Sache eingeweiht und Fabius Maximus als einziger Begleiter mitgenommen worden. Dort habe es auf beiden Seiten viele Tränen und viele Bekundungen der Liebe gegeben, und man habe in Aussicht genommen, den Jüngling dem großväterlichen Hause wieder zurückzugeben. Dies habe Maximus seiner Gattin Marcia mitgeteilt, die es an Livia weitergegeben habe. Dies sei dann auch dem Caesar zu Ohren gekommen. Und als bald darauf Maximus starb – man weiß nicht, ob Selbstmord vorlag -, habe man bei seiner Beisetzung Marcia jammern hören, die sich selbst vorwarf, die Schuld an dem Tod ihres Mannes zu haben."[9]

Dass Livia auch ihrem Mann nach dem Leben getrachtet hätte, scheint eher zweifelhaft. Man darf nicht vergessen, dass Augustus 14 n. Chr. fast 76 Jahre alt war und damit nach antiken Vorstellungen ein nahezu biblisches Alter erreicht hatte.

Und dennoch kann nichts ausgeschlossen werden. Es war Tiberius, der seiner Mutter ständig in den Ohren lag, Augustus mache keine Anstalten, den Platz zu räumen, und er selbst sei schon ergraut und der Thron dennoch in weiter Ferne. Wie lange sollte seine Geduld, das Warten auf die Nachfolge, noch strapaziert werden? Und bestand nicht tatsächlich die Gefahr, der Alte könnte seinen Sinn in letzter Minute noch ändern, Agrippa rehabilitieren und Tiberius' so mühsam über Jahrzehnte verteidigten Anspruch gefährden? Bewiesen ist nichts. Das Geheimnis um Augustus' zunehmende Schwäche und die Umstände seines Todes haben die Beteiligten mit ins Grab genommen. Wie sehr Mutter und Sohn den Gefangenen auf Planasia fürchteten, sollten die Ereignisse gleich nach Augustus' Tod zeigen.

Doch kehren wir in die frühen Jahre der neuen Zeitrechnung zurück! Noch erfreute sich Augustus altersgerechter Gesundheit, wenn er auch mehr und mehr auf die Unterstützung des Adoptivsohns Tiberius angewiesen war. In Rom selbst herrschte Ruhe, und auch in den Provinzen lief das Leben, abgesehen von gelegentlicher Unzufriedenheit, seinen gewohnten Gang. Eine Ausnahme machten nur Pannonien und Illyrien, wo größere Unruhen ausgebrochen waren. Die Gefahr wurde für Rom so bedrohlich, dass Augustus den

Adoptivsohn, den besten Feldherrn seiner Zeit, in den Norden des Reiches schickte. Tiberius traf dort auf einen Gegner, der nichts mehr zu verlieren hatte. Sein Neffe Germanicus stand ihm zur Seite.

Der sogenannte Pannonische Krieg, der Rom in den Jahren 6 bis 9 n. Chr. in Atem hielt, gehörte zu den verlustreichsten Bewährungsproben, die die Weltmacht in ihrer vielhundertjährigen Geschichte zu bestehen hatte.

Mit wechselndem Geschick erkämpften die Römer, die über eine ausgefeilte Kriegstaktik und längere Erfahrung verfügten, schließlich den Sieg. Doch waren die Verluste in den eigenen Reihen beträchtlich und standen in grobem Missverhältnis zu dem Nutzen, den man aus dieser Begegnung zog. Der Krieg war Rom aufgezwungen worden, die Weltmacht befand sich in der ungewohnten Rolle des Verteidigers.

Dabei wäre auch diese Auseinandersetzung wie jedes Blutvergießen vermeidbar gewesen, hätte die Staatsführung die Steuerschraube ein wenig gelockert. Tiberius fragte einen der Aufständischen nach dem Grund der Unzufriedenheit. „Es ist geschehen", erhielt er zur Antwort, „weil ihr euren Herden keinen Hirten gegeben habt, sondern Wölfe."[10]

Claudius' Bruder Germanicus traf schließlich mit der Siegesnachricht in Rom ein. Die Provinzialisierung konnte nun auch in diesem Teil der Welt vorangetrieben werden.

Noch mehr verdüsterte ein anderer Sturm, der über den Norden des Reiches hereinbrach, die letzten Lebensjahre des Kaisers. Nach dem Tod seines Bruders Drusus (9 v. Chr.) setzte Tiberius dessen Werk im rauen Germanien fort. Er stieß erneut bis zur Elbe vor und begann mit der ersten Provinzverwaltung auf germanischem Boden. Aber von der Errichtung einer Provinz nach spanischem oder gallischem Vorbild konnte hier keine Rede sein. Nur einzelne Stammesfürsten verpflichteten sich den Römern zur Heeresfolge. Wie unheimlich die dunklen germanischen Wälder und der meist düstere Himmel auf die sonnenverwöhnten Gemüter des Mittelmeeres wirkten, mag die Tatsache verdeutlichen, dass sich die Römer während der Wintermonate stets in ihre befestigten Rheinkastelle zurückzogen und neue Unternehmungen auf die freundlichere Jahreszeit verschoben. Noch ahnte im Mittelpunkt der alten Welt niemand, dass in diesem Germanien eine tiefgreifende Romanisierung niemals gelingen würde. Doch vielleicht hätten sich die Verhältnisse auch hier anders entwickelt, wäre die Beziehung des Princeps zu seinem Stiefsohn eine andere gewesen. Nach vielerlei Kränkungen, denen er am Hof des Augustus ausgesetzt war, zog sich Tiberius, wovon bereits die Rede war, auf die Insel Rhodos zurück, um dort als Privatmann zu leben. Germanien blieb nun für lange Zeit weitestgehend sich selbst überlassen. Rom schickte als Tiberius' Nachfolger L. Domitius Ahenobarbus, einen mit der Kaiserfamilie entfernt Verwandten, den Großvater des späteren Kaisers Nero. Ihm gelang es immerhin, für einen kurzen Augenblick die Elbe zu überschreiten …

Dennoch gab es dauernde erste Erfolge. Die *Fossae Drusianae* erleichterten den Römern den Zugang zur Nordsee. Von Xanten am Niederrhein bis Mainz reichte die Kette der stark befestigten Kastelle, und breite Heerstraßen erschlossen das Land zumindest auf der westlichen Rheinseite. Alles schien ruhig zu sein. Zwar waren einzelne Stammesfürsten unter sich zerstritten, aber noch fehlte einem germanischen Widerstand der einigende Kopf. Der *Furor Teutonicus*, der hundert Jahre zuvor das Leben in der Hauptstadt gelähmt hatte, schien gezähmt zu sein. Märkte erblühten, es fand ein reger Warenaustauch statt. „So tiefer Friede waltete, dass die Menschen umgewandelt, die Erde eine andere, der Himmel selbst sanft und milder schien als sonst …“[11] Keinem kam die ungewöhnliche Stille verdächtig vor. Niemand ahnte, dass es nur die Ruhe vor dem Sturm war.

Im Jahr 6 n. Chr. entsandte Augustus Quinctilius Varus an den Rhein, der sich als einer der glücklosesten Feldherrn der gesamten römischen Geschichte erweisen sollte.

Mit selbst für einen Römer ungewöhnlich harter Hand versuchte Varus, die aufmüpfigen Germanen in Schach zu halten. In den germanischen Rechtsbräuchen sah der römische Verwaltungsjurist nichts als Barbarei. Mit allzu wenig Fingerspitzengefühl und unter grober Missachtung des in Jahrhunderten gewachsenen Rechtsempfindens eines freiheitsliebenden Volkes begann er, die römische Rechtsauffassung in die sturen Germanenschädel im wahrsten Sinne des Wortes hinein zu prügeln. „Er glaubte“, so Velleius Paterculus, der römische Historiker im Dienste des Tiberius, „wenn sie sich schon durch das Schwert nicht überwältigen ließen, könne man sie durch Juristerei bezwingen.“ Es war Varus' verhängnisvollster Irrtum.

Nicht weniger als über die Art der Rechtsprechung war das freiheitsliebende Volk über die Höhe der ihm auferlegten Abgaben erbost. „Sie aber“, meint Paterculus, „weiter, „die es ohnehin schon verdross, dass ihre Schwerter rostig geworden waren und ihre Rosse steif vor Untätigkeit, setzten sich zur Wehr, nachdem sie Gesetze kennen gelernt hatten, die grausamer waren als Waffen.[12] Sicherlich wäre ihr Aufstand im Blut erstickt, hätte sich nicht ein junger Mann gefunden, der über mehr verfügte als die Tugend, sterben zu können.

Sein Name war Arminius, und er gehörte dem Stamm der Cherusker an, dem sein Vater vorstand. Es ist nicht bekannt, ob er seinen Namen von Haus aus trug oder erst, nachdem man ihn nach Rom gebracht hatte, wo er als vornehme Geisel seine Jugendjahre verbrachte. Dort hatte er sich die römische Kriegskunst zu Eigen gemacht und war sogar in den Ritterstand aufgestiegen. Bis 8 n. Chr. kämpfte er in römischen Diensten auf dem Balkan, kehrte jedoch, aus welchen Gründen auch immer, in seine heimischen Wälder zurück, wo er an der Tafel des Statthalters Varus ein gern gesehener und geschätzter Gast war. Er sah das Wohlleben der Besatzer und erkannte die Nöte seines eigenen Volkes. So beschloss er, die Römer mit ihren eigenen Waffen zu schlagen.

Nie zuvor hatte ein Germanenfürst die stets untereinander zerstrittenen Stämme seiner Heimat wenigstens für kurze Zeit zu einen vermocht und dabei zugleich die Römer derart zu täuschen verstanden. Varus sah keinen Grund, dem jungen Heimkehrer zu misstrauen. Völlig arglos ließ er sich von Arminius leichtfertig blenden, obwohl Segestes, Arminius' Schwiegervater, mit Rom eng verbündet, den Statthalter vor dem Schwiegersohn warnte. Was gab Varus schon auf die Ränkespiele untereinander zerstrittener Verwandter? Hatte Segestes nicht allen Grund, Arminius schlecht zu machen? Jegliche Tradition missachtend, hatte der Cheruskerspross in einer Nacht- und Nebelaktion Thusnelda, Segestes' Tochter, aus der väterlichen Obhut geraubt und als Ehefrau in sein Haus geführt, obwohl der Vater das Mädchen längst anderweitig versprochen gehabt hatte. Die Entführung kam nach germanischem Recht und Brauch einem Sakrileg gleich, so sympathisch eine solche Tat heute auch erscheinen mag. Den Römern forderte sie allenfalls ein mildes Lächeln ab. Sie schlossen Ehen weitestgehend aus politischen, finanziellen oder bestenfalls familiären Gründen – und liebten nebenbei, wen immer sie wollten. Wozu also solche Umstände, um eine geliebte Frau zu sich ins Bett zu holen? Aber wenn Varus auch davon überzeugt war, dass es bei Segestes' Warnung eher um Familienzwistigkeiten ging, hätte er doch gut daran getan, ein wenig achtsamer zu sein.

Vor allem die Geschichtsschreibung des 19. Jahrhunderts ging mit Varus hart ins Gericht. Einen „Hofgeneral" nannte ihn Theodor Mommsen, „ohne jede militärische Begabung und Erfahrung." Und auch vor anderen Historikern fand der glücklose Feldherr keine Gnade. Schuld an dem Unglück, das Rom durch ihn widerfuhr, sei vor allem seine maßlose Eitelkeit gewesen. Aber war er wirklich ein „anmaßender und stumpfsinniger Grandseigneur?", wie es Viktor von Gardthausen in seiner groß angelegten Augustus-Biografie aus dem Jahr 1909 behauptete?[13]

Allen Verunglimpfungen zum Trotz hatte sich Varus als Verwalter der Provinz Africa und später als Statthalter Syriens bereits bestens bewährt. Und Augustus, der vorausschauende Menschenkenner, hätte wohl kaum einen unfähigen und unerfahrenen Mann in ein raues Barbarenland entlassen, das sich gerade erst anschickte, den Hauch einer römischen Provinz anzunehmen.

Trotzdem hat der alte Kaiser in Rom über den Unruhen auf dem Balkan die Gefahr, die von Germanien ausging, unterschätzt. Varus, dem Arminius die Erhebungen einiger Stämme meldete, brach in das Winterlager auf und gedachte, die Unruhen unterwegs niederzuschlagen. Sein Aufbruch aber geriet zum Ritt in den Tod.

Von überall her wurden die abziehenden Römer auf ihrem Weg an den Rhein angegriffen. Sie bewegten sich diesmal besonders schwerfällig, denn ihr Tross war gewaltig, hatten sie doch im Sommerlager auf keinerlei Luxus verzichten wollen. Das kam den Angreifern entgegen.

Drei verhängnisvolle Tage wehrten sich die Römer mit wachsender Verzweiflung gegen einen offenbar allgegenwärtigen Feind. Am Abend des dritten Tages lagen die Soldaten dreier stolzer Legionen, der XVII., XVIII., und IXX, erschlagen, zusammen mit den Hilfstruppen bedeckten mehr als 20000 Leichen die blutgetränkte Erde. Varus hatte sich in sein Schwert gestürzt. Und die wenigen, die das wahnwitzige Schlachten überlebt hatten, sollten bald die Toten beneiden. Denn ihnen würde die Rückkehr nach Rom für immer verwehrt bleiben. Man wollte dort keine Zeugen der größten Niederlage, die die Weltmacht je hatte erleiden müssen. Man fürchtete zudem, dass Unheil anstecken könnte wie die Pest.

Die Vorgänge im kaiserlichen Palast dürften auch dem geschichtsinteressierten Claudius nicht entgangen sein. Er war nun 18 Jahre alt und entwickelte sich zu einem gebildeten, nahezu gelehrten jungen Mann. Augustus entließ auf der Stelle seine germanische Leibwache und ließ die Namen der drei untergegangenen Legionen aus den Heereslisten streichen. In Rom wurden allenthalben Wachposten aufgestellt, damit nicht auch hier ein Aufstand ausbräche. Auch verlängerte der Kaiser die Dienstzeit der Provinzstatthalter, damit die Reichsbewohner überall durch ihnen bekannte und vertraute Leute in Schach gehalten würden. Sogar der höchste Staatsgott wurde bemüht. Iupiter Optimus Maximus wurden feierliche Spiele gelobt, wenn sich die Lage für Rom wieder zum Besseren wendete. Ein Bild des Jammers bot Augustus selbst: Er war so niedergeschlagen, das er sich zum Zeichen seiner Trauer einige Monate lang weder Bart noch Haupthaar scheren ließ. Und unheimlich klang das

Schlagen seines Kopfes an die Wand und seine sonore Stimme, die durch den Palast dröhnte: *„Quinctili vare, redde legiones!"*

Es ist leider nicht überliefert, was Claudius in dieser für Rom und seine Staatsführung so schrecklichen Zeit tat und empfand. Wenige Jahre vor der Niederlage am Teutoburger Wald hatte er sich mit Aemilia Lepida, Augustus' Großnichte, verlobt, die Verlobung aber, wie erwähnt, bald wieder gelöst. 7 n. Chr. wurde in Ticinum, dem heutigen Pavia, ein Triumphbogen errichtet, um das Kaiserhaus zu ehren. Vor Claudius, immerhin mit dem Princeps nahe verwandt, wurden die Kinder seines Bruders Germanicus namentlich verewigt. Und ganz am Rand erschien schließlich, wie bereits erwähnt, auch sein Name, Tiberius Claudius Nero Germanicus, und die Forschung spekuliert, ob er, nachdem er Kaiser geworden war, nicht sogar selbst dafür gesorgt hat, genannt und damit unsterblich zu werden.

Eine aussichtsreiche Zukunft auf politischer Ebene gab es für ihn im Augenblick nicht. Aber Augustus war alt, seine Tage waren nach menschlichem Ermessen gezählt. Man musste kein großer Wahrsager sein, um die Veränderung vorauszusehen. Immerhin war Claudius im Jahr 9 n. Chr. unter die Auguren aufgenommen worden, jene Priesterkollegien, die schon den Königen vor mehr als 500 Jahren bei der Einholung der Vorzeichen zur Seite gestanden hatten. Sie lasen aus dem Fressgebaren der heiligen Hühner, und sie deuteten Blitze und Donnerschläge.

Was hatte Claudius von seinem Onkel Tiberius zu erwarten, wenn Augustus gestorben war? Durfte er hoffen?

Herrscherwechsel

In vielfältigen Vorzeichen hatte sich Augustus der Tod angekündigt. So hatte am Geburtstag des Kaisers, dem 23. September des Jahres 13, ein Geisteskranker den Reigen der Unglück verheißenden Omina angeführt. Er hatte auf dem Thronsessel Iulius Caesars Platz genommen und sich dessen Krone aufs Haupt gesetzt. Am 18. April des folgenden Jahres wurde die Erde plötzlich in Finsternis getaucht, und unheimliche Kometen zogen ihre Bahn. Sie galten seit alters her als die Unglücksboten schlechthin, kündigten sie doch Krieg, Tod und tiefgreifende Veränderungen an. Wer genau beobachtete, entdeckte am nächtlichen Himmel glühende Funken, die wie riesige Steine zur Erde fielen. Es war, als regnete es Blut. Die Senatoren gerieten in höchste Aufregung, zumal der Princeps an einer nicht näher bekannten Krankheit zu leiden begann. Man beschloss, zusammenzukommen, um den Ernst der Lage zu ergründen. Aber man fand die Kurie geschlossen, den Platz davor menschenleer. Nur vom Dach des Gebäudes erklang der dunkel klagende Ruf einer Eule …

Auch Augustus selbst zeigte sich der nahende Tod an. Er verrichtete auf dem Marsfeld ein Sühneopfer, denn die Reichsschätzung war gerade erfolgreich beendet worden. Da umkreiste plötzlich ein Adler sein greises Haupt und ließ sich auf einem nahe gelegenen Tempel nieder. Dieser trug eine Inschrift mit dem Anfangsbuchstaben M., der sich unmittelbar unter dem ruhenden Vogel befand. Begann nicht mit M auch das lateinische Wort *MORS,* Tod? Augustus zweifelte nicht daran, dass seine Tage gezählt waren. Er wusste es ja längst. Deshalb weigerte er sich auch, die für die nächste Amtszeit üblichen Gelübde des Censors abzulegen. Er würde sie doch nicht mehr erfüllen können.

Wer immer noch zweifelte, dass der Tod des Princeps bevorstand, erhielt einen weiteren Hinweis. Auf dem Capitol stand schon lange das Standbild des Kaisers, in das der Blitz einschlug. Dabei wurde in der Inschrift das „C" aus dem Cognomen „Caesar" weggeschmolzen. Die zu Rate gezogenen Seher beeilten sich, das „C" als *centum,* hundert, zu deuten und schlossen daraus, dass Augustus' Herrschaft noch hundert Tage währen würde. Auch sagte ihnen der Vorfall, dass er ganz sicher unter die Götter des römischen Staatshimmels aufgenommen werden würde. Denn *aesar,* der Rest des Namens, der stehen geblieben war, kam aus dem etruskischen Wortschatz und bedeutete „Gott".

Die Stimmung in Rom trübte sich. Ungewissheit und Angst vor der Zukunft lagen über der Stadt. Was sollte nach Augustus' Tod werden? Die meisten Stadtrömer kannten als Herrscher nur ihn. Nur noch ganz wenige erinnerten sich an die Republik, die er einst abgelöst hatte. Und es gab kaum einen Römer, der mit seiner Regentschaft nicht einverstanden gewesen wäre. Hatte er doch für Frieden und Wohlstand gesorgt und die Menschen glücklicher gemacht, als es bisher je einem Herrschenden Roms gelungen war. Als Vater aller Reichsbewohner hatte man ihn geschätzt, und nun sollte sich alles verändern. Es war schwer, sich ein Leben nach Augustus auch nur vorzustellen.

Der Hochsommer war ins Land gezogen und mit ihm die Zeit, da Augustus seinen Stief- und Adoptivsohn Tiberius nach Illyrien schicken und ihn bis Beneventum begleiten wollte. Doch hielten ihn immer neue Geschäfte in Rom zurück, bis er schließlich verärgert ausrief, er werde sich nun nicht länger aufhalten lassen, mochte sich auch alle Welt gegen ihn verschworen haben. Er ahnte das nahe Ende und fürchtete, sein Tod in der Hauptstadt könnte dort Unruhen auslösen, bevor man Tiberius verständigen könne und dieser nach Rom zurückgekehrt sei. Würde er hingegen einige Tagesreisen entfernt die Augen schließen, ließe sich sein Tod viel länger verheimlichen und damit alles leichter regeln.

Er gelangte zunächst bis Astura. Von dort segelte er die campanische Küste entlang, ganz gegen seine Gewohnheit bei Nacht, denn der günstige Wind sollte ausgenutzt werden. Es ist denkbar, dass er sich dabei leichtsinnigerweise jene Erkältung zuzog, die mit einem Darmleiden verbunden war und sein Ende beschleunigte.

Doch trotz seiner Krankheit setzte er mit erstaunlicher Gelassenheit seinen Weg fort, beehrte mehrere Landstädte mit seinem Besuch und schiffte sich schließlich nach Capri ein, das er sehr liebte, aber infolge Zeitmangels nur selten besucht hatte. Er hatte, wie bereits erwähnt, die Insel vor Zeiten im Tausch gegen Ischia von der Stadt Neapel erworben und manchen Sommer auf ihr verbracht. Doch er blieb nur vier Tage. Von Unruhe getrieben, wie sie manchen Todgeweihten eigen ist, setzte er wieder aufs Festland über und bemühte sich, dort den Verpflichtungen des Staatsoberhaupts gerecht zu werden – trotz seines Darmleidens, das sich nun täglich verschlimmerte. Von Neapel aus wollte er sich endlich auf den Weg nach Beneventum machen, wo Tiberius auf den Abmarsch nach Illyrien wartete.

Aber er kam nur bis Nola, eine Kleinstadt in Campanien, wo er völlig entkräftet sein Vaterhaus aufsuchte. Dort musste er sich zu Bett legen. Besorgt rief Livia ihren Sohn zurück.

Niemand vermag sicher zu sagen, ob Tiberius seinen Adoptivvater noch lebend antraf. Seine Mutter hatte in weiser Voraussicht, damit ihr Plan nicht in letzter Minute noch scheiterte, Straßen und Plätze und auch das Todeshaus stark besetzen lassen. Der Tod ihres Gatten und die Nachfolge ihres Sohnes sollten gleichzeitig öffentlich verkündet werden. So hat es Tacitus in seinen Annalen berichtet.

Doch Suetonius erzählt die Geschichte anders. Er erwähnt ein Gespräch, das zwischen Vater und Sohn noch unter vier Augen stattgefunden habe. Danach habe der Sterbende „das arme römische Volk“ bedauert, das bald zwischen solchen „Kinnbacken“ zermalmt würde. Es ist durchaus möglich, das die offizielle Version des Hofes ein letztes Gespräch meldete, erlaubte es doch Tiberius, sich bei unliebsamen Maßnahmen umso überzeugender auf geheime Anweisungen seines Vorgängers zu berufen, die sich naturgemäß jeglicher Nachprüfung entzogen. So ist auch nicht bekannt, ob und gegebenenfalls auf welche Weise Augustus in seiner Sterbestunde noch seiner Familienangehörigen gedachte. Er starb am 19. August des Jahres 14, von Rom und allen Reichsbewohnern gleichermaßen betrauert, und Livia, die Witwe, sorgte dafür, dass ihm ein Platz unter Roms Göttern sicher war. Es fand sich nämlich ein betagter Veteran, der unter Eid bekundete, er habe die Seele des Toten in den Himmel auffahren sehen (und von Livia, die fortan den Titel Iulia Augusta führte, in klingender Münze dafür reich belohnt wurde).

Sicherlich wartete auch Claudius gespannt auf die Eröffnung des Testaments des Verstorbenen. Es war dem Brauch entsprechend bei den Vestalischen Jungfrauen, den höchsten Priesterinnen Roms, die auf dem Forum Romanum in einem kleinen Rundtempel das heilige Feuer hüteten – das Symbol für das Wohlergehen des Staates, das nie verlöschen durfte - zur Verwahrung hinterlegt und zur Verlesung in den Senat gebracht worden. Doch wenn Claudius je gehofft hatte, seine Lage würde sich jetzt verbessern, sah er sich bitter enttäuscht. Er erschien nur als Erbe dritten Grades, „fast unter den Fremden“, wie Suetonius bemerkt, mit einem Sechstelanteil am kaiserlichen Nachlass und einem Legat von nicht mehr als 800000 Sesterzen.[1] Keinerlei Ehrung, keinerlei Hoffnung auf ein wenig Anerkennung.

Wie viele andere Bürger Roms mag auch Claudius gerätselt haben, was von seinem neuen Herrn zu erwarten war. Wie würde sich vor allem Agrippa Postumus, der einzige männliche Angehörige des Kaiserhauses, der ein leiblicher Nachkomme des Augustus war, verhalten? Man war auf vieles gefasst. Tiberius' Stolz war fast sprichwörtlich in Rom, und es gab viele, die bereits jetzt zahlreiche Anzeichen jener Grausamkeit entdeckten, die dem Menschenverächter eignet. Ohnehin war man davon überzeugt, er habe seit jenen Tagen der Zurückgezogenheit auf Rhodos auf nichts anderes als auf Rache gesonnen,

„auf Groll, Verstellung und geheime List“.[2] Am meisten aber fürchtete man das Regiment Livias, „einer Frau müsse man dienen und überdies noch zwei Jünglingen, welche den Staat einstweilen drücken, dereinst zerreißen würden“, jammerte das römische Volk, auf Tiberius' Mutter und seine Söhne Drusus und Germanicus anspielend. Keiner mochte glauben, dass sich der Übergang von einem zum anderen Herrscher fast nahtlos vollziehen sollte, wie es dann zum Erstaunen aller tatsächlich geschah.

Nur Velleius Paterculus, Tiberius' Hofberichterstatter, beschreibt in düsteren Farben die Krise, die Augustus' Tod angeblich heraufbeschworen habe, aus naheliegenden Gründen, wie man weiß. Denn je schwieriger sich die Lage darstellte, desto größerer Ruhm musste auf seinen Brotgeber fallen, der dann auch die schwierigsten Probleme zu meistern verstand.

Zu Tiberius' ersten Amtshandlungen als neuer Princeps gehörte die Beseitigung des Agrippa Postumus. Augustus' Tod war noch nicht öffentlich bekannt gemacht worden, als ein dem jungen Mann zugewiesener Wächter den schriftlichen Befehl erhielt, den Gefangenen zu ermorden. Hatte Augustus wirklich noch auf dem Sterbebett die Beseitigung seines letzten Enkels angeordnet, um Unruhen nach seinem Tod vorzubeugen? Es ist kaum zu glauben. Wahrscheinlicher ist, dass Livia und Tiberius die Ermordung befohlen haben – aus Furcht, Agrippa könnte als einziger leiblicher Nachfolger des Augustus mit mehr Recht als ein adoptierter Claudier Anspruch auf eine Führungsrolle im römischen Staat erheben. Tiberius jedenfalls sprach sich selbst von jeder Schuld an Agrippas Tod frei. Er gab dem Tribunen, der ihm die Beseitigung des lästigen Konkurrenten meldete, die Antwort, das habe er nicht befohlen, und der Mörder werde sich dafür vor dem Senat zu verantworten haben. Die Frage der Schuld wurde allerdings nicht weiter verfolgt. Tiberius' Berater hielten ihn davon ab. Er sollte sein schwieriges Amt unbelastet von irgendwelchen Vorwürfen antreten können. So bleibt bis heute rätselhaft, wer den Befehl zur Hinrichtung des unglücklichen jungen Mannes tatsächlich gab.

Claudius war jetzt 23 Jahre alt und hatte damit ein Alter erreicht, in dem Angehörige der obersten Schicht längst in den *cursus honorum*, die politische Ämterlaufbahn, eingetreten waren. Auch Claudius interessierte sich dafür. Er appellierte an seinen Onkel Tiberius, ihm doch endlich ein verantwortungsvolles öffentliches Amt zu übertragen. Aber der neue Princeps verlieh ihm nur die *ornamenta consularia*, die unbedeutenden Abzeichen eines Konsuls. Claudius wollte sich damit nicht zufrieden geben und hakte nach. Er beanspruchte wie seine Alters- und Standesgenossen eine wirkliche Aufgabe und nicht nur symbolische Ehren. Doch Tiberius blieb hart. Er schrieb dem Neffen einen kurzen Brief und fügte für die Saturnalien (ein dem Gott Saturn geweihtes Fest, das alljährlich am 17. Dezember stattfand und an dem die Unterschiede zwischen Herren und Sklaven aufgehoben waren und letztere eine gewisse „Scheinfreiheit“ genossen) und die sich anschließenden siebentägigen Sigillarien (benannt nach kleinen Tonfiguren) vierzig Goldstücke. Claudius erkannte, dass es für ihn keine Hoffnung gab, seinem Leben einen wirklichen Sinn zu geben und je eine Würde zu erlangen. Gekränkt gab er sich dem Müßiggang hin, verbrachte viel Zeit in seinen Gärten und in seinem Haus vor den Toren der Stadt oder auch auf seinem Landsitz in Campanien, wo die römische Aristokratie weitläufige Refugien besaß. Glauben wir dem antiken Biografen, pflegte er dort Umgang „mit den verworfensten Menschen“ und gelangte so „in den üblen Ruf, ein Trinker und Spieler zu sein, abgesehen vom alten Vorwurf der Dummheit“.[3]

Tiberius machte indes keinerlei Anstalten, seinen Neffen davor zu bewahren. Es kann ihm kaum entgangen sein, dass Claudius sowohl bei Privatpersonen als auch in der Öffentlichkeit einige Aufmerksamkeit und Ehrerbietung genoss. So wählten ihn die Ritter, deren Stand er angehörte, zu ihrem Sprecher. Sie hatten ihn bereits beauftragt, sich dafür einzusetzen, dass sie Augustus’ Leichnam auf ihren Schultern von Nola nach Rom tragen durften und sollten ihn auch später beim Sturz des Prätorianerpräfekten Seianus bitten, die Konsuln im Namen der Ritterschaft zur Rettung des Staates zu beglückwünschen. Trotz der offensichtlichen Missachtung durch die Staatsführung war sein Ansehen in Rom groß. Betrat er das Theater, stand man auf, und man pflegte in seiner Anwesenheit die Mäntel abzulegen, was als besonderer Höflichkeitsbeweis galt.[4] Es war fast, als ahne man bereits sein künftiges Herrschertum.

Ungewöhnliche Ehren erfuhr er auch durch den Senat. Augustus war in den römischen Götterhimmel aufgenommen worden und hatte damit Anspruch auf ein eigenes Priesterkollegium, das sein Andenken bewahrte. In der Regel wurden Priester durch das Los bestimmt. Der neuen Priesterschaft gehörten 21 Persönlichkeiten des öffentlichen Lebens an, neben Tiberius auch sein leiblicher Sohn Drusus und sein Adoptivsohn Germanicus. Die eingeschriebenen Väter beschlossen nun, auch Claudius als außerordentliches Mitglied in die Augustuspriesterschaft aufzunehmen. Überhaupt unterließen sie nichts, um das unglückliche Mitglied des Kaiserhauses zu ehren. Er gehörte ja, wie erwähnt, nur dem Ritterstand an, hatte also von seiner Stellung her weder Sitz noch Stimme im Senat. Dennoch wurde ihm das Recht verliehen, unter den Senatoren konsularischen Ranges abstimmen zu dürfen. Das allerdings rief den eifersüchtigen Tiberius auf den Plan. Er hob den Senatsbeschluss mit dem Hinweis auf, dass Claudius schwachsinnig sei. Dafür sicherte er zu, den dem Neffen bei einem Brand entstandenen Schaden aus eigenen Mitteln zu ersetzen. Claudius' Haus war nämlich völlig zerstört worden, und der Senat hatte sofort angeboten, es auf Staatskosten wieder aufbauen zu lassen.

Turbulent war die Zeit der beginnenden Herrschaft des menschenfeindlichen Claudiers Tiberius. Wie bereits erwähnt, erinnerte sich der neue Kaiser bald nach seiner Thronbesteigung und der Beseitigung seines letzten Rivalen Agrippa Postumus seiner geschiedenen Frau Julia, wenn er sie überhaupt je vergessen hatte. Tiberius war nachtragend, und er hatte ein erstaunliches Gedächtnis. Wie es seiner Art entsprach – hatte er doch durch ihr Verhalten die bitterste Kränkung seines Lebens erfahren – „räumte er die des Landes verwiesene, verrufene und nach der Ermordung des Agrippa Postumus gänzlich hoffnungslose Frau durch Hunger, der eine schleichende Schwindsucht zur Folge hatte, aus dem Wege, in dem Glauben, ihre Beseitigung werde infolge der langen Dauer der Verbannung nicht weiter beachtet werden".[5]

Fünf Jahre nach ihrer Verbringung auf die unwirtliche Insel Pandateria hatte noch Augustus selbst auf Drängen des Volkes seine Tochter zur Verbannung auf das Festland „begnadigt" und ihr Rhegium, das heutige Reggio di Calabria, nahe der sizilischen Meerenge als bescheidene Wohnstatt zugewiesen. Dort starb sie bald nach dem Tod ihres Vaters, und selbst der Toten blieb die Heimkehr nach Rom verwehrt.

Kurz vor seinem Tod hatte Augustus Claudius' Bruder Germanicus in den Norden geschickt, um die fünf Jahre zuvor in der Nähe des Teutoburger Waldes erlittene Niederlage zu rächen und die damals gefallenen Römer würdevoll nach alter Vätersitte zu bestatten. Germanicus zog also mit seiner Ehefrau Agrippina, Augustus' Enkelin, an den Rhein und überschritt mit einer kleinen Schar von Legionären den Strom, ein Aufbruch, der sie in die Furcht erregenden germanischen Wälder führte und an die Stätte eines der größten Unglücke, die Rom in seiner vielhundertjährigen Geschichte getroffen hatte. Was sich dabei im rauen Feindesland vor den Augen der Römer abspielte, hat Tacitus in einem der anschaulichsten und spannendsten Berichte für die Nachwelt festgehalten. Es darf davon ausgegangen werden, dass vom Ort des Grauens manch einer nach Rom zurückgekehrt war, dem der Schrecken noch in den Gliedern saß, und seinen Zeitgenossen dort von dem Entsetzen berichtete, das die mutigen Legionäre während dieses Unternehmens befallen hatte. Tacitus schreibt: „Und nun betraten sie die Unglücksstätte, grässlich anzusehen und voll schrecklicher Erinnerungen. Das erste Lager des Varus wies an seinem

Umfang und der Absteckung des Hauptplatzes auf die Arbeit von drei Legionen hin. Dann erkannte man an dem halbeingestürzten Wall und dem niedrigen Graben, dass die schon zusammengeschmolzenen Reste dort gelagert hatten. Mitten in dem freien Feld lagen die bleichenden Gebeine zerstreut oder in Haufen, je nachdem die Leute geflohen waren oder Widerstand geleistet hatten. Dabei lagen die Reste von Waffen und Pferdegerippe, zugleich fanden sich an Baumstämmen angenagelte Köpfe. In den benachbarten Hainen standen die Altäre der Barbaren, an denen sie die Tribunen und die Centurionen der ersten Rangstufe geschlachtet hatten. Die Leute, die diese Niederlage überlebt hatten und der Schlacht oder der Gefangenschaft entronnen waren, erzählten, hier seien die Legaten gefallen, dort die Adler von den Feinden erbeutet worden; sie zeigten, wo Varus die erste Wunde erhalten, wo er mit seiner unseligen Rechten sich selbst den Todesstoß beigebracht habe; wo Arminius von der Tribüne herunter eine Ansprache gehalten habe, wie viele Galgen für die Gefangenen, was für Martergruben er habe herstellen lassen, wie er die Feldzeichen und Adler übermütig verhöhnt habe …“[6]

Er berichtet weiter, dass die römischen Soldaten alle Gebeine, ganz gleich, ob die Überreste seiner Landsleute oder die der Fremden, ordnungsgemäß bestattet hätten, bis schließlich alle die Erde wie „Blutsverwandte barg“. Dann habe Germanicus die Feinde verfolgt, die sich bereits wieder zusammengerottet hatten, quer durch die germanischen Sümpfe. Noch immer hätten die Germanen ihren Sieg in festlichen Gelagen gefeiert; bei den Römern hingegen glommen nur schwache Lagerfeuer, schreibt er, hörte man nur abgebrochene Laute. An Schlaf sei nicht zu denken gewesen. Sie irrten umher und wachten. „Den Heerführer erschreckte ein grässliches nächtliches Traumbild: Er glaubte, den blutbespritzten Quinctilius Varus aus dem Sumpfgelände emportauchen zu sehen und ihn gleichsam rufen zu hören, ohne ihm jedoch Folge zu leisten …“ Als sie anderntags weiterzogen, habe Arminius erneut Befehl zum Angriff gegeben und seine Leute mit dem Ruf „Seht da! Varus und die wiederum dem gleichen Verhängnis verfallenen Legionen!“ zum Kampf angestachelt.[7]

Es geschah auch während dieses Aufenthalts der Römer im Norden, dass Germanicus von seinen Männern zum Kaiser ausgerufen wurde. Aufstände der in manchen Provinzen am Rhein stationierten Soldaten hatten den Regierungswechsel von Augustus auf Tiberius missbilligt. Vielen galt der neue Kaiser als der falsche Mann auf dem Thron. Andererseits war das Andenken an Germanicus’ Vater Drusus, der vor fast einem Menschenalter hier im Norden so unglücklich zu Tode gekommen war, das beliebteste Mitglied des Kaiserhauses, noch allseits lebendig. Und viele hatten die Verehrung, die sie einst diesem entgegen gebracht hatten, auf den Sohn übertragen. Aber Germanicus weigerte sich, die ihm zugedachte Kaiserwürde anzunehmen. Er wollte seinem Onkel im fernen Rom nicht in den Rücken fallen. Da sich seine Soldaten nicht sogleich geschlagen geben wollten, drohte er, sich selbst zu töten, sollten sie von ihrer Forderung nicht ablassen. Erst dadurch erreichte er, dass sie endlich nachgaben. Germanicus war noch jung, und das Schicksal, so hatte man vielleicht gedacht, mochte noch manches für ihn bereithalten.

Im Jahr 15 der neuen Zeitrechnung wurde in diesem finsteren Germanien in der Stadt der Ubier am Rhein Germanicus auch eine Tochter geboren, Agrippina (Minor), die der Stadt einmal ihren Namen geben und im Leben des späteren Kaisers Claudius eine, wenn nicht d i e entscheidende Rolle spielen sollte. Daran dachte in diesen Tagen freilich noch niemand. Agrippina die Ältere, die, wie gesagt, Augustus' Enkelin war, hatte ihren Gatten in den Norden begleitet und ihren jüngsten Sohn mitgenommen, Gaius, genannt Caligula, das Stiefelchen, weil er im Römerlager immer mit viel zu großen Soldatenstiefeln umherstapfte. Auch er sollte in der Geschichte der beginnenden Kaiserzeit noch eine Rolle spielen, eine unrühmliche freilich, und als dritter Princeps den Thron der Cäsaren besteigen. Und auch unter seiner Herrschaft sollte Claudius viel Spott und Hohn erfahren ...

Natürlich war Tiberius, der überall seine Spitzel hatte, die Beliebtheit seines Neffen und Adoptivsohnes Germanicus bei seinen Soldaten und auch bei den Bewohnern Roms und des Reiches nicht verborgen geblieben. Und seine Frucht, der junge Mann könnte ihn, der so viele Jahrzehnte um seine jetzige Stellung gekämpft und so manches hingenommen hatte, irgendwann von der Spitze des Staates hinwegfegen, könnte durchaus begründet gewesen sein. Wären dann nicht alle Anstrengungen und Opfer, die auch seine Mutter unternommen und gebracht hatte – war sie doch buchstäblich für ihn über Leichen gegangen – vergebens gewesen? Er entschloss sich deshalb, Germanicus nach Rom zurückzurufen, um ihn besser unter Kontrolle zu haben. Und der beliebte Feldherr folgte ohne zu zögern der unmissverständlichen Aufforderung.

Bis heute sind sich die Geschichtsforscher einig, dass Roms neuer Kaiser in seinen ersten Regierungsjahren vernünftig herrschte. Er gab sich sparsam und bescheiden und füllte die nach Augustus' Tod nahezu leere Staatskasse wieder auf - ohne Steuererhöhung oder Einführung neuer Abgaben. Auch seine Standesgenossen aus dem Senatsadel ließ er in diesen Jahren weitestgehend in Ruhe. Das freilich sollte sich im Laufe der Zeit ändern.

Im Jahr 16 der neuen Zeitrechnung ernannte er Seius Strabo, einen Mann aus dem Ritterstand, zum Präfekten von Ägypten und, für ihn und Rom noch folgenschwerer, dessen Sohn Lucius Aelius Seianus zum alleinigen Prätorianerpräfekten. Er ahnte nicht, welche Natter er mit dem jungen Seianus an seinem Busen zu nähren begann.

Um den heimkehrenden Germanicus milde zu stimmen, gewährte er ihm im Jahr 17 einen Triumphzug. Waren bislang alle verdienten Feldherren damit ausgezeichnet worden - Voraussetzung war nur, dass im Kampf mindestens 5000 auswärtige Feinde getötet worden waren -, so blieb der Triumph mit Beginn der Kaiserzeit nur noch dem Herrschenden selbst oder einem nahen Familienangehörigen vorbehalten. Ein Jahr später, 18 n. Chr., durfte Germanicus gemeinsam mit Tiberius das Konsulat bekleiden. Aber Tiberius erkannte, dass auch Rom für den von ihm nicht geliebten Adoptivsohn eine für die Staatsführung gefährliche Bühne war. Germanicus war hier ebenso beliebt wie einst sein Vater Drusus, Tiberius' Bruder, und es gab viele einflussreiche Römer, die gern ihn auf dem Thron gesehen hätten. Auch kann Germanicus selbst kaum frei von Ehrgeiz gewesen sein, denn auch er wusste um seine Beliebtheit in der Stadt. Er musste weg. Das stand für den Kaiser fest, denn wo stand denn geschrieben, dass sich Germanicus lange mit der Ehre eines Konsuls (der seit der „Machtergreifung" des Augustus ohnehin keinen Einfluss auf das politische Geschehen mehr hatte) begnügen würde? Der Zufall wollte es, dass in Armenien wieder einmal Unruhen ausbrachen, die das Eingreifen Roms erforderten. Der junge Feldherr wurde also in den Osten geschickt, um die Ordnung wiederherzustellen.

Während dieses Aufenthalts reiste er als Privatmann mit Frau und Sohn Caligula – die anderen Kinder hatte das hohe Paar in Rom zurückgelassen – nach Ägypten, ohne die Erlaubnis des Kaisers einzuholen. Er wollte dort die Altertümer besichtigen, das Grab Alexanders des Großen besuchen und sich von den Bewohnern des Landes ein wenig feiern lassen. Auch als Privatmann hätte er zum Besuch der kaiserlichen Provinz Tiberius' Erlaubnis gebraucht. Denn seit 30 v. Chr. war es mit dem endgültigen Sieg über Marcus Antonius und Kleopatra keinem Angehörigen der römischen Oberschicht mehr gestattet, das alte Land am Nil ohne ausdrückliche Genehmigung des Kaisers aufzusuchen. Ägypten galt Rom als Tor zum Osten, und wer es in der Hand hielt, konnte sich leicht zum Herrn über die östlichen Reichsteile aufschwingen. Zudem war es die Kornkammer der Hauptstadt, und das Unterbinden der Ausfuhr des lebensnotwendigen Getreides hätte in Rom zu großen Unruhen und sogar zum Sturz des Staatsoberhaupts führen können. Es ist nicht bekannt, ob sich Germanicus über diese Vorschrift leichtfertig hinwegsetzte oder tatsächlich glaubte, als Mitglied des Kaiserhauses und Adoptivsohn des Kaisers von dieser Vorschrift ausgenommen zu sein. Und so ist es möglich, dass Tiberius das eigenmächtige Verhalten seines Neffen besonders misstrauisch machte.

Nach Antiochia zurückgekehrt, begann Germanicus an einer rätselhaften Krankheit zu leiden, der er schließlich am 19. Oktober des Jahres 19 n. Chr. erlag. Die Todesursache ist niemals eindeutig geklärt worden, doch deuten viele Symptome auf eine schleichende Vergiftung hin. Auch Germanicus scheint davon überzeugt gewesen zu sein, ebenso seine Frau Agrippina (Maior). Im Jahr nach seinem Tod wurde in Rom ein gewisser Piso unter anderem des Mordes am Kaisersohn angeklagt. Noch vor Beendigung des Verfahrens entzog er sich einem Urteil durch Selbstmord. Es ist denkbar, dass Germanicus tatsächlich einem Giftanschlag dieses Mannes zum Opfer fiel und Piso als Freund des Kaisers von diesem sogar den Auftrag erhalten hatte, den unliebsamen Adoptivsohn und Neffen aus dem Weg zu räumen. Denn Piso hatte gemeinsam mit seiner Gattin Munatia Plancina die Familie des Germanicus im Osten besucht – eine höfliche Aufwartung, wie offiziell verlautete, denn der erfahrene Mann war von Tiberius als Statthalter nach Syrien abkommandiert worden mit dem Auftrag, dem kaiserlichen Neffen bei seiner schwierigen Aufgabe ein wenig beizustehen. Und bald nach diesem Besuch war Germanicus schwer erkrankt …

Agrippina, die untröstliche Witwe, war von der Schuld des Onkels überzeugt und begegnete ihm nur noch mit unverhohlenem Misstrauen, nachdem sie mit der Asche des Verstorbenen nach Rom zurückgekehrt war.

Begleitet von einem nahezu endlosen Trauerzug war sie von Brundisium, dem Hafen an der südöstlichen Spitze der italischen Halbinsel, von dem aus die Schiffe in den Osten ab- und die von dort kommenden anlegten, nach Rom unterwegs, als in Terracina ihr Schwager Claudius auf die Trauernden stieß. Er war der Asche des toten Bruders entgegen geritten und hatte auch seine Neffen und Nichten mitgebracht, die die Eltern vor der Abreise in den Osten der Obhut von Großmutter Antonia überlassen hatten.[8] Nach außen hin betrauerte Tiberius den frühen Tod des Verwandten. Doch wird er froh gewesen sein, dass er nun zumindest von der Angst befreit war, Germanicus könne ihn vor der Zeit auf dem Thron ablösen wollen.

Das Jahr 19 hielt aber auch Erfreuliches für den Kaiser bereit. Er wurde Großvater. Seine Schwiegertochter Livilla brachte Zwillinge zur Welt, Tiberius Gemellus und Drusus Gemellus. Mit seinem Sohn Drusus und diesen beiden Enkelkindern schien die Thronfolge gesichert. Niemand konnte ahnen, dass es das Schicksal anders beschlossen hatte.

Um der allgemeinen Forderung nachzukommen, den frühen Tod des Adoptivsohnes aufzuklären, ließ die Staatsführung, wie gesagt, einen Prozess gegen Gnaeus Calpurnius Piso zu. Das Verfahren wegen Mordes endete mit dem Freitod des Beschuldigten, der ein enger Freund des Kaisers war und seine Unschuld am Tod des Kaisersohnes beteuert hatte, ehe er sich die Kehle durchschnitt. Tiberius hatte ihm so sehr vertraut, dass er ihn drei Jahre zuvor mit Zustimmung des Senats als Legat nach Syrien geschickt hatte, offiziell, um den ebenfalls nach dem Osten abkommandierten Germanicus zu unterstützen.[9] In Wirklichkeit sollte er wohl ein Auge auf den Kaiserneffen haben und möglicherweise verhindern, dass sich eine Akklamation wie einige Jahre zuvor in Germanien wiederholte.

Auch Munatia Plancina, Pisos Ehefrau, wurde der Beihilfe zum Giftmord bezichtigt, eine Verurteilung erfolgte indes nicht. Großspurig hatte sie sich immer gebrüstet, sie werde jedes Los mit ihrem Mann teilen und, wenn es denn soweit käme, mit ihm sogar in den Tod gehen. Davon war jetzt keine Rede mehr. Sie distanzierte sich von ihrem Gemahl, als die Gefahr einer Verurteilung konkret wurde, und versuchte nur noch, die eigene Haut zu retten. Dabei konnte sie auf die geheime Fürsprache der greisen Augusta zählen, die ihr seit langem freundschaftlich zugetan war. Da wurde Piso bewusst, dass es für ihn keine Rettung gab.

Suetonius Tranquillus ist von Pisos Schuld an Germanicus' Tod überzeugt.[10] Was Tiberius selbst von der Anschuldigung hielt, ist ungewiss. Seine Rolle während des Verfahrens, an dem er teilnahm, war undurchsichtig. Angeblich verfolgte er das Geschehen ohne sichtliche Rührung. Er war jedoch bestrebt, den Freund in guter Erinnerung zu behalten und verhinderte die *damnatio memoriae,* die Tilgung des Andenkens, die im Stürzen der Standbilder und in der Löschung der Inschriften für den Verstorbenen bestand.

Nach Pisos Tod sagte der Senat dem Kaiserhaus „für die Genugtuung, die Germanicus zuteil geworden war", Dank. Namentlich wurden dabei die Mitglieder der kaiserlichen Familie aufgezählt. Da fragte L. Apronius, einer der Senatoren, „ob man Claudius absichtlich übergangen habe". Nun erst wurde auch sein Name hinzugefügt, bemerkt Tacitus. „Mir tritt", schreibt er weiter im Hinblick auf den spät Genannten, „je mehr ich die jetzigen und die alten Zeiten überdenke, umso deutlicher das launenhafte Zufallsspiel, das in allen Dingen des menschlichen Daseins sein Wesen treibt, vor Augen. Denn nach Ruf, Aussichten, Verehrung waren alle eher für die Regierung bestimmt als der, den das Schicksal als den künftigen Princeps noch verborgen im Hintergrund hielt."[11]

In jenen Tagen blieben Rom und sein Kaiserhaus von weiteren Unglücksfällen nicht verschont. Tiberius selbst erfuhr viel Leid, als 20 n. Chr. seine erste Ehefrau starb, Vipsania Agrippina, von der er sich hatte trennen müssen, um aus Gründen der Staatsräson die gerade zum zweiten Mal verwitwete Kaisertochter Julia zu heiraten. Man hatte die Vipsanierin damals mit dem römischen Adeligen Asinius Gallus „abgefunden", den Tiberius fortan mit seinem Hass verfolgte und 30 n. Chr. zum Tode verurteilte. Drei lange Jahre verbrachte der Unglückliche in Haft, bis er endlich den Hungertod starb. Die zweite Ehe von Agrippas Tochter scheint sehr glücklich gewesen zu sein. Denn Vipsania schenkte ihrem Mann mehrere Kinder, darunter fünf Söhne, was Tiberius womöglich besonders erzürnte. Er selbst hatte aus seiner Ehe mit ihr ja nur Drusus, seinen einzigen leiblichen Sohn, der vor allem in jungen Jahren ein rechter Nichtsnutz gewesen sein muss und erst durch Ehe und Vaterschaft einen charakterlichen Wandel vollzog.

Im Jahr 21 der neuen Zeitrechnung bekleidete Tiberius gemeinsam mit Drusus das Konsulat. Ein Jahr später erkrankte Tiberius' Mutter, die greise Iulia Augusta, schwer, und jedermann rechnete mit ihrem baldigen Ableben. Sie erholte sich jedoch wieder und sollte ihrem Sohn noch weitere acht Jahre zusetzen.

Zu der möglicherweise traurigsten Zeit von Tiberius' früher Herrschaft gehörte das Jahr 23 n. Chr., 775 *a.u.c.* Sein Sohn Drusus, der sich, wie gesagt, doch noch zu einem verantwortungsbewussten Mann entwickelt zu haben scheint, erkrankte und starb. Sein Vater hatte ihn längst auf die Nachfolge vorbereitet und muss über den Tod des Sohnes äußerst betrübt gewesen sein, wenn er sich auch nach außen hin nichts anmerken ließ. Mit Befremden nahmen die Senatoren zur Kenntnis, dass der Princeps ungeachtet des Trauerfalls in der Kurie seinen Pflichten getreu nachkam. Niemand habe das Recht, belehrte er die eingeschriebenen Väter, seinen persönlichen Schmerz über die Interessen der Allgemeinheit zu stellen. Er wusste damals noch nicht, dass Drusus einem perfiden Giftanschlag zum Opfer gefallen war.

Mit Drusus' Tod war auch der zweite der von Augustus vorgesehenen Thronanwärter weggefallen, und es blieben dem alten Mann nur noch die beiden Enkel, zum Zeitpunkt des Todes ihres Vaters gerade vier Jahre alt. Und erneut schlug das Schicksal in der Kaiserfamilie zu.

Noch im Todesjahr seines Vaters starb auch der kleine Germanicus Gemellus, einer der beiden Zwillingsknaben und Enkelsohn des Kaisers. Damit war – neben den drei Söhnen, die Germanicus hinterlassen hatte – nur noch ein potenzieller Nachfolger geblieben. Es wurde still um den ohnehin menschenscheuen Tiberius, der in seinem düsteren Palast auf dem Palatin ein einsames, weltabgewandtes Leben fristete. Schweren Herzens entschloss er sich nun, seine Großneffen Nero Caesar und Drusus Caesar dem Senat als seine Erben und Nachfolger vorzustellen. Denn sein leiblicher Enkel Drusus Gemellus war ja noch ein Kleinkind. Und auch Caligula, sein jüngster Neffe, hatte die Männertoga noch nicht angelegt, sodass auch er zu diesem Zeitpunkt für eine Nachfolge nicht in Frage kam.

In den von Tiberius dem Senat empfohlenen jungen Männern floss wenigstens noch julisches Blut, wenn sie auch keine leiblichen Nachkommen des Princeps waren. Später sollte es in Rom keine Rolle spielen, ob jemand verwandt war oder sich auf eine Adoption berief. Denn zumindest rechtlich waren leibliche und adoptierte Abkömmlinge gleichgestellt. Im ausgehenden ersten und im zweiten Jahrhundert wurde der Adoptierte sogar vorgezogen, da es, wie beispielsweise Kaiser Hadrian bemerkte, leicht sei, positive Eigenschaften zu erkennen, während man sie doch nicht vererben könnte. Tiberius ahnte nicht, dass er mit der offiziellen Benennung seiner Neffen deren Todesurteil verkündet hatte.

Immer mehr reifte in Tiberius der Entschluss, Rom, der Stätte seiner Trauer und seiner Niederlagen, den Rücken zu kehren und sich auf eine Insel zurückzuziehen, die noch heute zu den schönsten des gesamten Mittelmeerraumes gehört, Capri, das, wie erwähnt, schon Augustus als bevorzugter Sommeraufenthalt gedient hatte. Aber konnte ein Kaiser die Hauptstadt seines Riesenreichs so einfach verlassen, ohne befürchten zu müssen, dass dort das Chaos ausbrach?

Er verließ sich da auf einen Mann, der unter ihm und mit seiner Hilfe groß und mächtig geworden war: Lucius Aelius Seianus, der Prätorianerpräfekt. Der durchtriebene Mensch hatte bereits vor Jahren begonnen, sich eine Machtbasis zu schaffen, die zuletzt der des Kaisers gleichkam. Um in Rom völlig freie Hand zu haben, wurde er nicht müde, dem Kaiser die Vorteile eines Rückzugs auf die Insel schmackhaft zu machen, und Tiberius ließ sich in unglaublicher Naivität von dem perfiden Präfekten täuschen. Seianus glaubte sich endlich so unverzichtbar, dass er es wagte, bei seinem Gönner um die Hand Livillas anzuhalten, der Witwe des Kaisersohnes Drusus, zu der er noch zu Lebzeiten ihres Gatten eine verbotene Liebesbeziehung unterhielt. Seianus hoffte wohl, durch eine persönliche Verbindung mit dem Kaiserhaus noch näher an den Thron zu rücken und diesen nach Tiberius' Ableben zu besteigen.

Aber er hatte sich geirrt. Nicht, dass der Alte die unredlichen Absichten seines Günstlings jetzt schon durchschaut hätte. Er wies den Bittsteller auf die Standesunterschiede hin, die den Präfekten aus dem Ritterstand und die Angehörige des Kaiserhauses trennten, und fürchtete im Übrigen weitere Eifersüchteleien unter den Witwen seiner Verwandtschaft, vor allem zwischen Agrippina d. Ä. und seiner Schwiegertochter Livilla. Denn vor allem Agrippina unterließ nichts, Tiberius zu zeigen, wie sehr sie ihn verachtete und dass sie ihn für Germanicus' eigentlichen Mörder hielt, der nach ihrem Dafürhalten auch noch beabsichtigte, sie und ihre Kinder zu vernichten.

Seianus mag zwar im Augenblick enttäuscht gewesen sein, dass man ihn nicht offiziell in die Kaiserfamilie aufnahm. Einen Grund, aufzugeben, bedeutete aber Tiberius' Weigerung für ihn noch lange nicht …

Es ist nicht bekannt, wie sich Claudius in all den Jahren verhielt. Er hatte längst alle Hoffnung aufgegeben, in Rom je eine besondere Rolle zu spielen. Ab und zu ein unbedeutender Auftrag oder ein kurzer Auftritt in der Öffentlichkeit, wenn andere Familienmitglieder verhindert waren. Mehr hatte er nicht zu erwarten. So verlegte er sich ganz auf seine wissenschaftliche Arbeit, die ihm bald den Ruf eines Bücherwurms und verschrobenen Gelehrten einbrachte, Eigenschaften, die man in Rom, anders als in Griechenland, nicht besonders schätzte.

Schicksal und Willkür

Inzwischen hatte das Verhältnis des Kaisers zu Agrippina Maior, der Witwe des Germanicus, einen neuen Tiefpunkt erreicht. Die verbitterte Frau unterließ nichts, ihren Schwiegervater zu reizen und ihm in aller Öffentlichkeit zu zeigen, wie sehr sie ihm misstraute. Ließ es sich nicht vermeiden, an Familientreffen teilzunehmen, weigerte sie sich bei Tisch, die ihr angebotenen Speisen auch nur zu kosten, und verbot auch ihren Kindern, davon zu essen. Es kam so weit, dass Tiberius, des ständigen Ärgers mit ihr überdrüssig, sie überhaupt nicht mehr zu sich einlud. Auch verweigerte er ihr einen neuen Ehemann, um den sie ihn schließlich bat. Sie hatte begriffen, dass sie als Frau in Rom nichts ausrichten konnte und sogar schutzlos war. Nur eine zweite Ehe hätte sie und ihre Kinder vor der staatlichen Willkür zu bewahren vermocht. Sie sei noch jung, hielt sie Tiberius vor, und es gäbe in Rom gewiss genügend Angehörige der Oberschicht, die es sich zur Ehre anrechneten, die Witwe des noch immer angesehenen und gern erinnerten Germanicus zur Frau zu nehmen. Doch der Kaiser ging auf ihren Wunsch nicht ein. Das eben hätte eine Bedrohung für seine eigene Stellung bedeuten können: ein ehrgeiziger Adeliger, der die Nähe zum Kaiserhaus suchte, um womöglich selbst einmal den Thron zu besteigen.

Noch etwas verschlechterte die Beziehung Agrippinas zu ihrem Schwiegervater, die Verurteilung Claudia Pulchras, ihrer besten Freundin, die von einem gewissen Afer der Verbrechen des versuchten Giftmords und der Zauberei gegen Tiberius beschuldigt worden war. Agrippina konnte sie nicht vor dem Todesurteil bewahren, obwohl sie sich an höchster Stelle für die Rettung der Unglücklichen eingesetzt hatte.

Die ständigen Streitigkeiten erfreuten nur einen Menschen im Umkreis des Kaisers: Seianus, den ehrgeizigen Prätorianerpräfekten, der langsam Pläne schmiedete, alle, die mit dem Kaiser verwandt waren und seinen eigenen Aufstieg behinderten, zu vernichten.

Im Jahr 26 n. Chr. entschloss sich Tiberius zu einer Reise durch Campanien. Dass er diesmal wirklich aufbrach, dürfte manchen erstaunt haben, hatte er doch schon oft angekündigt, Rom für einige Zeit den Rücken zu kehren, ohne seinen Vorsatz je in die Tat umzusetzen. Das hatte ihm manchen Spott eingebracht. Mag sein, dass er, der als junger Mann ständig im Reich umherzog, als Kaiser des Reisens müde und froh war, endlich ein wenig zur Ruhe gekommen zu sein. Aber vielleicht blieb er auch nur aus Furcht, es könne sich jemand während seiner Abwesenheit des Thrones bemächtigen. Es gab genügend Römer, die ihm seine Stellung neideten, und noch mehr, die mit ihm unzufrieden waren. Zudem war er selbst beim Volk äußerst unbeliebt. Was immer ihn trieb, jetzt doch endlich aufzubrechen, ist nicht bekannt. Möglicherweise steckte ja Seianus dahinter, der ihm, wie bereits erwähnt, die Entfernung von Rom schon lange schmackhaft machen wollte. Er begleitete seinen Herrn und hatte bald Gelegenheit, ihm seine absolute Treue zu beweisen.

Um sich auszuruhen und sich zu stärken suchte die Reisegruppe bei Tarracina, dem Ort, bis zu dem wenige Jahre zuvor Claudius gelangt war, um die Asche seines Bruders nach Rom zu begleiten, einen Landgasthof namens *Spelunca* auf, eine natürliche Grotte, in der ein Restaurant betrieben wurde. Man befand sich gerade unter dem Eingang, als sich von der Decke Steine lösten, die einige Diener unter sich begruben und auch dem Princeps gefährlich zu werden drohten. Ein jeder floh, um sich in Sicherheit zu bringen. Nur Seianus warf sich geistesgegenwärtig auf seinen Brotherrn und fing mit seinem Rücken den Steinhagel auf. Er hatte damit Tiberius vermutlich das Leben gerettet, ihn zumindest aber vor schweren Verletzungen bewahrt. Diese heldenhafte Tat brachte ihm nicht nur noch mehr Wohlwollen des Kaisers ein. Auch sein allgemeines Ansehen stieg. Er wurde als Mann gefeiert, der um seine eigene Person nicht besorgt war.

Auch andere Römer traf ein großes Unglück. Unmittelbar vor den Toren der Hauptstadt, in einer kleinen Ortschaft namens Fidenae, hatte der Freigelassene Atilius ein Amphitheater errichtet, um Gladiatorenspiele aufführen zu lassen. Rom selbst verfügte damals noch über keine entsprechende feststehende Einrichtung – das *Amphitheatrum Flavium* wurde erst ab 72 n. Chr. errichtet und aus der Beute des für Rom gewonnenen Krieges gegen die Juden finanziert –, sodass sich der Bauherr gute Einnahmen versprach, zumal Fidenae von Rom aus gut zu Fuß zu erreichen war. Es befand sich nur etwa fünf Kilometer vor den Toren der Stadt. Außerdem wusste auch Atilius, dass Tiberius Gladiatorenspiele verachtete und die Römer deshalb nur selten in Rom selbst damit verwöhnt wurden. Tacitus bemerkt, dem Freigelassenen sei es keineswegs darauf angekommen, bei seinen Zeitgenossen Ehre einzulegen, er sei vielmehr nur von schnöder Gewinnsucht getrieben worden. Für den Bau standen nur geringe Mittel zur Verfügung. Und es musste alles schnell gehen. So verzichtete er auf ein solides Fundament und versah auch das Holzgerüst nicht mit festen Klammern. „Das schaulustige Publikum strömte in Massen herbei … und die kurze Entfernung von Rom vermehrte noch den Zustrom. Umso schwerer war das Verhängnis. Da die Menschenmenge sich zusammendrängte, geriet der Bau aus den Fugen, riss das zahllose Volk, das aufmerksam dem Schauspiel zusah oder auch ringsherum außen stand, in die Tiefe und begrub es unter den Trümmern. Wer bei dem Einsturz gleich den Tod gefunden hatte, der entging wenigstens, so schlimm sein Geschick auch war, manchen Qualen. Mehr zu bedauern waren die, die mit verstümmelten Gliedmaßen noch am Leben waren und bei Tag ihre Frauen und Kinder erblicken und bei Nacht an ihrem Geheul und ihrem Stöhnen sie erkennen konnten ...“[1] Die Hilfsbereitschaft muss überwältigend gewesen sein. Selbst die Vornehmsten Roms boten ihre Dienste an, um den Verunglückten beizustehen. Erstaunlicherweise wurde der für das Unglück Verantwortliche nur mit der Verbannung bestraft.

Tiberius' dreizehntes Regierungsjahr blieb von weiterem Unheil überschattet. Man hatte sich kaum von diesem Verhängnis erholt, als in Rom selbst eine gewaltige Feuersbrunst außerordentlich großen Schaden anrichtete. Besonders auf dem Caelius-Hügel, wo die Vornehmen wohnten, ging alles in Flammen auf. Schon wurde in der Stadt gemunkelt, Tiberius habe sich von Rom entfernt, weil er durch allerlei düstere Vorzeichen vor diesen Unglücksfällen gewarnt worden sei. Man schob ihm schließlich die Schuld an allem zu, was Rom an Widrigkeiten in der jüngsten Vergangenheit zugestoßen war. Er beeilte sich, den haltlosen Vorwürfen entgegenzutreten. In kaum zu überbietender Großzügigkeit ersetzte er den Brandschaden, einem jeden ohne Ansehen der Person. Schließlich war man ihm zu solchem Dank verpflichtet, dass man erwog, den Caelius-Hügel in „Augustus“ umzubenennen, da „das in dem Haus des Senators Iunius befindliche Bild des Tiberius allein unversehrt geblieben, während alles ringsum den Flammen zum Opfer“ gefallen war.[2] Tiberius aber verweigerte für die Namensänderung seine Zustimmung, und so blieb es beim „Caelius“.

Unterdessen nahmen die Prozesse wegen der beleidigten Majestät, ein Delikt, das bereits vor Jahren als todeswürdiges Verbrechen eingestuft worden war, ein erschreckendes Ausmaß an. Kein Senator, kein Angehöriger des römischen Stadtadels konnte sich mehr sicher sein, einem strengen Strafgericht zu entgehen. Oft genügte eine kleine unbedachte Äußerung, um vor Gericht gezerrt zu werden. Und manchmal hatten sich Angeklagte überhaupt nichts zuschulden kommen lassen, sondern waren nur dem Neid und dem Hass Verwandter oder Nachbarn verfallen. Vor allem auf Betreiben des Präfekten Seianus und seiner Schergen wurden die Opfer oft willkürlich ausgesucht. Denn je weniger mögliche Kritiker seinen Plänen im Wege standen, desto leichter ließen sich diese verwirklichen. Inzwischen zweifelte kein Römer mehr, welche

Absicht Seianus verfolgte. So entwickelte sich Rom zu einer Stadt, in der das Unrecht zur Gewohnheit wurde und die Wut über die Willkür der Staatsführung immer mehr stieg.

Tiberius wusste längst, wie unbeliebt er bei seinen Untertanen, auch beim einfachen Volk, war. Er beschloss, sich vor all diesen „bösen Menschen" in Sicherheit zu bringen. Die Abgelegenheit Capris erschien ihm dabei als sicherer Schutz. Dorthin wollte er sich zurückziehen.

Ob er bereits damals, im Jahr 27 n. Chr., die Absicht hatte, nicht mehr nach Rom zurückzukehren, wusste er wohl selbst noch nicht. Er verlegte also seinen Wohnsitz auf die Insel, richtete sich dort in der *Villa Jovis*, dem wahrscheinlich prächtigsten der zwölf auf Capri liegenden kaiserlichen Landsitze, ein und überließ Rom seinem Stellvertreter Seianus, der nun ohne die Gefahr der ständigen kaiserlichen Aufsicht sein Schreckensregiment *ad absurdum* führen konnte.

Capri erschien dem alternden Kaiser als der ideale Rückzugsort für einen, der die tägliche Mühsal des Regierens Leid und der Menschen, die ihm so viel Böses angetan hatten, überdrüssig war. Schon als junger Mann hatte er die Abgeschiedenheit einer Insel genossen. Hatte er nicht oft bekundet, jene nun weit zurückliegenden Jahre auf Rhodos seien die glücklichsten seines Lebens gewesen? Hoffte er, dass sich dieses Glück wiederholte? Wir wissen es nicht. Sicher ist nur, dass er auch von diesem Rückzugsort aus den Kontakt mit der Hauptstadt nie abbrechen ließ und sich seiner Verantwortung als Erster unter Gleichen weiterhin bewusst blieb. Capri lag nur wenige Tagesreisen von Rom entfernt, und wenn es denn nötig gewesen wäre, hätte er die Stadt schnell erreicht. Im Übrigen glaubte er, in Seianus einen kompetenten und würdigen Vertreter gefunden zu haben.

Die Insel verfügte nur über einen natürlichen Hafen der von den Höhen der felsigen Berge aus gut einzusehen war, sodass sich dem Refugium des menschenscheuen Kaisers niemand unbemerkt nähern konnte. Tiberius hatte nur wenigen gelehrten Freunden erlaubt, ihn in sein freiwilliges Exil zu begleiten, darunter Thrasyllos, seinem Sterndeuter, der ihm schon nach Rhodos gefolgt war. Er nahm eine besondere Stellung im Leben des Kaisers ein. Denn mit zunehmendem Alter steigerte sich dessen Furcht vor Anschlägen auf seine Person und vor dem Tod.

Für die römische Geschichte nicht unwesentlich war der Aufenthalt seines jüngsten Neffen und Nachfolgers Gaius Caligula auf der Insel, der jedoch erst für die letzten Jahre in Tiberius' Leben verbürgt ist.

Schon bald drangen die wildesten Gerüchte über den anstößigen Lebenswandel des Kaisers nach Rom. Hatte sich Tiberius zurückgezogen, um ganz seiner perversen Natur leben zu können? Berichte über die zunehmende Grausamkeit des Kaisers hat Suetonius Tranqillus in seiner Kurzbiografie überliefert, auch pikante Details seines ausschweifenden Sexuallebens. Doch sind seine Schilderungen mit Vorsicht zu lesen. Es ist bekannt, dass gerade er, der als „Klatschreporter" der frühen Kaiserzeit in die Geschichte einging, seine Aufzeichnungen (die er im Übrigen als „Nachgeborener" nur vom Hörensagen kannte) mit zahlreichen Übertreibungen angereichert hat, um sie für seine Leser interessanter zu machen. So wird man sich über die plötzliche Grausamkeit des alten Mannes wundern, der doch als junger Mensch gegen jede Gewalt war und selbst in fortgeschrittenem Alter beispielsweise an den grausamen Zirkusspielen keinen Gefallen fand. Und doch wird nicht alles, was Suetonius der Nachwelt hinterließ, frei erfunden sein.

Da ist zum Beispiel davon die Rede, dass der Kaiser, dem ein plötzlich vor ihm stehender Mann einen Fisch schenken wollte, den er gerade gefangen hatte, diesem mit dem schuppigen Tier das Gesicht zerkratzen ließ. Und als sich der Mann zufrieden zeigte, keinen Krebs mitgebracht zu haben, sorgte Tiberius angeblich dafür, dass ihm mit einem solchen Tier das Gesicht völlig zerfleischt wurde. Folterungen soll er mit erstaunlicher Aufmerksamkeit verfolgt und auch zugelassen haben, dass der junge Gaius bei den peinlichen Befragungen anwesend war. Es ist denkbar, dass sich die Gewöhnung an Grausamkeit, der der Jugendliche ausgesetzt war, auf dessen Charakterbildung äußerst negativ auswirkte und sein späteres skrupelloses Verhalten entscheidend mitprägte. Eine besondere Art des Martyriums habe sich der Kaiser für vermeintliche oder tatsächliche Feinde ausgedacht: Er habe den Delinquenten Unmengen von Flüssigkeit einflößen und ihnen dann die Harnröhre zunähen lassen, sodass sie unmenschliche Qualen erduldet hätten. Ganz schäbig habe sich Tiberius aber gegen einen Gastfreund benommen, den er selbst auf die Insel eingeladen habe, das aber vergessen hatte. Auch er wurde auf grausame Weise gefoltert und getötet, obwohl Tiberius seinen Irrtum erkannt habe. Aber er wollte angeblich nicht, dass ein Zeuge die Römer von seinen Untaten auf Capri unterrichtete.[3]

Noch zu seiner Zeit, so berichtet Suetonius, also mehr als zwei Generationen nach Tiberius' Tod, habe man auf der Insel eine makabre Richtstätte gezeigt. In Anwesenheit des Kaisers habe man nach langen Foltern zum Tode Verurteilte zum *salto mortale* geführt, einem Felsen, der steil ins Meer abfiel. Von dort seien die Unglücklichen hinabgestoßen worden. Wer den Sturz überlebt hatte, wurde unten von Matrosen mit Stangen und Rudern empfangen und traktiert, bis keiner mehr ein Lebenszeichen von sich gab.[4] Auch heute noch wird die Richtstätte von den Reiseführern erwähnt.

Ausführlicher noch als über Tiberius' Grausamkeit lässt sich Suetonius über die sexuellen Praktiken des alten Mannes aus. Soweit bekannt, hatte der Kaiser kein erfülltes Sexualleben. Er hatte, wie erwähnt, nach der Scheidung von Julia nicht wieder geheiratet, und auch von längeren Beziehungen zu Frauen wissen die alten Quellen nichts. So habe er, heißt es, versucht, seine „erlahmte Manneskraft" durch allerlei unappetitliche Spielchen aufzufrischen. Er habe sich nämlich „noch ganz junge Buben, die er seine „Fischlein" zu nennen pflegte, abgerichtet, die ihm beim Baden zwischen den Beinen durchschwimmen, dort spielen und ihn lecken und beißen mussten. Auch habe er sich von kräftigen, aber noch nicht entwöhnten Kindern an seinem Glied wie an der Mutterbrust saugen lassen, seiner ganzen Veranlagung … dieser Art von Vergnügen ergeben …"[5] Seine Zurückgezogenheit lockerte er mit Orten auf, an denen Scharen von Mädchen und Lustknaben von überall her zusammenkamen, um miteinander Geschlechtsverkehr zu treiben, wobei Tiberius natürlich zusah. Bilder und Plastiken mit lasziven Szenen schmückten sein Schlafgemach. In Wäldern und Parkanlagen lockten der Göttin Venus geweihte Plätze junge Leute beiderlei Geschlechts zur Wollust ein.[6]

Dabei scheint Tiberius bei der Wahl seiner Geschlechtspartner auch Männern zugetan gewesen zu sein. So sei er einmal von der Schönheit eines Opferdieners derart ergriffen gewesen, dass er ihn und seinen Bruder, einen Flötenspieler, unmittelbar nach der Zeremonie missbrauchte. Die beiden jungen Männer warfen sich daraufhin ihre Schande gegenseitig vor. Da ließ ihnen Tiberius die Beine brechen …

Die Lüsternheit des vertrockneten Greises machte selbst vor verheirateten Frauen aus den höchsten Kreisen nicht Halt. Eine gewisse Mallonia hatte sich heftig gegen die Zudringlichkeit des „alten, stinkenden Bocks", wie sie den Kaiser leichtsinnig nannte, gewehrt. Da ließ er sie öffentlich anklagen, nahm selbst an der Verhandlung teil und fragte sie, ob sie ihr Verhalten jetzt nicht bereue. Mallonia stürzte daraufhin aus dem Gerichtssaal und durchbohrte sich mit einem Dolch, nachdem sie die Lasterhaftigkeit des Alten noch einmal lautstark angeprangert hatte. Das römische Volk hatte trotz aller Tragik an den Affären des Kaisers seinen Spaß. Bei den Theateraufführungen hieß es unter tosendem Beifall: „Der alte Bock leckt den Ziegen die natürlichen Teile." Und jedermann wusste, wer und was damit gemeint war.

Tiberius befand sich längst auf Capri, als in Rom seine Großnichte verheiratet wurde, die kaum dreizehnjährige Agrippina (Minor). Ihr Bräutigam hieß Gnaeus Domitius Ahenobarbus. Er war ein übel beleumundeter Mensch, was ihm wahrscheinlich selbst bewusst war. Denn als Agrippina viele Jahre nach der Hochzeit schwanger wurde und man ihm dazu gratulierte, meinte er, unmöglich könne von ihm und der – womit er seine Ehefrau meinte – ein gutes Früchtchen kommen. Es kam ein Junge, der als Nero bekannt wurde und als einer der grausamsten Kaiser in die Geschichte eingehen sollte. Wie seine Mutter sollte er im Leben unseres Protagonisten und für dessen Kinder Octavia und Britannicus eine verderbliche Rolle spielen. Es ist anzunehmen, dass Tiberius, gewissermaßen als Oberhaupt des julisch-claudischen Clans, am Zustandekommen dieser Heirat maßgeblich beteiligt war.

Es war auch in jenen Jahren, als im fernen Judäa erstmals ein Mann an die Öffentlichkeit trat, den seine Gefolgsleute Jesus nannten und der aus Nazareth kam. Er vertrat eine völlig neue und für einen Römer unverständliche Lehre, die von Liebe, Verzicht und Verzeihung sprach. Noch konnte niemand ahnen, dass seine Religion einst die ganze Welt erobern und mitverantwortlich das Römerreich allmählich auflösen würde.

Im Jahr 29 der später so genannten christlichen Zeitrechnung starb Tiberius' Mutter Iulia Augusta, die früher Livia Drusilla geheißen hatte. Sie hatte ihren Mann Augustus mehr als vierzehn Jahre überlebt und, wie wir gesehen haben, zumindest die ersten Regierungsjahre ihres Sohnes mit ihm und gegen ihn zu herrschen versucht, bis er sie, ihrer ständigen Ermahnungen und Drohungen überdrüssig, in ihre Villa am Stadtrand verbannte. Für Tiberius mag der Tod der überaus ehrgeizigen Frau eine Erlösung gewesen sein. Zu ihrer Beisetzung erschien er nicht, stellte sein Kommen aber immer wieder in Aussicht, ohne sich jedoch entschließen zu können, die Insel auch nur für kurze Zeit zu verlassen. Als sich der Leichnam bereits aufzulösen begann, bestattete man ihn in Abwesenheit des Sohnes. Tiberius erhob keinen Einspruch, warnte aber nach der Beisetzung davor, der Verstorbenen, die ja „nur eine Frau“ war, besondere Ehren zu erweisen. Er verweigerte ihre Aufnahme unter die Götter und erklärte ihr Testament für ungültig. Auch verfolgte er alle, die ihr bis zuletzt die Treue gehalten hatten, mit unversöhnlichem Hass. Erst Claudius, ihr Enkel, gewährte der Großmutter die Apotheose, nachdem er Kaiser geworden war, aber nicht, weil er sie besonders geliebt hätte – auch sie hatte sich ja Zeit ihres Lebens seiner geschämt –, sondern weil er seine Herkunft noch weiter aufwerten wollte.

Das vierzehnte Jahr von Tiberius' Regierungszeit sollte sich für zwei Angehörige seiner Familie als verhängnisvoll erweisen. Agrippina Maior wurde auf die Insel Pandateria im Golf von Neapel verbannt, die schon ihrer Mutter Julia fünf lange Jahre als Exil gedient hatte. Und Nero Caesar, ihr Lieblingssohn, wurde als Gefangener auf die Insel Pontia verbracht. Die Verfolgung der nächsten Verwandten des Kaisers ging auf den Eifer des Stadtpräfekten Seianus zurück, der in Rom ein Schreckensregiment errichtet hatte, das selbst die abgebrühten Römer das Fürchten lehrte. Mit niemandem zeigte er Mitleid. Agrippina etwa hatte sich ihrer Verhaftung verständlicherweise widersetzt. Der beauftragte Offizier ging beim Kampf mit ihr so brutal vor, dass sie ein Auge verlor. Auf Pandateria angekommen, beschloss sie, ihrem Leben ein Ende zu machen. Sie verweigerte jegliche Nahrung, sodass Tiberius befahl, ihr gewaltsam den Mund zu öffnen und das Essen hinein zu stopfen. Aber Agrippinas Wille blieb stark. Sie erbrach alles wieder und erreichte drei Jahre nach ihrer Inhaftierung, dass ihr geschwächter Körper den Strapazen erlag.

Seianus, dem Thron, wie er meinte, zumindest durch die Ausschaltung Nero Caesars ein Stückchen näher gekommen, schöpfte neuen Mut. War doch alles so ungestört abgelaufen. Nicht einmal der alte Mann auf Capri hatte irgendwelche Einwände erhoben. Im Grunde war auch er froh, die lästigen Verwandten, die ihn ständig mit ihrem Misstrauen verfolgt hatten und ihn spüren ließen, dass er für das Unglück, das ihre Familie getroffen hatte, verantwortlich war, los zu sein. Jetzt waren auch die Tage von Drusus, Germanicus' zweitem Sohn, gezählt. Noch vor kurzem hatte ihm Seianus die Thronbesteigung nach Tiberius' Tod in Aussicht gestellt, nicht, weil er wirklich vorgehabt hätte, den jüngeren der beiden Brüder tatsächlich zum Kaiser zu machen, sondern um ihn gegen Nero Caesar, den Erstgeborenen, aufzuhetzen. Seianus ließ auch ihn in Ketten legen und in die Verliese des Palatins bringen. Drusus wurde jegliche Nahrung verweigert. Zuletzt setzte ihm der Hunger so sehr zu, dass er sich die Polsterung seiner Matratze in den Mund stopfte. Sein schreckliches Ende ist für das Jahr 33 vermerkt, in dem auch seine Mutter auf Pandateria ihren Qualen erlag. Es mag für die Gefangenen ein gewisser Triumph gewesen sein, dass Seianus längst vor ihnen vernichtet worden war. Denn sein Stern begann im Jahr 31n. Chr. zu sinken. Er verfiel dem Zorn des Kaisers, und seine Herrschaft sollte nur noch wenige Monate dauern.

Zur Zeit des Pessach-Festes wurden im fernen Judäa unter dem Statthalter Pontius Pilatus drei Männer gekreuzigt, darunter der bereits genannte Jesus von Nazareth, der, wie erwähnt, unter Tiberius drei Jahre zuvor erstmals als Wanderprediger öffentlich aufgetreten war. Er war nicht der einzige, der mahnend und drohend durch die Lande zog, doch unterschied sich das, was er verkündete, erheblich von den üblichen Aufrufen der anderen Prediger. Von Liebe sprach er und vom ewigen Leben. Einige sahen in ihm den lang ersehnten Messias, der gekommen war, um sein Volk, die Juden, von der Fremdherrschaft zu befreien. Er verhieß die nahe Ankunft Gottes, des Herrn, und rief seine Zeitgenossen zu Vorsicht und Wachsamkeit auf. Damals ahnte niemand, dass er mit seinen wohl gesetzten Worten und seinem vorbildlichen Leben eine neue Religion stiften und die Welt von Grund auf verändern sollte.

Immer wildere Gerüchte von den Untaten seines Präfekten erreichten mittlerweile den alten Mann auf Capri, immer stärker sah er sich und seinen Thron bedroht. Es dauerte nicht mehr lange, bis seine Geduld erschöpft war. Aber noch ließ er sich seine Empörung über Seianus nicht anmerken. Zu Jahresbeginn 31 n. Chr. trat er zusammen mit ihm sein fünftes Konsulat an und bereitete sich gleichzeitig auf dessen Sturz vor. Er gewann Naevius Sartorius Macro als Seianus' Nachfolger und schickte ihn mit einem Haftbefehl nach Rom.

Was war zuletzt ausschlaggebend für Tiberius' Zorn? Ihm war hinterbracht worden, dass sein Sohn Drusus keineswegs einer Krankheit erlegen, also eines natürlichen Todes gestorben war. Der Präfekt hatte sich mit Drusus' Gattin Livilla zusammengetan und dem Kaisersohn heimlich Gift verabreicht. Er hatte die dumme Frau für seinen perfiden Plan gewonnen, indem er ihr die Ehe und die Stellung als erster Dame des Reiches versprach. Doch seine Gattin Apicata war hinter die Intrige gekommen und hatte den Kaiser von dem wahren Sachverhalt unterrichtet. Mehr noch als das von Seinaus errichtete Schreckensregiment und sein Streben nach dem höchsten Amt erboste ihn verständlicherweise Drusus' sinnloser Tod. Seine Rache war grausam. Im Senat las Macro das kaiserliche Schreiben vor, das zunächst mit einer Lobeshymne auf die Verdienste des nichts ahnenden Präfekten begann und mit dem Hinrichtungsbefehl endete. Er wurde auf der Stelle verhaftet und gleich darauf im Mamertinischen Kerker erdrosselt. Aber nicht nur an ihm wurde ein Exempel statuiert. Auch seine Kinder wurden getötet, unter ihnen ein fünfjähriges Mädchen. Sein Schicksal war besonders tragisch. Auf dem Weg zur Hinrichtung soll die Kleine immer wieder gefragt haben, was sie denn angestellt habe, und man solle sie doch für ihr Vergehen wie üblich mit der Rute züchtigen. Instinktiv muss sie wohl gefühlt haben, was ihr bevorstand. Da die römischen Gesetze die Tötung einer Jungfrau verboten, wurde das Mädchen von ihrem Mörder geschändet, ehe sich der Strick um den zarten Kinderhals legte.

Apicata, die unglückliche Mutter der getöteten Kinder, fand deren Leichen auf der Gemonischen Treppe. So groß war ihr Entsetzen, dass sie ihrem Leben selbst ein Ende setzte.

Auch Livilla, die Mitverschworene, kam nicht davon. Mit Rücksicht auf ihre Mutter Antonia (Minor), die Witwe des 9 v. Chr. in Germanien tödlich verunglückten Drusus, Tiberius' Bruder, verzichtete der Kaiser darauf, auch sie zur Rechenschaft zu ziehen. Aber Antonia dachte nicht daran, die Verbrecherin zu schonen. Sie war eine loyale Freundin des Kaisers, eine der wenigen, die ihm geblieben waren, und sie hatte ihn erst kürzlich vor einem Anschlag auf sein Leben gewarnt, ungeachtet der Gefahr, der sie sich damit ausgesetzt hatte. Denn Seianus hatte seine Spitzel überall. Hätte er davon erfahren, hätte er keine Skrupel gehabt, auch Antonia aus dem Weg zu räumen.

Die Rache an ihrer Tochter war ohne Vorbild. Sie ließ die Verräterin lebendig einmauern, überwachte selbst die Arbeit der Handwerker und verschloss vor den Bitten und Klagen der Tochter das Ohr. Sie hielt durch, bis die Schreie langsam in ein hilfloses Wimmern übergingen und schließlich ganz verstummten.

Der Präfekt war tot, und Tiberius hätte sich jetzt entspannt dem letzten Abschnitt seiner Lebens- und Regierungszeit überlassen können. Aber er war noch nicht mit der Welt versöhnt. Er verhängte ein bislang nicht für möglich gehaltenes Strafgericht über die Oberschicht Roms. Jeder, der auch nur im Entferntesten mit dem Präfekten zu tun gehabt hatte, sah nun einem schrecklichen Ende entgegen. Und man konnte noch von Glück sagen, wenn einem der Selbstmord angeboten wurde. Denn das Vermögen derer, die sich selbst das Leben nahmen, konnte wenigstens teilweise der Familie erhalten bleiben. Was Hingerichtete hinterließen, verfiel hingegen dem Staat.

Es traf indes nicht nur Anhänger des hingerichteten Präfekten. Auch die Freunde der zwei Jahre zuvor verstorbenen Augusta mussten sich auf ein gewaltsames Ende gefasst machen. Schließlich waren die Hinrichtungen in Rom so alltäglich geworden, dass sich niemand mehr Gedanken darüber machte.

Irgendwann zu Beginn der 30er Jahre kam Caligula auf die Insel, der jüngste der drei hinterlassenen Söhne des Germanicus. Der Großneffe des Kaisers war Seianus' Mordanschlägen dank seiner Jugend entkommen, stellte er doch in dessen Augen noch keine ernst zu nehmende Gefahr dar. Auf Capri freundete er sich rasch mit Macro an, dessen Ehefrau den Jüngling, möglicherweise sogar im Auftrag ihres Mannes, verführte und ihn damit Macro näher brachte. Macro erwies sich bald als würdiger Nachfolger des gestürzten Seianus. Fast noch schlimmer als jener tyrannisierte er Senat und Volk von Rom, und er spürte, dass Gaius Caesar der aufgehende Stern am römischen Staatshimmel war. Tiberius war alt. Seine Gesundheit ließ zu wünschen übrig, auch wenn er davon nichts hören wollte. Er war jetzt ganz kahl, von hagerer Gestalt, er ging gebeugt, und mehr denn je war seine Haut von Pusteln und Eiterbeulen übersät. Das Ende des muffigen Greises, der sich selbst überlebt hatte, war nur noch eine Frage der Zeit.

Im Jahr 34 blickte der Kaiser auf eine 20jährige Regierungszeit zurück. Menschenscheuer als jemals zuvor, beabsichtigte er nicht mehr, nach Rom zurückzukehren. Wohl war er im Laufe der Zeit zweimal von Capri aufgebrochen, um die Stätte seiner Triumphe und seiner Niederlagen noch einmal zu sehen, war aber nur bis vor die Tore der Ewigen, wie man Rom jetzt allenthalben zu nennen pflegte, gelangt. Wie es einen Verbrecher oft zum Tatort zurückzieht, schlich auch er um die Mauern der Stadt, ohne einen Fuß hineinzusetzen. Rasch zog er sich wieder in seine Inseleinsamkeit zurück.

Er muss selbst erkannt haben, dass seine Tage gezählt waren. In Ägypten war der Vogel Phönix erschienen, der nach dem Glauben der Alten stets den Tod des Herrschenden ankündigte. Und Thrasyllos, seit den Tagen auf Rhodos sein treuer Astrologe, Begleiter und Freund, starb (36 n. Chr.). Hatte er ihm nicht immer gesagt, dass ihrer beider Schicksal eng miteinander verbunden war?

Tiberius wusste, dass es an der Zeit gewesen wäre, sein Testament aufzusetzen und vor allem die Nachfolge zu regeln, wie es Augustus ein Menschenalter zuvor getan hatte. Aber er verteilte nur seinen persönlichen Besitz. Es ist nicht überliefert, ob er je Claudius als Thronerben in Erwägung gezogen hatte. Er bezeichnete ihn nur als Erben dritten Grades seines Privatvermögens mit einem Drittelanteil und einem Legat von ungefähr zwei Millionen Sesterzen. Auch empfahl er ihn „unter ausdrücklicher Namensnennung mit seinen anderen Verwandten der Armee und dem römischen Senat und Volk“.[7] Doch kann dies kaum als verbindliche Nachfolgeregelung angesehen werden, zumal er den Neffen ja auch nie auf eine Führungsrolle in Rom vorbereitet hatte. Und doch: Claudius war ein gesetzter und überaus gebildeter Mann. Aber durfte man ihm, den Tiberius selbst als schwachsinnig bezeichnet hatte, die Herrschaft über das Weltreich übertragen? Wäre er einer solchen Aufgabe überhaupt gewachsen?

Gelegentlich hatte der alte Kaiser geäußert, er ziehe mit Caligula dem römischen Volk eine Natter heran, und der Sohn seines verstorbenen Adoptivsohns Germanicus, lebe nur zum eigenen und aller anderen Verderben. Dies könnte darauf hinweisen, dass er tatsächlich Caligula als Nachfolger sah. Er war ihm zwar nicht freundschaftlich und schon gar nicht herzlich gesinnt, sondern mag ihn nur als notwendiges Übel in seiner Nähe geduldet haben. Aber sein leiblicher Enkel Tiberius Gemellus würde kaum das Erwachsenenalter erreichen, wie ihm die Sterne verraten hatten. Im Übrigen hielt er von diesem ohnehin nicht viel. War er nicht sogar ein Bastard, den die untreue Schwiegertochter seinem Sohn untergeschoben hatte? „In seiner Unschlüssigkeit", bemerkt Tacitus, „überließ er zuletzt die Entscheidung, zu der er sich nicht aufraffen konnte, dem Schicksal."[8] Und doch scheint er Caligulas Thronbesteigung vorausgesehen zu haben. Als dieser nämlich einmal über L. Sulla spottete, meinte er: „Du wirst, wenn du Herrscher bist, alle Fehler Sullas haben, aber keine einzige seiner Tugenden."

Tiberius entging auch nicht, wie sehr Macro dem Stiefelchen den Hof machte. In geradezu stoischer Gelassenheit lobte er ihn: „Du tust klug daran, dass du die untergehende Sonne verlässt und dich an die aufgehende wendest."[9]

Tiberius starb am 16. März 37 n. Chr. in Misenum. Er wurde in Rom im Familienmausoleum am Tiberufer beigesetzt. Und noch heute rätselt die Wissenschaft, auf welche Weise der zweite Kaiser des Römerreiches ums Leben kam, zumal die alten Quellen hierzu unterschiedliche Versionen anbieten. Einig sind sie sich nur darin, dass der Großneffe Caligula am Sterbebett anwesend war.

Zusehends war der altersschwache Kaiser verfallen. Aber er beherrschte noch immer die Kunst der Verstellung. Im Gefolge, das ihn nach Misenum begleitet hatte, befand sich ein griechischer Arzt namens Charikles, der dem Kranken den Puls fühlte und dem Präfekten verkündete, Tiberius atme nur noch ganz schwach und werde nur noch zwei Tage leben. Am 16. März glaubte man, der Alte sei tot und man beglückwünschte Caligula, der gerade aus dem Sterbezimmer kam, schon zu seiner Herrscherwürde. Da schlug Tiberius die Augen auf und verlangte zu essen …

Von einer Vergiftung war die Rede und auch davon, man habe den Greis verhungern lassen. Andere wollten genau wissen, er sei von Caligula mit einem Kissen oder einer Decke erstickt worden. Und auch das wurde erzählt: Er habe von seinem Krankenlager aus nach einem Diener gerufen, aber niemand sei erschienen. Daraufhin habe er sich mit eigener Kraft aufgesetzt, sei aber sofort tot zusammengebrochen.[10]

78 Jahre war Claudius' Onkel alt geworden, 22 davon hatte er als Alleinherrscher auf dem Thron verbracht. Das Volk zeigte sich über den Tod des launischen und unberechenbaren Sonderlings erleichtert. *„Tiberium in Tiberim!"*, skandierte die Menge. Einige flehten zu den Göttern der Unterwelt,

dem Verstorbenen einen Platz unter den Verdammten zuzuweisen. Man solle doch, so forderten sie, seinen Leichnam mit Haken auf die Gemonien schleifen, wie er es so vielen seiner Zeitgenossen zugedacht hatte.

Soldaten trugen den Toten nach Rom. Caius Caligula hielt die Leichenrede. Göttliche Ehren blieben Tiberius versagt.

Was hatte Claudius nun zu erwarten? War ihm Tiberius auch nie mit Zuneigung begegnet, so genoss er unter dem Onkel doch einen gewissen Schutz. Man hatte ihn seinen Büchern, den Wissenschaften oder auch seinem luxuriösen Landleben überlassen, ohne sich weiter um ihn zu kümmern. Doch was käme jetzt? Claudius mag seinen Neffen Gaius Caligula gekannt haben – besser als all jene, die ihn nun als ihr liebes „Hühnchen, Bübchen und Kindchen“ und ihren „Sonnenschein“ begrüßten.

Man darf annehmen, dass Claudius mit Sorge und Angst in die Zukunft sah.

Am Hofe Caligulas

Wenn Tiberius während seiner letzten Jahre auf Capri auch seinen Enkel Caligula, dessen Vater er ja auf Augustus' Weisung adoptiert hatte, nicht ausdrücklich zum Nachfolger bestimmte, muss er die Anwesenheit des jungen Mannes doch sehr geschätzt haben. Wie bereits erwähnt, hatte sich der römische Kaiser an seinem Rückzugsort mit Gelehrten, Philosophen und gebildeten Freunden umgeben. Er dürfte mit einem gewissen Stolz festgestellt haben, dass der ihm aufgezwungene „Enkel" durchaus bei den gelehrten Gesprächen, die am Hofe geführt wurden, mithalten, ja sie sogar bereichern konnte. Noch der jüdische Geschichtsschreiber Flavius Josephus, der unter den Kaisern Vespasian, Titus und Domitian in Rom weilte, war für Caligulas Gelehrsamkeit des Lobes voll: Er spricht von Gaius' feiner Bildung und ungewöhnlicher Auffassungsgabe.[1]

Wenn auch nicht *expressis verbis*, so sah Tiberius seinen Großneffen Caligula doch als Erben auch seines politischen Vermächtnisses an. Es standen – neben Claudius, der für den alten Kaiser jedoch als Nachfolger nicht in Frage kam – zwei Kandidaten zur Auswahl, sowohl Gaius Caligula als auch sein leiblicher Enkel Tiberius Gemellus, der überlebende der beiden Zwillingsbrüder, die Livilla seinem Sohn Drusus geboren hatte. Doch scheint Gemellus bei Senat, Soldaten und Volk von Rom weniger beliebt gewesen zu sein als Gaius, der noch vom Ansehen seines verstorbenen Vaters Germanicus zehrte. Tiberius befragte das Schicksal. Er ließ eines Tages beide potenzielle Thronfolger zu sich rufen, um von den Göttern ein Zeichen zu erbitten. Wer auf seinen Ruf als erster erschiene, sollte ihm nachfolgen, so entschied er. Insgeheim hoffte er wohl, dies würde Gemellus sein, wie Flavius Josephus berichtet.[2] Aber es war Gaius, der bereits vor der Tür gewartet hatte. Tiberius Gemellus hatte sich verspätet, man hatte ihm sein Frühstück zu spät gereicht …

Angeblich sei der alte Mann darüber sehr traurig gewesen und habe von da an geahnt, dass Gemellus in Lebensgefahr schwebte. Denn unmöglich, so vermutete er – zu Recht, wie sich bald herausstellen sollte – konnte Gaius einen solchen Rivalen um die Herrschaft neben sich dulden. „Nun aber", so der jüdische Geschichtsschreiber, der sich damit von anderen antiken Historikern wesentlich unterscheidet, „quälte ihn der Gedanke, dass er bei seinem Tode all das Leid voraussehen müsse, welches seinen Lieben bevorstehe …" Angeblich ermahnte er Gaius: „Mein Sohn, obwohl Tiberius mir verwandtschaftlich näher steht als du, so lege ich doch in deine Hände nach eigenem

Entschluss und mit Zustimmung der Götter die Zügel der römischen Herrschaft. Nur bitte und beschwöre ich dich, auf dem Throne weder meine Güte, die dich zu so hoher Würde erhoben hat, noch deine Verwandtschaft zu Tiberius zu vergessen. Sei vielmehr eingedenk, dass ich mit Wissen und Willen der Götter dir eine so große Wohltat erwiesen habe, und vergilt mir diese meine Liebe, indem du mit Tiberius gute Beziehungen unterhältst. Bedenke außerdem, dass Tiberius, solange er lebt, eine mächtige Schutzwehr deiner persönlichen Sicherheit und deines Thrones sein, dass dagegen sein Tod für dich nur die Quelle großen Unheils bilden wird!"[3]

Der altersschwache Kaiser muss bis zum letzten Atemzug über einen klaren Verstand verfügt haben. War er doch einer der wenigen, die hinter die Maske des scheinbar so lieben „Stiefelchens" blickten.

Auch Claudius, der unglückliche Onkel, mochte ahnen, wie schwierig sich seine Stellung am Hofe des jungen Kaisers Caligula gestalten würde. Auch er würde sich etwas einfallen lassen müssen, um am Leben zu bleiben. Sooft es möglich war, zog er sich aus Rom zurück, um auf seinem Landsitz in Campanien Ablenkung zu finden, die er zudem in der Arbeit an seinen umfangreichen literarischen Werken suchte. Aber er gehörte der kaiserlichen Familie an, mochte ihn diese auch noch so meiden, und als Prinz von Geblüt hatte er gewisse Pflichten zu erfüllen, wenn diese auch für das Reich nicht überlebensnotwendig waren. Zumindest den Rittern schuldete er seine gelegentliche Anwesenheit in Rom, hatten sie ihn doch schon zweimal zu ihrem offiziellen Sprecher gewählt. Und auch seine außerordentliche Mitgliedschaft in dem Priesterkollegium, das für Augustus ins Leben gerufen worden war, zwang ihn hin und wieder an den Hof des ungeliebten Neffen zurück.

In geradezu schamloser Weise versuchte Caligula, den behinderten Mann öffentlich vorzuführen. Gleich nach seiner Thronbesteigung ernannte er ihn zu seinem Mitkonsul, jedoch nicht, um Claudius besonders zu ehren, sondern nur, um die Mitglieder des Senats zu ärgern, da Claudius ja allseits als nicht ganz zurechnungsfähig galt. Er verspottete ihn und machte ihn vor den versammelten Vätern lächerlich.

Claudius' Konsulat dauerte nur zwei Monate. Während er, geschmückt mit den Rutenbündeln, die diesen Amtsträger auszeichneten, zum ersten Mal das Forum betrat, ließ sich ein vorbeifliegender Adler auf seiner rechten Schulter nieder. Dies war aus römischer Sicht zweifellos ein günstiges Omen, das auf eine künftige Bedeutung hinwies. Es ist nicht bekannt, ob Claudius das selbst so sah und möglicherweise deshalb immer auf der Hut blieb, um den oft überraschenden und maßlosen Zornausbrüchen seines Neffen zu entkommen.

Noch einmal, drei Jahre später, bestimmte ihn das Los zum Konsul. Und als Gaius' Vertreter führte er öfter den Vorsitz bei den Schauspielen. Das Volk huldigte ihm. „Glück dem Onkel des Kaisers!", skandierte die Menge und auch „Glück dem Bruder des Germanicus!"

Die ihm zugefügten Kränkungen und Demütigungen nahm er mit stoischem Gleichmut hin. Gelegentlich kam er – war es vielleicht sogar Absicht? – zu spät zum Essen und fand bei Tisch alle Liegen besetzt. Man machte ihm erst Platz, nachdem er hinkend umhergewandert war. Fast regelmäßig nickte er nach den Mahlzeiten ein, kaum verwunderlich bei einem Mann, der nach damaligem Verständnis längst die Schwelle zum Greisenalter überschritten und obendrein noch gesundheitliche Probleme hatte. Da geschah es, dass man den Schnarchenden mit Dattel- und Olivenkernen bewarf oder ihm gar Frauenschuhe über die Hände stülpte, damit er sich beim Aufwachen damit das Gesicht zerkratze. Auch Possenreißer trieben mit dem Schlafenden ihre üblen Scherze.

Sobald er aufgewacht war, pflegte ihn der Neffe zu fragen, wovon er denn geträumt habe. Etwa von den amourösen Abenteuern seiner Gattin Plautia? Ohnehin, so meinte Caligula, sei sein Onkel der Einzige, der keine Ahnung davon habe, dass sie mit halb Rom das Lager teile. Aber das wundere ihn nicht. Erfahre doch der Ehemann immer als Letzter von der Unmoral seiner Frau. Die Äußerungen brachten die gesamte Tischgesellschaft zum Lachen.

Selbst Gefahren war Claudius ausgesetzt. Gleich anfangs, noch während seines Konsulats, „wäre er fast seines Amtes enthoben worden, weil er die Ausführung und Aufstellung der Statuen von Nero und Drusus, den verstorbenen Brüdern des Kaisers, vernachlässigt hatte... Als aber die Verschwörung des Lepidus und Gaetulicus aufgedeckt wurde, sandte man ihn mit anderen Abgeordneten nach Germanien, um dem Kaiser Glückwünsche (zu seiner Rettung) zu überbringen. Bei dieser Gelegenheit kam er sogar in Lebensgefahr, da Gaius (Caligula) in höchste Wut geriet, dass man ausgerechnet seinen Onkel geschickt hatte, wie wenn er noch ein Kind wäre, das der Aufsicht bedürfe; und es gibt Leute, die berichten, dass er Claudius gleich nach seiner Ankunft in den Kleidern in einen Fluss habe werfen lassen. Seit dieser Zeit war er (Claudius) immer der letzte der Konsulare, der im Senat seine Stimme abgab, da man ihn, um ihn zu kränken, erst nach allen anderen befragte.[4]

Auch einer Testamentsfälschung wurde Claudius bezichtigt, und es wurde gegen ihn sogar ein Verfahren eingeleitet. Zuletzt geriet er unter der Herrschaft des Neffen derart in Geldnot, dass er seinen gegenüber der Staatskasse eingegangenen Verpflichtungen nicht mehr nachkommen konnte und sein Besitz zum Verkauf angeboten werden musste. Caligula, der sich bereits zu seinen Lebzeiten als Gott gerierte und sich sogar ein eigenes Priesterkollegium eingerichtet hatte, verlangte von ihm für den vorgeschriebenen Beitritt zu den Priestern acht Millionen Sesterzen ...

Claudius wusste um die gefährliche Lage am Hof und auch, dass es nur eines Wortes des Neffen bedurft hätte, um ihn zu vernichten. So tat er alles, um den Eindruck des stotternden, versponnenen und zerstreuten Gelehrten zu verstärken. Er bewahrte ganze Bibliotheken in seinem erstaunlichen Gedächtnis und tat doch, als höre er schlecht und könne sich nichts merken. Mit voller Absicht verwechselte er Namen und Ereignisse und spielte am Kaiserhof den Narren, wie man es von ihm offensichtlich erwartete. Da Caligula selbst ihn so respektlos behandelte, ahmten das die Höflinge nur allzu bereitwillig nach und freuten sich über das Erscheinen des alten Mannes, das doch immer einen besonderen Spaß versprach.

Es ist nicht bekannt, wie sich Claudius zu den anderen Verfehlungen des jungen Kaisers verhielt. Nach den schlechten Erfahrungen, die man mit Tiberius gemacht hatte, setzten Senat und Volk von Rom alle Hoffnungen auf Caligula, den sie, wie erwähnt, mit großer Begeisterung begrüßten, als er, von Capri kommend, römischen Boden betreten hatte. Die allgemeine Euphorie hielt jedoch nicht lange an.

Zu einer von Caligulas ersten Amtshandlungen als neuer Kaiser Roms gehörte, dass er von Macro das Testament des verstorbenen Vorgängers dem Senat vorlegen und für ungültig erklären ließ. Als „Werk eines Wahnsinnigen“ bezeichnete er die letztwillige Verfügung, in der der leibliche Enkel Tiberius Gemellus dem adoptieren gleichgestellt war. Caligula schloss den sieben Jahre jüngeren „Knaben“, der wegen seiner Jugend noch nicht einmal die Kurie betreten durfte, von der Herrschaft aus und nahm ihn an Sohnes statt an, um ihn bald darauf aus dem Weg zu räumen. Doch nur was Gemellus betraf, sollte Tiberius’ letzter Wille nicht gelten. Legate hingegen ließ Gaius wunschgemäß auszahlen und auch alle anderen Verfügungen erfüllen, trug das doch zu seiner Beliebtheit bei. So erhielten die Prätorianer jeweils 250 Denare, was ungefähr dem Jahressold eines gewöhnlichen Soldaten entsprach – wobei Caligula die Summe aus eigener Tasche noch auf das Doppelte erhöhte. Auch die Polizeitruppen und die Feuerwehrleute wurden großzügig bedacht. An das Volk von Rom gingen 45 Millionen Sesterzen. Kein Wunder, dass sich der junge Kaiser größter Beliebtheit erfreute. Schließlich sorgte er noch dafür, dass auch die letztwilligen Verfügungen seiner Urgroßmutter Livia Drusilla, der Iulia Augusta, die acht Jahre zuvor gestorben war, ausgeführt wurden. Ihr eigener Sohn Tiberius hatte sich ja nie dazu entschließen können.

Geradezu unterwürfig begegnete Caligula anfangs dem Senat. In seiner ersten Rede vor dem erlauchten Gremium, zu der auch Ritter und Vertreter des Volkes geladen waren, versprach er, seine Herrschaft mit den Senatoren zu teilen. Er fühle sich als Sohn der *patres conscripti* und ihr ergebenes Mündel, ließ er die Versammlung der Stadtväter wissen. Zum Zeichen dafür, wie ernst er es mit den hohen Herren meinte, verzichtete er auf die Weiterführung der Prozesse, die bis zu Tiberius' Tod das Verhältnis von Senat und Kaiser vergiftet hatten. Er rief Verbannte zurück und öffnete die Gefängnistore. Er vernichtete die Prozessakten (freilich nicht ohne sich zuvor Kopien gefertigt zu haben), darunter auch diejenigen, die die Anklagen gegen seine Mutter und seine beiden ermordeten Brüder betrafen. Denunzianten sollten künftig kein Gehör mehr finden.

Für jene, die sich nur allzu gern täuschen ließen, hatte es tatsächlich den Anschein, als sei ein neues Zeitalter angebrochen und die goldene Epoche des Augustus wieder auferstanden.

Was sollte indes mit dem toten Tiberius geschehen? Zehn Tage war der Leichenzug, der den Verstorbenen von Misenum nach Rom gebracht hatte und dem der neue Kaiser in Trauerkleidung unter dem Jubel der Bevölkerung vorangeschritten war, unterwegs gewesen. In Rom kannte die Erleichterung keine Grenzen. In wilder Ausgelassenheit feierte das Volk nahezu drei Monate lang. Zahllose Opfertiere verloren ihr Leben, ihr Fleisch war eine willkommene Bereicherung des Speiseplans der Stadtrömer. Gaius' Wunsch, den er im Senat vortrug, war angesichts der Gewalttaten, die Tiberius gegen so viele senatorische Familien begangen hatte, verwegen. Er schlug wahrhaftig vor, den Verstorbenen wie seine beiden Vorgänger Caesar und Augustus unter die römischen Götter aufzunehmen. Eher hätten die Senatoren, die so viel Leid erfahren hatten, das Gegenteil, die *damnatio memoriae*, über den Toten verhängt. Aber man konnte sich weder zur Gewährung der höchsten Ehre entschließen, die einem Römer zuteilwerden konnte, noch zur Tilgung des Andenkens. Die Sache verlief im Sande, Caligula hakte nicht nach. Er bereitete dem Onkel eine pompöse Leichenfeier und bestattete ihn im fertig gestellten Grabmal am Tiber. Die Leichenrede, die er auf seinen Vorgänger hielt, rühmte in erster Linie das Andenken an Augustus und Germanicus, als deren eigentlicher Nachfolger sich Caligula damals empfand.

Nachdem die Bestimmungen des Testaments zur offensichtlichen Zufriedenheit aller erfüllt waren, gab Gaius den Römern eine erste Demonstration seiner Macht. In Begleitung der Senatsmitglieder ließ er die von dem Präfekten Macro befehligte Leibgarde exerzieren. Die Senatoren sollten wohl daran erinnert werden, dass sie denselben Männern zusahen, die noch vor wenigen Wochen Tiberius' Befehle ausgeführt und viele aus ihren Reihen gefoltert und hingerichtet hatten. Sollte dieses Schauspiel den Angehörigen der obersten Schicht Roms vor Augen führen, dass sich bald alles wiederholen könnte, und sie gleichzeitig davor warnen, sich gegen Gaius zu erheben? Über die Motive des neuen Kaisers zu dieser Art Schauspiel kann nur spekuliert werden.

Noch gab er sich jedenfalls als der edelmütige Herrscher, der versuchte, altes Unrecht wieder gut zu machen, sofern dies überhaupt möglich war. Bei stürmischer See brach er zu den Inseln auf, auf denen seine Mutter und sein Bruder Nero ums Leben gekommen waren, und sammelte selbst die sterblichen Überreste ein, um sie heim nach Rom zu bringen. Dort wurden die Urnen in feierlichem Triumphzug durch die Straßen geführt und schließlich im Grabmal am Tiber beigesetzt. Caligula hatte alles bis ins kleinste Detail vorbereitet. Er selbst schritt in purpurner Toga, begleitet von Liktoren, dem Trauerzug voran. Die Römer sollten sehen, dass Germanicus und seine ermordeten Angehörigen zuletzt doch noch über die Grausamkeit des Verwandten und Staatsführers Tiberius gesiegt hatten.

Es war nach Gaius' Auffassung jetzt überhaupt an der Zeit, allen seinen Familienmitgliedern die Ehre zukommen zu lassen, die ihnen nach seinem Empfinden zustand. Das Bildnis seiner Mutter Agrippina sollte künftig in allen Festzügen mitgeführt werden. Großmutter Antonia erhielt durch Senatsbeschluss den Titel „Augusta", und Claudius teilte sich, wie erwähnt, gemeinsam mit dem kaiserlichen Neffen das Konsulat. Die Namen von Gaius' Schwestern Drusilla, Agrippina und Livilla sollten künftig allen Eidesformeln hinzugefügt werden.[5] Auch durften sie bei Zirkusspielen mit dem Bruder die kaiserliche Loge teilen. Selbst dem ungeliebten Gemellus wurde eine besondere Ehre zuteil: Caligula verlieh ihm die *toga virilis* (womit der Jüngling in die Liste der volljährigen und kriegsfähigen Männer aufstieg) und ernannte ihn zum *princeps iuventutis,* zum Führer der Jugend, ein Amt, das Augustus einst für seine Enkel Gaius und Lucius Caesar eingerichtet hatte.

Für sich selbst verzichtete er auf alle Ehrungen und gab sich äußerst bescheiden, weil er wusste, wie sehr seine Römer Zurückhaltung schätzten. Er verbot die Aufstellung seiner Statuen und schrieb auch keine Briefe an Senat und Volk von Rom, denn Tiberius' Schreiben waren zuletzt als Befehle interpretiert worden und hatten großes Missfallen erregt.

Seine Antrittsrede vor dem Senat zog die Aufmerksamkeit aller auf sich. Denn er setzte sich erstmals öffentlich von Tiberius' menschenverachtender Politik ab. „Er kritisierte alle Taten, die jenem auch seitens der Aristokratie vorgehalten wurden, und machte hinsichtlich seiner eigenen Herrschaftsausübung vielfältige Ankündigungen und Zusagen."[6] Ansonsten nutzte er das aus der *res publica* übrig gebliebene Konsulat, das im Übrigen keinerlei politische Bedeutung mehr hatte, um in großartigen Festveranstaltungen überwiegend sich selbst zu feiern. In prunkvoller Zeremonie weihte er den für den vergöttlichten Ahnen Augustus fertig gestellten Tempel ein, wobei er für alle Senatoren und deren Ehefrauen ein üppiges Gastmahl veranstaltete. Die Spiele, die er anlässlich seines Amtsantritts gab, übertrafen alles, was man in Rom bislang in dieser Hinsicht gesehen hatte. Dabei wurden 400 Bären und eine gleiche Anzahl von wilden Tieren, die aus Libyen importiert worden waren, getötet. Den Höhepunkt bildeten Reiterspiele der aristokratischen Jugend, bei denen Caligula selbst einen sechsspännigen Wagen lenkte.

In der Öffentlichkeit gab sich der junge Kaiser als einfacher Bürger. Er hob viele Erlasse auf, die die Begegnung mit dem Princeps betrafen, und verzichtete sogar auf die Begrüßungsformen, die seine herausragende Stellung gezeigt hätten. Und jedermann lobte die Bescheidenheit, die demonstrieren sollte, dass er sich nur als Erster unter Gleichen fühlte und ihn damit anscheinend von anderen Angehörigen der Senatsaristokratie nicht unterschied. Und doch unterließ er kaum etwas, um zumindest sie an seine Macht als Alleinherrscher zu erinnern. Wann immer es möglich war, ließ er seine Prätorianer in Anwesenheit der eingeschriebenen Väter auftreten, um damit allen die militärische Macht, über die er und nur er verfügte, vor Augen zu führen. Es mag manchen Römer gegeben haben, der das Spiel durchschaute und dem durchaus bewusst war, was Caligula in Wirklichkeit beabsichtigte und wohin Roms Weg am Ende führen würde.

Es liegt auf der Hand, dass Gaius, gerade 24 Jahre alt und niemals auf seine Verantwortung vorbereitet, seine frühe Regierungszeit nicht selbst gestaltete. Tatsächlich standen erfahrene Männer hinter ihm, die ihn schon in den letzten Lebensjahren seines Vorgängers zum Thronfolger vorsahen. Allen voran Macro und Marcus Iunius Silanus. Nur durch ihre Umsicht war er zur Herrschaft gelangt. Sie hatten dem Senat rechtzeitig den Thronwechsel auf Caligula abgepresst, wobei sogar Geschenke und großzügige Versprechungen nachgeholfen hatten, und sie gehörten auch jetzt noch zu den engsten Beratern des unerfahrenen jungen Mannes. Macro und Silanus bauten auf das Vertrauen, das Caligula zu ihnen aufgebaut hatte, und scheuten sich nicht, dem

Kaiser Ratschläge zu erteilen, für die andere ihren Kopf riskiert hätten. Sie hatten ihr „Mündel" in eine Rolle gedrängt, die dieses nahezu perfekt spielte, und damit ihre eigene Machtposition gestärkt. Zudem stand mit Gemellus jederzeit eine Alternative zu Caligula hinter dem Thron, und die beiden Kaiserberater erinnerten ständig daran. Auch das mag zum raschen Ende des leiblichen Enkels von Tiberius beigetragen haben.

Auch die drei Schwestern des Kaisers, Agrippina, Drusilla und Livilla gehörten zu den kaiserlichen Vertrauten. Auch sie hatten unter den Nachstellungen, mit denen ihr Onkel Tiberius die Familie verfolgt hatte, gelitten und fühlten sich schon deshalb ihrem Bruder verbunden. Vor allem Drusilla war Caligula sehr zugetan. Sie war noch von Tiberius mit dem Adligen Lucius Cassius Longinus verheiratet worden, inzwischen aber geschieden und jetzt die Frau des Marcus Aemilius Lepidus, eines entfernten Verwandten der mittlerweile weit verzweigten Kaiserfamilie. Auch Lepidus gehörte noch zu den Vertrauten des Kaisers.

Caligula war gerade ein halbes Jahr an der Regierung, als er schwer erkrankte. Welches Leiden ihn heimsuchte, ist nicht überliefert, aber die Krankheit scheint lebensbedrohlich gewesen zu sein.

Die Angst um den jungen Kaiser war groß. Jede Nacht versammelte sich eine riesige Menschenmenge am Fuße des Palatins, um dem beliebten „Herzchen" ihre Betroffenheit zu zeigen und für seine Genesung zu beten. Was würde geschehen, wenn Gaius wirklich von ihnen ginge? Wer würde ihm nachfolgen?

Macro und Silanus behielten einen kühlen Kopf. Angesichts des drohenden Todes ihres Schützlings begannen sie mit Billigung anderer hochstehender Römer, Tiberius Gemellus auf die Nachfolge vorzubereiten, voreilig, wie sich herausstellen sollte. Seine Inthronisierung hätte besonders für die drei Kaiserschwestern und deren Ehemänner eine große Gefahr bedeutet. Hätten sie doch befürchten müssen, dass sie ein Princeps Gemellus als lästige Rivalen sofort beseitigen würde. Ihre Macht, ihr Einfluss und das Ansehen, das sie in Rom und darüber hinaus genossen, wären unter Gemellus unwiederbringlich verloren gewesen.

Zu ihrem Glück und zum Erstaunen aller genas Caligula, aber die Krankheit hatte ihn gezeichnet. Sein Wesen war völlig verändert.

„Er beraubte seinen Bruder oder vielmehr seinen Sohn nicht nur des väterlichen Erbes, sondern auch des Lebens …" Er warf Gemellus vor, „er habe seinen (Gaius') Tod gewünscht und erhofft, – eine Beschuldigung, die später noch viele andere das Leben kostete …"[7]

Wer während der Krankheit des Kaisers aus purer Schmeichelei leichtsinnig geschworen hatte, sein Leben für dessen Genesung zu geben, wurde jetzt gezwungen, seinen Schwur einzuhalten. Es traf beispielsweise P. Afranius Potitus, einen Mann aus dem Volk, der gehofft hatte, für seine Treue eine reiche Belohnung zu erhalten. Der Ritter Atanius Secundus hatte sich verpflichtet, als Gladiator in der Arena zu kämpfen, sollte Gaius am Leben bleiben. Angeblich konnte der Kaiser nicht zulassen, dass die Männer wortbrüchig wurden.

Ganz allmählich zeigte Gaius Caligula sein wahres Gesicht. „Mögen sie mich hassen, wenn sie mich nur fürchten", war fortan die Maxime seines Handelns.[8] Oder wenn bei einem Rennen das Volk eine andere Partei begünstigte als er selbst: „Hätte doch das römische Volk nur *einen* Hals!"[9] Er entwickelte sich zu einem Tyrannen, wie es in Rom zuvor keinen gegeben hatte.

Ein Angehöriger der Hocharistokratie namens Calpurnius Piso hatte den Kaiser zu seiner Hochzeit eingeladen. Der hohe Gast war dabei von der Braut Cornelia Orestilla so entzückt, dass er sie Piso entführte. Seine Begeisterung war indes schnell verflogen. Orestilla hielt nicht, was ihr Äußeres versprach. Sie langweilte den anspruchsvollen jungen Mann, und er hatte zudem erfahren, dass sie auch noch mit ihrem Ehemann vertraulichen Umgang pflegte. Also verbannte er beide aus Rom und erlaubte Piso sogar, so viele Sklaven mitzunehmen, wie er wollte, wies aber darauf hin, dass ihn dann auch die gleiche Zahl von Soldaten begleiten werde.

Und doch handelte Gaius auch jetzt noch in mancher Hinsicht vernünftig. So legte er die Staatseinkünfte offen, wie es Augustus gehandhabt, Tiberius aber abgeschafft hatte. Er unterstützte alle, die ihr Vermögen während eines der zahllosen Brände, die die Stadt immer wieder heimsuchten, verloren hatten. Er holte reiche und angesehene Männer aus den Provinzen nach Rom, ernannte sie zu Rittern und eröffnete manchem sogar die Hoffnung auf Sitz und Stimme im Senat, denn der Ritterstand war sehr zusammengeschmolzen. Alle diese Maßnahmen brachten ihm großes Lob ein. Aber er sollte sich auch ebenso großem Tadel ausgesetzt sehen.

„In förmlicher Schlachtordnung" ließ er freie Bürger als Gladiatoren gegeneinander kämpfen, was er sich vom Senat absegnen ließ. Er herrschte willkürlich, beklagt sein antiker Biograf, wie es ihm seine Laune gerade eingab. Die Hinrichtungen stiegen. Caligula verfiel in einen wahren Blutrausch. Niemand war mehr vor seinen Nachstellungen sicher. Ohne Ansehen der Person ließ er sogar völlig Unschuldige foltern und töten. Selbst Macro, der ihm doch immerhin den Thron gesichert und den er zum Statthalter der kaiserlichen Provinz Ägypten gemacht hatte, zwang er unter fadenscheinigen Anschuldigungen zum Selbstmord. Angeblich hatte Macro bei Liebeshändeln den Kuppler gespielt, ein Vorwurf, der wohl eher Caligula selbst traf.

Nach Macros Ende hielt den Kaiser nichts mehr. Viele wurden jetzt zum Tod verurteilt, manche noch vor der Verurteilung ermordet. Das wahre Verbrechen der Unglücklichen war ihr Vermögen, das dem Kaiser zufiel.

Dio Cassius berichtet, Marcus Lepidus habe früher mit Gaius „in gegenseitigem unzüchtigem Umgang gelebt“ und jetzt seine Gattin Drusilla als Bettgespielin ihrem Bruder, dem Kaiser, überlassen.[10] Auch mit seinen beiden anderen Schwestern soll er inzestuöse Beziehungen unterhalten haben. Besonders das hat sein Ansehen bei den Römern stark beschädigt. Und sie begannen den, den sie noch vor kurzem mit Begeisterungsausbrüchen bejubelt hatten, zu hassen. Drusilla starb, ihr Gatte hielt die Leichenrede, und der kaiserliche Bruder stattete ihr ein Begräbnis aus, wie es in dieser Pracht noch nicht einmal der Livia Augusta zuteil geworden war. Sie sollte als Gottheit verehrt werden, ihre goldene Bildsäule die Kurie schmücken, ein weiteres Bildnis im Venustempel in der gleichen Größe wie das der Göttin aufgestellt werden. Sie hieß von nun an Panthea und wurde unter die Götter Roms aufgenommen. Der Senator Livius Geminius beteuerte unter Eid, er habe ihre Seele in den Himmel auffahren sehen. Ein eigener Tempel war ihr damit gewiss.

Die Ehrung seiner Schwester, die in der Geschichte und im politischen Tagesgeschehen Roms keinerlei Rolle gespielt hatte, und die Trauer um sie entsprangen dem Hirn eines Mannes, der langsam den Verstand verlor. Niemand durfte künftig an ihrem Todestag Freude oder Leid zeigen. Aus einem Vorgang möge man auf alle übrigen Auftritte der damaligen Zeit schließen: Ein Mann wurde, weil er am Todestag Drusillas warmes Wasser verkauft hatte, als Majestätsbeleidiger hingerichtet.

Suetonius Tranquillus berichtet, Gaius sei seinen anderen Schwestern nicht in der Weise zugetan gewesen wie Drusilla. „Als er krank wurde, setzte er sie sogar als Erbin und Nachfolgerin ein. Nach ihrem Tod war es verboten“ zu lachen, zu baden und mit Eltern, Frau oder Kindern gemeinsam zu essen. Auch ließ er Bart und Haupthaar ungeschoren, das in Rom übliche Zeichen tiefster Trauer.[11]

Nur wenige Tage nach ihrem Tod tröstete sich Gaius mit Lollia Paulina, der Gattin des Memmius. Er zwang den Mann, ihm seine Frau als Braut zuzuführen. Er hatte nämlich gehört, Paulinas Großmutter sei eine wunderschöne Frau gewesen. Doch war er auch ihrer bald überdrüssig und brach das Verhältnis ab, nicht ohne ihr zu verbieten, je wieder einem Mann anzugehören.

Als Titus Flavius Vespasianus zum Kaiser ausgerufen worden war, 69 n. Chr., erinnerte man sich einer Begebenheit aus jener Zeit, der man allerdings damals keine Bedeutung beigemessen hatte. Gaius sah in einem Gässchen, an dem er zufällig vorbeikam, eine Menge Schmutz liegen und ließ ihn Vespasianus, der als Ädil für die Reinhaltung der Straßen verantwortlich war, in den Schoß werfen. Als nun der einstige Ädil „den in Verwirrung und Zerrüttung geratenen Staat übernahm und in Ordnung brachte", sah man in dem früheren Vorfall einen Wink der Götter, „als hätte ihm Gaius damit geradezu die Wiederherstellung der öffentlichen Ordnung anvertraut".[12]

Inzwischen waren Hinrichtungen, die meisten ohne triftigen Grund, alltäglich geworden. Alle, die Tiberius eingekerkert und Caligula bei seinem Amtsantritt freigelassen hatte, wurden nun unter fadenscheingien Gründen erneut angeklagt und zum Tode verurteilt. Dabei machte Gaius nicht einmal mehr vor dem einfachen Volk Halt. Wahllos ließ er freie römische Bürger während der Schauspiele, Gladiatorenkämpfe oder Wagenrennen ergreifen und niedermachen.

Das letzte von Caligulas amourösen Abenteuern hieß Milonia Caesonia, und jedermann wunderte sich, weshalb sie auf den Kaiser eine derartige Anziehungskraft ausübte. Denn sie war weder jung noch besonders schön und bereits Mutter dreier Kinder, als er sie in seinen Palast holte, und nur für ihre hemmungslose Genusssucht und Ausschweifung bekannt. Allenfalls insofern traf sie Caligulas Geschmack. Oft führte er sie stolz seinen Soldaten vor, in einen Reitermantel gehüllt und mit Schild und Helm geschmückt. Seine Freunde durften sogar ihre Nacktheit bewundern. Er wunderte sich selbst, dass er dieser Frau so hoffnungslos verfallen war. „Oft prahlte er sogar, er wolle, und wäre es auf der Folter, aus seiner Caesonia herausbringen, warum er sie so sehr liebe."[13] Und jedes Mal, wenn er ihren oder den Hals einer seiner Geliebten küsste, drohte er: „Dieser schöne Kopf wird fallen, sobald ich es befehle."[14]

Caesonia gebar ihm eine Tochter, die den Namen Iulia Drusilla erhielt. Der Vater war so vernarrt in die Kleine, dass er sie durch die Tempel aller Göttinnen trug und sie schließlich auf den Schoß der Minerva setzte. Er war fest davon überzeugt, dass es sich bei ihr um sein Kind handelte. Denn die kleine Drusilla war besonders wild. So versuchte sie zum Beispiel, mit den Fingern Gesicht und Augen mit ihr spielender Kinder zu zerkratzen.

Nicht nur seine Geliebten, auch sein Onkel Claudius schwebte dauernd in Lebensgefahr. In einem Anfall von Wahnsinn hatte Caligula seine beiden Schwestern Agrippina und Livilla auf die Pontischen Inseln verbannt. Er hatte sie der Unterstützung einer Verschwörung bezichtigt, die Aemilius Lepidus, der zweite Ehemann seiner verstorbenen Schwester Drusilla, gegen ihn angezettelt hatte. Vor dem Senat klagte er die Verworfenheit seiner Verwandten an. Nur knapp sei er einer großen Gefahr entronnen. Und den Senatoren blieb wieder einmal nichts anderes übrig, als den Göttern für die Errettung des Kaisers zu danken. Aemilius büßte seinen Verrat mit dem Leben. Agrippina und Livilla wurde später die Rückkehr nach Rom gestattet.

Welche Blüten der Wahnsinn des Kaisers schließlich trieb, wurde nicht nur dadurch deutlich, dass er sich als Herr und Gott anreden ließ und sich auch gottgleich fühlte. Bald gab es in Rom niemanden mehr, der es wagte, die kaiserliche Politik zu kritisieren. Meist sah man Caligula mit goldenem Bart, den Blitz, Dreizack oder Schlangenstab in den Händen. Ja sogar als Venus verkleidet konnte man ihm begegnen. Gelegentlich schmückte er sich mit dem goldenen Panzer Alexanders des Großen, den er aus dessen Grab in Alexandria geraubt hatte. Zuletzt drohte er gar, sein Lieblingspferd Incitatus zum Konsul zu ernennen. Und er hätte es wohl getan, so sein antiker Biograf, wäre der Tod der Umsetzung dieser Drohung nicht zuvor gekommen. Der „Heißsporn" verfügte über ein Zuhause, von dem mancher Römer nicht einmal zu träumen gewagt hätte. Sein Stall war aus Marmor, die Krippe aus Elfenbein. Er besaß purpurne Decken und Geschmeide aus Edelstein. Er gab ihm „auch einen eigenen Palast", so wieder der Berichterstatter, und „Scharen von Hausrat, damit die im Namen des Pferdes eingeladenen Gäste mit besonderem Luxus empfangen werden konnten".[15]

Allmählich war die Geduld der Römer erschöpft. Es gab viele, die Caligula jetzt den Tod wünschten, aber die hin und wieder angezettelten Verschwörungen wurden aufgedeckt und grausam niedergeschlagen. Doch schließlich fanden sich zwei Männer, die diesem Spuk ein Ende bereiten wollten, und kostete es auch ihr eigenes Leben: Cassius Chaerea, Tribun der Prätorianergarde, und Cornelius Sabinus, der ebenfalls den Rang eines Tribuns innehatte. Das Attentat sollte anlässlich der Palatinischen Spiele beim Verlassen des Theaters erfolgen.

Caligula hätte wissen müssen, dass ihm Gefahr drohte. Denn wie so vielen anderen Römern, die sich auf Vorzeichen verließen, hatte sich auch ihm der Tod vielfach angekündigt. So hatte ihm sein Astrologe ein baldiges gewaltsames Ende vorausgesagt. Ganz konkret wurde das Orakel von Anzio, Caligulas vermutlichem Geburtsort: Es mahnte ihn, sich vor Cassius in Acht zu nehmen. „Deshalb hatte er den Befehl gegeben, Cassius Longinus, den damaligen Statthalter Kleinasiens, zu ermorden, da er nicht daran dachte, dass auch Chaerea den Namen Cassius trug."[16]

Um die Mittagszeit des 24. Januar 41 n. Chr. lauerten die Attentäter dem Kaiser auf, als er gerade das Theater verließ, um sich zum Essen zu begeben. In einem Korridor, den er durchqueren musste, traf er auf eine Gruppe vornehmer Knaben, die sich gerade auf ihren Auftritt vorbereiteten. Er unterhielt sich mit ihnen, als ihn Chaerea von hinten ansprang und mit einem Schwerthieb am Hals verletzte. Daraufhin durchbohrte der zweite Mitverschworene Caligulas Brust.

So jedenfalls lautete die eine Version. Die andere, die ebenfalls in Umlauf kam, besagte, Chaerea haben dem Kaiser, der sich gerade zu ihm umdrehte, das Kinn gespalten, sodass dieser schmerzverkrümmt zu Boden ging und ausrief, dass er ja noch lebe. Da stürzten sich die übrigen Attentäter auf ihn und töteten ihn mit 30 Hieben, wobei ein Schwert sogar seine Schamteile durchdrang. Die herbeigeeilte germanische Leibwache, die nicht eingeweiht worden war, streckte nun einige Senatoren nieder, die zufällig Zeugen geworden waren. Die Mörder sollten vorerst ihrer Strafe entkommen, aber auch ihre Stunden waren gezählt.

Mit Caligula starb seine Frau Milonia Caesonia; die kleine Tochter wurde gegen eine Wand geschmettert.

Nicht einmal vier Jahre hatte der Wahnsinnige Rom das Fürchten gelehrt. Ein großes Zittern überfiel die Stadt, denn viele glaubten, Caligula selbst habe das Gerücht seiner Ermordung in die Welt gesetzt, um die Gesinnung der Römer zu prüfen.

Viele Senatsmitglieder wollten jetzt die Erinnerung an die Caesaren tilgen, ihre Tempel zerstören und die *res publica* wieder einführen.

Aber alles sollte anders kommen.

Die Thronerhebung

So sehr sie es sich auch gewünscht haben mochten, hatten die Senatoren doch kaum zu hoffen gewagt, das Schicksal würde sie so bald von diesem Ungeheuer namens Caligula erlösen. Nach dem Attentat ließen die überraschten Konsuln sofort überall in der Stadt Wachen aufstellen und beriefen den Senat ein, um über das weitere Vorgehen zu beraten. Die einen wollten, wie erwähnt, die altbewährte *res publica* wiederherstellen, die anderen bevorzugten die Herrschaft eines Einzelnen, an die sie sich gewöhnt hatten und die sie selbst von nahezu jeglicher Verantwortung für das Allgemeinwohl entband.

Inzwischen hatte sich auch das Volk auf dem Forum versammelt, um zu erfahren, ob gegen die Mörder des Kaisers schon ermittelt werde. Valerius Asiaticus, ein ehemaliger Konsul, trat vor die Menge, um sie zur Ordnung zu rufen. Als er gefragt wurde, ob man den oder die Täter schon kenne, verneinte er, meinte aber, er wünschte, dass er es selbst wäre (was natürlich nicht ernst gemeint war). Dann schickte er die Leute nach Hause. Er befürchtete nämlich einen Aufruhr in der Stadt. Um die Römer zu beruhigen, sprach er von Steuernachlass und stellte den Soldaten eine Belohnung in Aussicht, wenn sie Ruhe bewahrten. So beschreibt Flavius Josephus die Lage, wie sie sich nach Caligulas Ermordung darstellte.[1]

Hatte Claudius von den Plänen der Attentäter gewusst? Und hatte er sich wirklich vom Ort des Geschehens entfernt, bevor die Mörder zuschlagen konnten, um nicht Zeuge des blutigen Geschehens zu werden? Unterschiedliches berichten hierzu die alten Quellen. Sobald er erfahren hatte, dass auch Caesonia und deren kleine Tochter zu Tode gekommen waren, bekam er es mit der Angst zu tun. Angeblich flüchtete er sich aus Sorge, man beabsichtige, das gesamte Kaiserhaus auszurotten, auf eine nahe gelegene Terrasse, wo er sich hinter einem Türvorhang verbarg. Einige Prätorianer hatten grölend und plündernd den Palast gestürmt und waren auch an Claudius vorbeigerannt, ohne ihn bemerkt zu haben. Der glaubte sich schon gerettet. Da entdeckte ein zufällig herumrennender Soldat, der den Anschluss an die Gruppe verloren hatte, „seine Füße, wollte wissen, wer das sei, erkannte ihn, zog ihn aus seinem Versteck, und als sich Claudius voll Furcht vor ihm auf die Knie warf, begrüßte er ihn als Kaiser. Darauf führte er ihn zu seinen Kameraden, die noch unentschlossen waren und nichts anderes taten als Drohungen ausstoßen. Von ihnen wurde er in eine Sänfte gesetzt und abwechselnd auf ihren Schultern zum Lager getragen, da seine Sklaven geflohen waren. Claudius selbst war traurig und ängstlich, während die Leute, die ihnen begegneten, ihn beklagten, wie wenn man ihn, einen Unschuldigen, zur Hinrichtung führe ..."[2]

Das mochte Claudius wohl selbst befürchtet haben. Er wusste nicht, was er von der ganzen Sache halten sollte. Wollte man sich wieder einmal über ihn lustig machen, wie das am Hof seines Neffen ja ständig geschehen war? Im Prätorianerlager angekommen, musste er, schlotternd vor Ungewissheit und Angst, die Nacht unter Bewachung verbringen. Erst tags darauf führte man ihn in die Kurie und erkannte ihn schließlich als neuen Kaiser an. Jetzt duldete er auch, dass die in Waffen versammelten Soldaten auf seinen Namen schworen. Zugleich versprach er jedem von ihnen 15000 Sesterzen. Er war damit der erste Kaiser, der sich die Treue des Militärs mit einer Belohnung erkaufte.

Nur widerwillig fügten sich die Senatoren den Forderungen der Prätorianer, als sie Claudius schließlich alle kaiserlichen Befugnisse übertrugen. „Es war das erste Mal, dass ihr Recht, einen neuen Kaiser zu ernennen, ignoriert und bestritten worden war, und dass der neue Herrscher mit einer Unbekümmertheit, die keiner seiner Nachfolger zeigte, Münzen prägen ließ, auf denen er in aller Öffentlichkeit kundtat, dass er seinen Thron der kaiserlichen Garde verdankte."[3] Und Münzen waren die Massenmedien jener Zeit. Sie brachten Nachrichten bis in die entferntesten Winkel des Reiches. Die Stadtväter verziehen Claudius nie, dass ihnen erstmals seit der Vertreibung der Könige 510 v. Chr. die Initiative aus der Hand genommen worden war. Und ebenso wenig verzieh er ihnen, dass sie anfangs kurz gezögert hatten, ihn anzuerkennen.

Wilde Debatten waren der Bestätigung vorausgegangen. Es war Gnaeus Sentius Saturnius, der die versammelten Väter noch einmal vor der Tyrannei warnte, indem er an die Schandtaten aller bisherigen Alleinherrscher bis hin zu Iulius Caesar, insbesondere aber an die Grausamkeit Caligulas erinnerte. Allzu feige habe man alle Auswüchse des jungen Kaisers hingenommen, und nur Cassius Chaerea habe endlich den Mut aufgebracht, der Schreckensherrschaft ein Ende zu setzen. Dafür, so Sentius, gebühre diesem größtes Lob.

Es war erstaunlich, dass gerade er so vehement für die Wiederherstellung der republikanischen Freiheit eintrat. War er es doch, der zu den größten Speichelleckern am Hofe Caligulas gehört hatte. Im Jahr 37 war er sogar zum Konsul, allerdings nur zum *consul suffectus*, zum nachgewählten Konsul, aufgestiegen. Sentius hatte seine leidenschaftliche Rede kaum beendet, als ein gewisser Trebellius Maximus aufsprang und von dessen Hand einen Ring mit einem Stein zog, der das Bild des Ermordeten trug. Sentius hatte im Eifer des Gefechts vergessen, das Schmuckstück abzulegen, bevor er die Rednertribüne betreten hatte. „In diesem Augenblick", so Flavius Josephus, „zerbrach der Stein mit dem Bildnis"[4] Der Kritiker der Alleinherrschaft arrangierte sich schließlich auch mit dem neuen Kaiser. Im Jahr 43 begleitete er Claudius auf den Feldzug nach Britannien, wo er militärische Erfolge errang. Unter Nero wurde er hingerichtet oder zum Selbstmord gezwungen, wie Tacitus in seinen Historien berichtet.[5]

Chaerea war es schließlich, der sich von den Konsuln die Losung für das Militär erbat, die „Freiheit" lautete. Jedermann war erstaunt, denn die Konsuln hatten zuletzt vor hundert Jahren die Losung ausgegeben, als sie noch die Befehlsgewalt über die Truppen innegehabt hatten. Auch wünschte Chaerea den Tod aller Angehörigen des Kaiserhauses. Er glaubte nämlich, ein jeder, der aus dieser Familie am Leben bliebe, könne dem Staat nur zum Nachteil gereichen. Zudem war sein Hass auf Caligula noch nicht gesättigt. Er beauftragte deshalb den Tribunen Lupus, Caesonia und die kleine Tochter ebenfalls zu töten. Ein Vorwand für ihre Schuld war schnell gefunden. War doch die Ehefrau des Kaisers in den Augen vieler die Urheberin all der Grausamkeiten gewesen, die man Caligula zur Last legte. Sie habe, so ließ man verlauten, ihren Gatten durch Zaubertränke ihren Wünschen gefügig und willfährig gemacht.

Lupus traf die Witwe neben der Leiche ihres Gatten am Boden liegend an, mit dessen Blut beschmiert. Sie weinte und jammerte, Gaius habe ja nicht auf sie hören wollen. Noch die Geschichtsschreiber viel späterer Epochen fragten sich, was die Frau damit gemeint habe. Hatte sie Gaius geraten, von seinen Gewalttaten abzusehen, damit sie nicht eines Tages auf ihn selbst zurückfielen? Oder hatte sie ihm empfohlen, noch härter durchzugreifen, nachdem die ersten Gerüchte über eine neuerliche geplante Verschwörung aufgekommen waren? Niemand weiß es. Nur so viel ist sicher: Mochte sie ihr Leben auch bislang nicht nach moralischen Grundsätzen gelebt haben, im Tod erwies sie sich als echte Römerin. Als sie Lupus erblickte, bat sie ihn, näher zu treten. Aber der Mann blieb wie angewurzelt stehen. Da erkannte sie seine Absicht und hielt ihm schicksalsergeben ihren entblößten Hals hin. Sie rief Götter und Menschen an und ermunterte ihn, mit der Ausführung seines Auftrags nicht zu zögern. Dann empfing sie mutig den Todesstoß von Lupus' Hand. Dieser aber eilte sogleich zu Chaerea zurück, um ihm den Vollzug zu melden …

Die Entscheidung des Senats zu Claudius' Gunsten fiel, wie gesagt, erst nach langer, äußerst kontroverser Debatte. Aber er konnte dem Ende der Diskussion gelassen entgegen sehen, hatte er doch jetzt mächtige Verbündete. Nicht nur die Soldaten standen geschlossen hinter ihm. In Rom weilte gerade Iulius Agrippa I., der in der Geschichtsschreibung gelegentlich auch Herodes Agrippa genannt wird. Wie bereits erwähnt, war er wie Claudius 10 v. Chr.

geboren worden und in Rom aufgewachsen. Dort hatte er sich nicht nur mit Claudius angefreundet, sondern sich auch das Wohlwollen Caligulas erworben, der ihn gleich nach seiner Thronbesteigung zum König einer verwaisten Tetrarchie in Kleinasien gemacht hatte. Herodes Agrippa war ein großer Bewunderer des Griechentums und baute in Berytes und anderswo im hellenistischen Stil, weshalb ihm seine Landsleute unjüdisches Verhalten vorwarfen. Um dieser nicht unberechtigten Kritik entgegen zu wirken, förderte er den unter seinem Großvater Herodes dem Großen in Jerusalem begonnenen Bau des Jahwe-Tempels und verfolgte die christliche Urgemeinde. Diese schillernde Persönlichkeit spielte bei Claudius' Thronbesteigung eine so maßgebliche Rolle, dass Agrippa ein paar Gedanken verdient.

Wiederum ist es Flavius Josephus, der ein Bild des prominenten Juden zeichnet.[6] Herodes Agrippa war, wie gesagt, der Enkel von Herodes dem Großen und dessen zweiter Ehefrau Mariamne, die als schönste Frau ihrer Zeit galt und von ihrem Mann wegen des Verdachts des Ehebruchs in einem Scheinprozess 29 v. Chr. zum Tode verurteilt und hingerichtet worden war. Herodes hatte von ihr ein Zwillingsbrüderpaar, Alexander und Aristobul, die von ihrem Vater nach einer Intrige ihres Halbbruders Antipater des Umsturzversuchs bezichtigt und ebenfalls hingerichtet worden waren. Marcus Iulius Agrippa, der Sohn Aristobuls, war beim Tod seines Vaters drei Jahre alt. Er kam nach Rom, wo Tiberius ihm später seinen Sohn Drusus anvertraute. Als Drusus starb, 23 n. Chr., ging Herodes Agrippa in den Osten zurück, um seinem Onkel Herodes Antipas zu dienen. Dreizehn Jahre später erschien er erneut in der Hauptstadt des Römerreichs und schloss mit Caligula Freundschaft.

Dem Charme des jüdischen Adeligen war nicht nur Augustus erlegen. Sein engster Freund an dessen Hof war Agrippa Postumus gewesen, jener bedauerliche Enkel des ersten Princeps, der den Regierungsantritt von Tiberius und Livia Drusilla nicht überlebt hatte. Beide, sowohl Postumus als auch der junge Jude, waren für ihren leichtsinnigen Lebenswandel bekannt. Herodes Agrippa brachte dabei ein beachtliches Vermögen durch, machte Schulden und tat sich schwer, diese wieder zu begleichen. Aber er hatte großzügige Freunde. Auch Claudius' Mutter Antonia war ihm sehr zugetan, so sehr, dass sie ihm Geld lieh, ohne je auf eine Rückzahlung hoffen zu können. Zeitweise ließen Agrippas Verpflichtungen ihn sogar an Selbstmord denken.

Im Jahre 6 n. Chr. hatte Augustus Judäa zur römischen Provinz erklärt, da sich die Nachfolger Herodes des Großen als schlechte Verwalter erwiesen hatten. Obwohl der Kaiser das jüdische Königtum damit abgeschafft hatte, betrachtete sich Herodes Agrippa als rechtmäßiger Herrscher des kleinen Landes am östlichen Mittelmeer. Nach Judäa konnte er aber nicht zurückkehren, da dort einer seiner Hauptgläubiger, Pontius Pilatus, als Statthalter eingesetzt war. Also ließ er sich samt Ehefrau Kypros und den Kindern im ägyptischen Alexandria nieder, wo eine große jüdische Gemeinde lebte. Es gelang ihm auch dort, Geld aufzutreiben. Der Vorsteher der alexandrinischen Juden lieh ihm eine größere Summe, sodass Agrippa nach Rom zurückkehren konnte. Die Familie wurde unterdessen nach Jerusalem in die Obhut des Hohepriesters gesandt.

„In Puteoli angelangt", schreibt Flavius Josephus, „schrieb Agrippa einen Brief an den Caesar Tiberius, der damals in Capreae zurückgezogen lebte, teilte ihm mit, er sei gekommen, um ihm pflichtgemäß seine Aufwartung zu machen, und bat um die Erlaubnis, sich in Capreae einfinden zu dürfen."[7] Angeblich freute sich der Kaiser darüber sehr, und Agrippa wurde beinahe wie ein hoher Staatsgast empfangen. Aber Tiberius' Freude währte nicht lange. Er erfuhr nämlich von Agrippas Schulden und auch davon, dass diese nie beglichen worden waren. So verbot er schließlich dem Juden den Zutritt zu seinem Palast. Antonia half dem in Ungnade Gefallenen aus seiner Not und lieh ihm 300.000 Sesterzen. Damit war das gute Einvernehmen mit Tiberius wiederhergestellt. Aber nur für kurze Zeit.

Aus Dankbarkeit der großzügigen Spenderin gegenüber freundete sich Agrippa jetzt mit deren Enkel an, Gaius Caligula. Als er nun eines Tages mit diesem „im Wagen ausfuhr, kam die Rede auf Tiberius. Da sprach Agrippa, weil sie unter sich waren, den Wunsch aus, Tiberius möge recht bald dem des Thrones viel würdigeren Gaius Platz machen …"[8] Dies hörte der Freigelassene Eustychus, der es dem Kaiser meldete, wobei er die Szene dramatischer wiedergab, als sie sich tatsächlich abgespielt hatte. „Gaius und Agrippa", gestand Eustychus, „fuhren einmal im Wagen aus, und ich saß zu ihren Füßen. Nachdem nun mancherlei Reden gewechselt waren, sprach Agrippa zu Gaius: Käme doch endlich der Tag, an dem der Alte das Zeitliche segnete und dich zum Herrscher des Erdkreises einsetzte! Denn sein Enkel Tiberius wird uns wenig zu schaffen machen, wenn du ihn aus dem Wege räumst, und es käme dann die ganze Welt und besonders ich in eine glückliche Lage."[9]

Diese Aussage hielt Tiberius für glaubwürdig, und er befahl dem Prätorianerpräfekten Macro, Agrippa in Fesseln zu legen. So wurde der hohe Gast im Purpurgewand abgeführt. Im Kerker näherte sich ihnen ein ebenfalls gefangener Germane. Mit Hilfe eines Dolmetschers sagte dieser Agrippa die baldige Befreiung und einen hohen politischen Aufstieg vorher …

Antonia, Agrippas Gönnerin, wagte es zwar nicht, sich bei Tiberius für ihn zu verwenden, da sie um die Sturheit ihres Schwagers wusste. Aber sie sorgte für angenehme Haftbedingungen, die dem Juden sein schweres Los erheblich erleichterten, bis sechs Monate später der Freigelassene Marsyas die erlösende Nachricht von Tiberius' Tod brachte. Gaius, der sogleich den Thron in Besitz nahm, befahl, Agrippa in das Haus zu bringen, das er vor seiner Gefangennahme bewohnt hatte. Einige Tage später wurde er in den Palast geführt, wo der neue Kaiser ihm das Haar scheren und ihn neu einkleiden ließ. „Dann setzte er ihm ein Diadem aufs Haupt, ernannte ihn zum König über die Tetrarchie, welche Philippus regiert hatte, … und gab ihm statt der eisernen eine goldene Kette von gleichem Gewicht."[10]

In Caligulas zweitem Regierungsjahr bat Agrippa um die Erlaubnis, für kurze Zeit in sein Reich reisen zu dürfen, um dort die Verhältnisse zu regeln. Er konnte sich jetzt offiziell „König der Juden" nennen, wovon er seit seiner frühen Kindheit geträumt hatte.

Selbst nach Caligulas Ermordung bekannte sich der König zu seiner Freundschaft. Er nahm sich des Leichnams an und erwies dem einstigen Gönner „alle Liebesdienste, die man einem Verstorbenen zu erzeigen pflegt; er hatte den Körper des Entseelten aufgehoben, ihn auf ein Ruhebett gelegt und, nachdem er die Leiche so gut wie möglich bedeckt hatte, sich zur Leibwache begeben …" Dort erfuhr er, dass sein anderer Freund, Claudius, von Soldaten entführt worden war. Er eilte dem kleinen Trupp nach, den er gerade noch rechtzeitig erreichte. Denn der Senat hatte eine Abordnung zu Claudius geschickt, die ihn auffordern sollte, freiwillig auf den Thron zu verzichten. Dieser „war in seiner Verwirrung schon geneigt, dem Senat nachzugeben …"[11] Agrippa war es, der ihm dringend davon abriet. Er sprach ihm Mut zu und beschwor ihn, die Herrschaft fest zu behaupten. Und der von den eingeschriebenen Vätern noch nicht anerkannte Princeps versicherte diesen, er verstehe durchaus, dass man angesichts der Grausamkeit früherer Machthaber seinem Anspruch skeptisch gegenüber stehe. Aber er werde sie schonend behandeln, er wolle sich nur den Titel des Herrschers sichern, die Herrschaft selbst aber mit ihnen teilen.

Die Soldaten, die hinter Claudius standen, gaben schließlich den Ausschlag, unterstützt von Gladiatoren, Vertretern der Nachtwache und Schiffsruderern, die bewaffnet in die Kaserne geströmt waren.

Vor allem die Mörder Caligulas widersetzten sich Claudius' Ansinnen. Es sei doch erbärmlich, meinte Chaerea, dass man statt eines Wahnsinnigen nun einen Narren zum Herrscher machen wolle. Dafür habe er Rom nicht aus den Fängen eines Caligula befreit. Doch die Soldaten achteten nicht auf seine Worte. Mit gezückten Schwertern und erhobenen Feldzeichen stellten sie sich vor Claudius, sodass sich der Senat all seiner Verteidiger beraubt sah und schließlich doch zähneknirschend der Inthronisierung zustimmte.

Jetzt ging in der erlauchten Versammlung allerdings die Angst um. Wie würde sich der neue Kaiser in seinem Zorn gegenüber den Senatsmitgliedern tatsächlich verhalten? Schon bereuten einige, ihr Einverständnis erteilt zu haben, allen voran Sabinus, der mit Chaerea gemeinsam das Attentat auf Caligula geplant und ausgeführt hatte. Eher würde er sich das Leben nehmen, ließ er die versammelten Väter wissen, als diese Thronbesteigung hinnehmen und den Staat in eine erneute Knechtschaft stürzen. Seinem Mitverschworenen warf er vor, er passe sich allzu leichtfertig an und hinge zu sehr am Leben. Chaerea erwiderte, er fürchte sich keineswegs vor dem Tod, aber er wolle zuerst Claudius' wahre Gesinnung prüfen.

Doch dazu kam er nicht. Der neue Kaiser begab sich in den Palast und rief seine Räte zusammen, um abzustimmen, was mit Chaerea zu geschehen habe. Ihnen allen, so wieder der jüdische Geschichtsschreiber, erschien zwar nach wie vor die Tat lobenswert, aber nicht der Täter, den sie der Untreue bezichtigten und dessen Bestrafung sie verlangten, schon, um künftigen potenziellen Attentätern ein warnenden Beispiel zu geben. So wurde Chaerea dem Scharfrichter übergeben, und Lupus und viele andere am Mord Beteiligte teilten sein Schicksal.

Chaerea sollte sich bei seiner Hinrichtung als echter Römer erweisen. Er mag geahnt haben, dass ihm als Tyrannenmörder ein Platz in den Annalen sicher war. Er wechselte nicht einmal die Gesichtsfarbe, als man ihn zur Richtstätte führte, und tadelte Lupus, der sich entkleidete und über die Kälte klagte, die ihn umfing. Als der Zug, begleitet von einer großen Volksmenge, am Zielort angekommen war, fragte Chaerea den Soldaten, der ihn köpfen sollte, nur, ob er denn schon Übung in Henkersdiensten habe. Dann ließ er das Schwert bringen, mit dem er selbst Caligula ermordet hatte. „Ein einziger glücklicher Streich machte seinem Leben ein Ende; dem Lupus dagegen erging es nicht so gut, weil er aus Zaghaftigkeit den Hals nicht gehörig vorstreckte, sodass der Hieb wiederholt werden musste."[12]

Nur wenige Tage später ehrte man Chaerea, um seinen Geist zu versöhnen. Man warf nach alter Tradition Opferkuchen ins Feuer und flehte den Getöteten an, gnädig zu sein und in jener fernen Welt der Schatten über den ihm erwiesenen Undank nicht allzu sehr zu zürnen.

Sabinus hingegen wurde von Claudius freigesprochen und erhielt sogar die Erlaubnis, seine frühere Tätigkeit fortzusetzen. Aber er ertrug den Gedanken nicht, ungeschoren davonzukommen, während andere an der Verschwörung Beteiligte ihren Mut so teuer bezahlt hatten. So beendete er selbst sein Leben, indem er sich sein Schwert bis zum Schaft in den Leib stieß.

Man tut sicherlich gut daran, bei dem Bericht über Claudius' Thronbesteigung der Überlieferung des Flavius Josephus zu vertrauen. Der jüdische Geschichtsschreiber kam 70 n. Chr. nach der Zerstörung Jerusalems und des Tempels im Gefolge des Titus, des Sohnes Vespasians und nachmaligen Kaisers, nach Rom, wo er am Hofe von Vespasian selbst den Auftrag erhielt, einen umfassenden Kriegsbericht zu erstatten. Er beschäftigte sich zudem mit der Geschichte des Judentums von der Weltschöpfung bis zu seiner Zeit. Als er bei Hofe zu wirken begann, war Claudius erst 16 Jahre tot, die Erinnerung an ihn noch allseits lebendig, und es waren viele seiner Zeitgenossen noch am Leben. Andere Historiker, so etwa Tacitus, Suetonius Tranquillus und nicht zuletzt Dio Cassius haben erst viel später aufgeschrieben, was sie vom Hörensagen und aus vorhandenen Quellen kannten. Zeitzeugen der Inthronisierung des Claudius dürfte es allenfalls noch für Tacitus gegeben haben. Der Bericht über die Herrschaft Caligulas und die ersten Regierungsjahre dessen Onkels ist jedoch verloren gegangen.

Die meisten Senatoren hatten, wie sich bald zur allgemeinen Erleichterung herausstellte, vom neuen Kaiser tatsächlich nichts zu befürchten. Zu Claudius' ersten Amtshandlungen gehörte der Erlass einer Amnestie, von der, wie gesehen, nur die Mörder seines Neffen ausgenommen waren. Der neue Kaiser war überhaupt um Abbau der Spannungen zwischen ihm und dem Senat bemüht. Er entfernte nur all die Männer, die er für unzuverlässig hielt. Daraufhin erließ er eine Verordnung, die Agrippa, dem er zu größtem Dank verpflichtet war, die Herrschaft bestätigte, die Caligula diesem bereits verliehen hatte, ja, er ergänzte den Einflussbereich des Juden um ganz Judäa, Samaria und weite Teile des heutigen Libanon, sodass Agrippa schließlich über ein Reich herrschte, das in seiner Ausdehnung dem seines Großvaters Herodes des Großen entsprach.

Der Beginn von Claudius' Regentschaft stand, wie gesagt, ganz im Zeichen von Versöhnung und Ausgleich. Selbst dem Andenken des verhassten Vorgängers, unter dem er nur Spott und Hohn erlitten und der ihn unablässig gedemütigt und mit dem Tod bedroht hatte, begegnete er versöhnlich. Der Senat forderte, über Caligula die *damnatio memoriae* zu verhängen, die Tilgung des Andenkens, was Claudius jedoch nicht gestattete. Immerhin aber ließ er alle Statuen des Vorgängers beseitigen, möglicherweise in der Hoffnung, diese Maßnahme würde genügen, um die Erinnerung an den bislang schrecklichsten Tyrannen in der Geschichte Roms auszulöschen.

Nachdem der Senat dem neuen Kaiser die *tribunicia potestas*, die Amtsgewalt, die in voraugusteischer Zeit der Volkstribun ausgeübt hatte, und das *imperium proconsulare*, die rechtliche Basis für die Befehlsgewalt über die Legionen in den Grenzprovinzen, verliehen hatte, die üblichen Rechte, die den Princeps auszeichneten, trat er die Herrschaft an. Zu ihrer Legitimierung nahm er das Cognomen Caesar an und, wie seine beiden Vorgänger, den Namen Augustus, was so viel wie „Der Erhabene und der in Ehrfurcht zu Verehrende" bedeutet. Auch den Ehrennamen Germanicus behielt er bei. Jedermann sollte an dieser Namensvielfalt erkennen, wem sich der neue Kaiser verpflichtet fühlte und an wen seine Herrschaft erinnern sollte. Er stand ganz in der Tradition eines Augustus, des Sohnes Caesars, der der Welt den nach ihm benannten Frieden, der Wohlstand und den frohen Genuss der Menschlichkeit geschenkt hatte. Und er war der Bruder des Germanicus, dessen Andenken noch im ganzen Reich lebendig war. Auch als *filius Drusi* trat Claudius auf, als Sohn des Drusus, um das Volk an seinen legendären Vater zu erinnern, den er selbst nie hatte kennenlernen dürfen.

29 n. Chr. war, wie früher erwähnt, seine Großmutter gestorben, Iulia Augusta, hoch angesehen und hoch geehrt, die ihm nie gewogen gewesen war. Sein Vorgänger hatte die Urgroßmutter oft wenig respektvoll einen „Odysseus im Weiberrock" genannt. Und doch ließ Claudius sie jetzt unter die Götter Roms aufnehmen, um seine eigene Herkunft weiter aufzuwerten. Wer von Roms Sterblichen konnte schon seine Abstammung auf mehrere Götter stützen?

Schließlich war auch der Senat weitestgehend zufrieden und würdigte Claudius' Entgegenkommen und sein Versprechen einer engen Zusammenarbeit. Der Princeps beteiligte die eingeschriebenen Väter demonstrativ an seinen Entscheidungen, schaffte die verhassten Prozesse wegen Majestätsbeleidigung ab und behandelte die Senatoren wie Standesgenossen.

Und dennoch blieben manche von ihnen dem neuen Kaiser gegenüber feindlich gesinnt, und immer wieder gab es Putschversuche, die Claudius zu zahlreichen Hinrichtungen zwangen.

Erste Regierungsjahre

Bereits im Jahr nach seinem Regierungsantritt sah Claudius sein Leben und seine soeben erst erworbene Stellung bedroht. Er ordnete Sicherheitsmaßnahmen an, die seine gesamte Regentschaft begleiten und überschatten sollten.

Was war geschehen? Furius Camillus Scribonianus, der Statthalter von Dalamatien, hatte einen Putschversuch unternommen, der jedoch rechtzeitig unterdrückt werden konnte. Wahrscheinlich hatte er nicht einsehen können, dass ein Angehöriger des römischen Hochadels die Würde des Kaisers nicht ebenso gut vertreten könnte wie ein behinderter Claudius, der am Hof seines Neffen nur Zielscheibe des Spottes der Höflinge gewesen war. Wie konnte sich Claudius danach noch sicher fühlen? Die meisten Führer Roms hatten Beziehungen zur früher staatstragenden Nobilität oder gehörten ihr sogar selbst an. Niemand konnte vorhersagen, ob sich ein solcher Vorfall nicht wiederholte. Und tatsächlich sollten ihm im Laufe seiner Regierungszeit noch weitere Verschwörungen das Leben schwer machen.

Nach der Bestrafung des Scribonianus war Claudius verwirrt und konnte nun noch schwerer vergessen, dass die Senatoren ihn eigentlich gar nicht auf dem Thron hatten sehen wollen. Dennoch brach er nicht vollständig mit dem Senat, wie es vor ihm Caligula getan hatte, sondern bemühte sich als glühender Verfechter römischer Tradition, den Senatoren die überlieferten Ehrenbezeugungen peinlich genau zuzuerkennnen und ihnen mit ausgesuchter Höflichkeit zu begegnen.

Trotz allen guten Willens kann es für Claudius anfangs nicht ganz einfach gewesen sein, sich in den Alltag eines Staatslenkers einzufinden. Er hatte bisher das Leben eines unabhängigen Gelehrten geführt und war auf seine schwierige Aufgabe nie vorbereitet worden. Seine Vorgänger hatte er, den man Zeit seines Lebens vor der Öffentlichkeit versteckt hatte, allenfalls aus der Ferne beobachtet, wenngleich nicht unkritisch. Vor allem seinem Neffen Caligula war er stets mit besonderer Vorsicht und berechtigtem Misstrauen begegnet.

Ansonsten hatte er bislang als Privatier gelebt, als ungeliebtes Mitglied des Kaiserhauses zwar in gewisser Weise privilegiert, aber weitestgehend unbeachtet und von aller Verantwortung für das Allgemeinwohl fern gehalten. Und doch dürfte er als begeisterter Historiker politische Abläufe zumindest in der Theorie gekannt haben.

Allein über das zu seiner Zeit nahezu ganz verschwundene Volk der Etrusker hatte er ein zwanzigbändiges Werk verfasst und in griechischer Sprache ein achtbändiges über die Karthager, die Rom im Jahr 146 vor Beginn der neuen Zeitrechnung unterworfen und dem römischen Imperium eingegliedert hatte. Daneben hatte er an einer Autobiografie gearbeitet, und auch eine Verteidigungsschrift Ciceros befand sich unter seinen Werken. Doch würde er als Princeps noch Zeit finden, sich historischen Themen zu widmen, zu forschen und seine Erkenntnisse, Erfahrungen und Gedanken einer interessierten Nachwelt zu bewahren? Es ist überliefert, dass er auch als Kaiser nicht aufhörte, sich dieser Leidenschaft hinzugeben. Die Geschichtsschreibung rügt bis heute, er habe sich im politischen Tagesgeschäft zu wenig selbst gekümmert, sich zu sehr auf seine Freigelassenen gestützt und sei von ihnen und seinen Ehefrauen, besonders der ehrgeizigen Agrippina, manipuliert worden.

Claudius stand im 51. Lebensjahr, als ihm der Thron in den Schoß fiel wie eine reife Frucht. Er hatte sich vor allem von seinem Freund Herodes Agrippa überreden lassen, die Macht, die ihm so unverhofft zugefallen war, als besonderes Wohlwollen des Schicksals und ausgleichende Gerechtigkeit für alle Schmach, die ihm in den vergangenen 50 Jahren seines Lebens zugefügt worden war, festzuhalten. Und trotz aller Einmischung sahen zumindest die ersten Regierungsjahre einen Kaiser, der äußerst umsichtig die Verhältnisse ordnete, und Rom eine Verschnaufpause von all den kaiserlichen Launen verschaffte, von denen es unter seinen beiden Vorgängern traktiert worden war. Vor allem die oberste römische Schicht, der Senatsadel, dürfte aufgeatmet haben.

Es ist verständlich, dass zu Claudius' ersten Amtshandlungen die weitere Erhöhung seiner Vorfahren gehörte, da er damit ja gleichzeitig sich selbst aufwertete. Er beschloss, dass kein Schwur höher zu achten sei als der bei Augustus. Nach der Apotheose seiner Großmutter Livia Drusilla bestimmte er, dass ihr im Zirkusumzug ein von Elefanten gezogener Wagen, vergleichbar dem des Augustus, bewilligt wurde. Er ehrte die hohe Verstorbene nicht nur durch Ritterspiele. Er ließ auch eine Bildsäule der Augusta im Tempel ihres Mannes aufstellen und durch Vestalinnen Opferdienst verrichten. Fortan sollten die Frauen Roms bei der neuen Halbgöttin schwören.[1]

Auch seinen Eltern ließ er postum Ehren zukommen. Seines Vaters Drusus, der, wie wir gehört haben, im hohen Norden des Römerreichs nach einem Reitunfall ums Leben gekommen war, wurde zum Geburtstag in öffentlichen Spielen gedacht. Und das Bildnis seiner Mutter Antonia, die er trotz ihrer Verachtung für ihn geliebt hatte, sollte künftig auf einem Wagen durch den Zirkus geführt werden. Zudem verlieh er ihr den Beinamen Augusta, dessen Annahme sie zu Lebzeiten immer abgelehnt hatte.

Zu Ehren des Andenkens seines Bruders Germanicus ließ er bei Wettspielen in Neapel eine von diesem verfasste Komödie aufführen. Er sorgte auch dafür, dass sie von den Schiedsrichtern mit einem Preis gewürdigt wurde. Selbst Marcus Antonius, so der antike Biograf, „ging nicht ohne Ehren und dankbare Erwähnung aus. Claudius erklärte nämlich einmal in einem Edikt, er bitte umso dringender, dass der Geburtstag seines Vaters Drusus festlich begangen werde, da auf den gleichen Tag auch der Geburtstag seines Großvaters Antonius falle“[2].

Am 1. August, seinem eigenen Geburtstag, wurden zwar Pferderennen veranstaltet, aber nicht ihm zu Ehren, sondern weil der Marstempel, eines der wichtigsten Heiligtümer der Stadt, an diesem Tag geweiht worden war und in Spielen alljährlich daran erinnert werden wollte.

Sogar für Tiberius, der Claudius Zeit seines Lebens nur Verachtung entgegen gebracht hatte, hielt er Ehrungen bereit. Der Kaiser, dessen Leiche das römische Volk am liebsten in den Fluten des Tibers versenkt hätte, erhielt neben dem Pompeius-Theater mitten in der Stadt einen marmornen Triumphbogen. Den zu errichten hatte zwar der Senat schon lange beschlossen, den Bau jedoch bislang nicht ausgeführt.

Schließlich trug Claudius nicht einmal seinem Neffen Caligula etwas nach. Er erklärte nur alle Erlasse des Getöteten für nichtig, entfernte, wie wir gehört haben, Caligulas Bildnisse und tilgte die zu dessen Ehren angebrachten Inschriften. Und er verbot den Tag der Ermordung in die Liste der Festtage aufzunehmen, wie es vom Senat beabsichtigt worden war, obwohl es sich dabei ja auch um den Tag seiner eigenen Thronbesteigung handelte.

Vorbildlich für einen so hoch gestellten Römer war Claudius' Bescheidenheit, die sich angenehm von der Überheblichkeit seines Vorgängers Caligula unterschied. So wies er übertriebene Ehrbezeugungen, wie sie Caligula von seinen Untertanen erwartet, ja verlangt hatte, zurück, weigerte sich, den Namen Imperator seiner Namenvielfalt hinzuzufügen und beschränkte sich beim Feiern von Familienfesten mit der Teilnahme seiner Angehörigen.

Der Titel *Imperator*, ließ er die eingeschriebenen Väter wissen, stünde ihm nicht zu. Er gebühre nur jenen, die sich militärischer Erfolge rühmen könnten, was bei ihm ja nicht der Fall sei. Zumindest in dieser Hinsicht sollte sich bald mit seinem erfolgreichen Feldzug nach Britannien etwas ändern.

Hatten Augustus und Tiberius Familienfeste von Angehörigen des Kaiserhauses stets so begangen, als handelte es sich um öffentliche Angelegenheiten und Staatsakte von für Rom schicksalhafter Bedeutung, bemühte er sich, auch hier in allem Maß zu halten. Die Verlobung der einen und die Hochzeit der anderen Tochter, sowie den Geburtstag seines Enkels feierte er im engsten Familienkreis. Die eine, Octavia, verlobte er bald nach seinem Regierungsantritt mit L. Iunius Silanus, die andere vermählte er Gn. Pompeius Magnus, ohne jeweils besonderes Aufsehen darum zu machen. Im Gegenteil! An beiden Tagen sprach er Recht und nahm auch an den anberaumten Senatssitzungen teil. Zuerst kam die Pflicht, das heißt, die Sorge um Rom und das Imperium. Danach konnte man sich Familienangelegenheiten widmen.

Anfangs gestaltete sich das Verhältnis zu seinen Schwiegersöhnen günstig. Sie wurden in das Zwanzigmännerkollegium aufgenommen, das Claudius bei der ungewohnten Regierungsarbeit unterstützte. Er ernannte sie auch zu Stadtpräfekten für die Zeit des Latinerfestes. Erst später durften sie sich auch fünf Jahre vor dem gesetzlich festgelegten Mindestalter um andere öffentliche Ämter bewerben.

Die *feriae Latinae* gehörten zu den wichtigsten Ereignissen des an solchen Veranstaltungen nicht armen römischen Festkalenders. Sie wurden seit alters her zu Ehren des Jupiter Latiaris, des Gottes des Latinerbundes, gefeiert, ursprünglich auf den Albaner Bergen. Nach dem Untergang der Stadt Alba Longa, der Vorläuferin Roms, gingen sie auf die Hauptstadt über. Schon zu Jahresbeginn wurden sie von den neu gewählten Konsuln angesagt und in der Kaiserzeit regelmäßig im Sommer über mehrere Tage abgehalten. Alle römischen Beamten waren zur Teilnahme verpflichtet, sogar die Volkstribunen, die früher Rom nur zu dieser Veranstaltung hatten verlassen dürfen. Daher wurde für die Zeit ihrer Abwesenheit ein *praefectus urbis* bestellt, ein uralter Brauch, der sich weit in die Kaiserzeit hinein rettete und an dem auch Claudius festhielt.

Es gab weitere Anzeichen dafür, dass er es mit seiner Ankündigung, den Senat an seinen Entscheidungen teilhaben zu lassen, ernst meinte. Für alle Beschlüsse, die über die Palastmauern hinaus wirkten, holte er die Zustimmung der versammelten Väter ein, so etwa, wenn er beabsichtigte, von seinen Vorgängern Verbannte nach Rom zurückzurufen, sie in ihre alten Rechte wieder einzusetzen und ihnen ihr Vermögen zurückzuerstatten. Zu den solcherart Begnadigten gehörten auch seine Nichten Livilla und Agrippina, die, wovon er augenblicklich noch nichts ahnte, dereinst in seinem Leben eine entscheidende Rolle spielen sollte. Er bat die Senatoren zudem um die Vergünstigung, die Kommandanten der Leibgarde und ihre Tribunen als Begleiter in die Kurie mitnehmen zu dürfen. Es heißt auch, seine Angst vor Attentaten ließ ihn nie ohne Körperschutz das Haus verlassen. Männer und Frauen, die zu ihm vorgelassen werden wollten, hatten sich zuvor einer strengen Leibesvisitation zu unterziehen. Es sollte vermieden werden, dass sie Waffen in die Nähe des Princeps schmuggelten und sich das Schicksal Caligulas möglicherweise wiederholte. Seine Furcht war umso berechtigter, als er gehört hatte, dass es Angehörige des Stadtadels gab, die von sich behaupteten, mehr Anspruch als dieser Behinderte auf die Führungsrolle im römischen Staat zu haben. Diese Bange um sein Leben und den von ihm trotz aller Bedenken angenommenen Thron war es schließlich auch, dass er die am Attentat an Caligula unmittelbar Beteiligten zur Verantwortung zog, während deren Sympathisanten ungeschoren davonkamen. Er wollte ein Exempel statuieren: Alle, die einem Kaiser aktiv nach dem Leben trachteten, mochte der nun ein verhasster Tyrann sein oder auch nicht, hatten mit ihrem eigenen dafür zu bezahlen.

Er verbot, das Knie vor ihm zu beugen und ihm Opfer darzubringen, wie es Caligula von seinen Römern verlangt hatte. Sein wacher Verstand sagte ihm, dass er trotz seiner nunmehr herausragenden Stellung Mensch geblieben war. So stellte er auch die übertriebenen Freudenrufe ab, die sein Erscheinen überall begleiteten, und begnügte sich mit den üblichen Höflichkeitsformen. Er erlaubte das Aufstellen eines einzigen Porträts aus Silber und zweier Standbilder seiner Person aus Erz und Marmor, die ihm bald nach Antritt seiner Herrschaft gewidmet wurden. Er hielt derlei Ehrungen für entbehrlich, verursachten sie in seinen Augen doch nur Kosten und gaben nicht selten Anlass zu Unruhen in der Stadt. Nicht nur der Palast quoll über von kaiserlichen Konterfeis. Auch Tempel und profane Bauwerke waren voll von solchen Weihegeschenken, sodass man sie nicht noch mit seinen Abbildungen vermehren musste.

Im Übrigen verzieh er, wie gesagt, allen, die sich noch vor kurzem gegen ihn gestellt hatten, außer natürlich Caligulas Mördern. Er schaffte auch die Anklagen wegen Majestätsbeleidigung ab, die das Verhältnis zum Senatsadel vergiftet hatten, wie er es anfangs versprochen hatte, und verzichtete selbst bei denen auf Rache, die ihm unter Tiberius oder seinem Neffen so übel mitgespielt hatten. Nur wenn er einen seiner Gegner oder offenen Kritiker eines anderen Vergehens schuldig fand, ließ er ihn auch das, was er früher verbrochen hatte, entgelten.[3]

Gaius' verschwenderischer Lebensstil hatte Unsummen verschlungen, sodass der junge Kaiser ständig neue Einnahmequellen erschließen musste, um sein Luxusleben zu finanzieren. Das erschien Claudius umso verwerflicher, als Tiberius, ein Muster an Sparsamkeit, die fast schon an Geiz grenzte, eine wohlgefüllte Staatskasse hinterlassen hatte, ohne die Steuern erhöht oder in größerem Maße auf das Vermögen der Wohlhabenden zurückgegriffen zu haben. Claudius wollte dem Onkel in dieser Hinsicht nicht nachstehen. Er hob deshalb die von Caligula erlassenen Steuergesetze auf, nicht alle auf einmal, wie Dio Cassius bemerkt, sondern nach und nach, wie sich die Gelegenheit dazu bot.[4]

Es sprach für Claudius' Höflichkeit, dass er immer, wenn sich im Senat die Konsuln von ihren Amtssesseln erhoben, um ihm etwas vorzutragen, er ebenfalls aufstand und ihnen entgegentrat. Er stand aber auch auf, wenn ein Senator schon zu lange gesprochen hatte. Wohl wegen seiner körperlichen Behinderung brachte er seine Vorschläge und Erlasse sitzend vor. Dem Senator L. Sulla, der wegen seines hohen Alters schwerhörig war, und von seinem Platz aus nichts mehr verstehen konnte, gestattete er, sich auf die Prätorenbank zu setzen, damit er der Sitzung ohne große Anstrengung folgen konnte. Wir haben uns also diesen Mann zumindest zu Beginn seiner Herrschaft als einen freundlichen älteren Herrn vorzustellen, der auf eine gute Kinderstube zurückblickte und auf höfliche, aber keineswegs kriecherische Umgangsformen Wert legte. Mit einer gewissen Berechtigung nannte ihn deshalb der antike Historiker einen „Ausnahmekaiser".[5]

Unter Claudius' Vorgängern, vor allem unter Gaius Caligula, war es üblich geworden, dem Kaiser Geldgeschenke zu machen und ihn zumindest als Miterben einzusetzen. Das und der oft willkürliche Vermögenseinzug, der besonders Wohlhabenden drohte, hatte manche Familie in den Ruin getrieben, und auch Claudius hatte die kaiserliche Willkür in finanziellen Dingen leidvoll erfahren. Damit, so beschloss er, müsse jetzt Schluss sein. Es sei, so meinte er, eines Staatslenkers unwürdig, seine Untertanen derart auszupressen. Jeder, dem das in den letzten Jahrzehnten widerfahren war, konnte sich jetzt über die Rückgabe seines Vermögens freuen. Bei mittlerweile Verstorbenen traten die Nachkommen an dessen Stelle.

Claudius führte in Rom neue Sitten ein, indem er die alten, längst vergessenen, wiederbelebte. So war es beispielsweise üblich geworden, dass sich die Statthalter, ehe sie in die Provinzen aufbrachen, vor dem Senat beim Kaiser bedankten. Er aber meinte, nicht sie seien ihm Dank schuldig, als hätten sie mit der Entsendung eine besondere Gunst erfahren, sondern er ihnen, da sie ihm doch halfen, die schwere Regierungsarbeit zu tragen, und sie würden sich noch größeren Dank verdienen, wenn sie die ihnen anvertrauten Ämter gewissenhaft verwalteten.[6]

Hatten Tiberius und Caligula durch Verbreitung von Angst und Schrecken versucht, sich im Senat Anerkennung zu verschaffen, gelang das Claudius allmählich durch diese betonte Höflichkeit. So saß er während der regulären Sitzungen mitten unter den Senatoren, und er sprach nur, wenn er an der Reihe war. Um das Verhältnis zu den Stadtvätern weiter zu entspannen, zeichnete er viele seiner Kollegen mit den *ornamenta triumphalia* aus, den Ehrenzeichen verdienter Feldherrn, da der Triumph selbst nur noch dem Kaiser vorbehalten war. Auch ernannte er die besonders verdienten Senatoren zum *consul suffectus*, zum nachgewählten Konsul, um möglichst viele mit dieser Ehre auszeichnen zu können. Denn es konnte immer noch nur der zum inneren Kreis der römischen Nobilität gehören, der einen Konsul zu seinen Ahnen zählte. So wurde etwa Lucius Vitellius, der mit Claudius im Jahr 47/48 das Amt des Censors versah, gleich dreimal zum Konsul ernannt.

Als weiteren besonderen Gunstbeweis gab Claudius dem Senat die Verwaltung der Provinzen Macedonia und Achaia zurück, die bislang unter kaiserlicher Aufsicht gestanden hatten. Und das erste Mal seit den Zeiten des Augustus war es den Senatoren auch wieder erlaubt, eigene Bronzemünzen zu prägen.

War es einmal unumgänglich, Senatsmitglieder auszuschließen, versuchte Claudius, sie durch geeignete Männer aus den Provinzen zu ersetzen. In einer von Tacitus überlieferten Rede äußerte er sich kritisch darüber, dass viele Senatsmitglieder auf diese Leute verächtlich herabsahen. Er wies darauf hin, dass schon früher fähige Männer aus den Provinzen nach Rom geholt worden waren und dadurch „dem erschöpften Reiche unter die Arme gegriffen wurde … Hat man es denn zu bereuen“, fragte er, „dass die Balber aus Spanien und nicht minder hervorragende Männer aus dem narbonensichen Gallien herüber gekommen sind? Noch leben ihre Nachkommen und stehen uns in der Liebe zu dieser Vaterstadt nicht nach … Fremdlinge haben die Königsherrschaft über uns ausgeübt“, fuhr er fort, „Söhne von Freigelassenen erhielten Staatsämter, und zwar nicht, wie so viele sich einbilden, erst kürzlich, sondern nach einem schon früher vom Volk geübten Brauch … Nun mögen sie, durch ihre Sitten, ihre Bildung und ihre Verwandtschaft mit uns vermischt, ihr Gold und ihren Reichtum lieber zu uns bringen als für sich besitzen. Alles, versammelte Väter, was man jetzt für uralt betrachtet, ist einmal neu gewesen … Auch dies wird veralten, und wofür wir heute unter Berufung auf Beispiele eintreten, das wird einmal selbst als Beispiel dienen.“[7]

Nach diesen beschwörenden Worten fassten die Senatoren den Beschluss, als Ersten den Äduern das Recht der Senatorenwürde zu verleihen. Denn es bestand ein altes Bündnis mit diesem Stamm, der als Einziger unter den gallischen den Namen „Brüder des römischen Volkes“ führte.

In diesen Tagen nahm Claudius weitere Familien in den Adelsstand auf, da er mit großer Besorgnis feststellte, dass diese Gesellschaftsschicht schrumpfte. Es waren nämlich, so der antike Historiker, selbst diejenigen Geschlechter ausgestorben, die Caesar während seiner Diktatur durch das Cassische Gesetz und Augustus in den ersten Stand erhoben hatten.

Es gab auch Senatoren, die sich ihres hohen Ranges unwürdig erwiesen. Doch Claudius entfernte sie nicht gewaltsam aus dem Senat. Jeder sollte in sich gehen und die Möglichkeit erhalten, das erlauchte Gremium freiwillig zu verlassen. Die, die sich weigerten und durch das Urteil der Censoren entlassen werden mussten, wurden gemeinsam mit den freiwillig Ausgetretenen bekannt gegeben, um die Schande der Verurteilung zu mildern.

Der neue Kaiser legte auch großen Wert darauf, dass die Stadtväter zu den anberaumten Sitzungen pünktlich und vollzählig erschienen. Er selbst ging mit gutem Beispiel voran und bemühte sich, bei keiner Versammlung zu fehlen. Nur verarmte Adelige waren von dieser Verpflichtung ausgenommen. Gegen Säumige, so heißt es, verfuhr er mit solcher Strenge, dass sich einige sogar das Leben nahmen. Doch stets bemühte er sich, das Verhältnis zum Senat nicht zu trüben. Er verhielt sich gütig und wohlwollend gegen seine Mitglieder, besuchte sie, wenn sie krank waren, und half vielen, die unverschuldet verarmt waren, aus ihrer Not. Für sich selbst beanspruchte er wenig. Zum Jahrestag seiner Thronbesteigung erhielten die Leibwächter je 25 Denare Sonderzahlung. Ansonsten feierte er diesen Tag nicht. Nur einige Prätoren begingen ihn und auch den Geburtstag der Kaiserin Messalina, Claudius' dritter Ehefrau, ohne sein Zutun öffentlich mit einem Fest. Selbst als Claudius ein weiterer Sohn geboren wurde, der die Namen Claudius Tiberius Germanicus und später Britannicus erhielt, gab es für die Römer keine besondere Feier, obwohl man das offensichtlich erwartet hatte. Dem Kaiser war anlässlich der Geburt des Thronfolgers sogar der Ehrenname Augustus und seiner Ehefrau Messalina Augusta angeboten worden.

Bei aller Zurückhaltung legte er doch größten Wert auf die Einhaltung der überlieferten Sitten und üblichen Standesunterschiede. Dennoch sah er auf die Freigelassenen, die sich als tüchtige Stützen von Staat und Gesellschaft erwiesen, nicht mit dem Hochmut des Aristokraten herab, bediente er sich doch selbst fähiger Freigelassener wie Narcissus oder Pallas bei seiner verantwortungsvollen Regierungsarbeit. Doch hatten unter Tiberius und Caligula Sklaven und Freigelassene durch falsche Anzeigen ihre Herren oft ins Unglück gestürzt. Sie sahen sich jetzt einer gnadenlosen Bestrafung ausgesetzt. Claudius schickte sie in die Arena zu den von ihm so geliebten Gladiatorenspielen, verurteilte sie zum Tod oder übergab sie ihren früheren Herren zur Bestrafung, die auf öffentlichen Plätzen vollzogen wurde. Dabei musste einmal sogar eine auf dem Forum aufgestellte Bildsäule des Augustus entfernt werden, da Claudius der Auffassung war, es gezieme sich nicht, das Bildnis des Erhabenen die Vollstreckung so vieler Körperstrafen und Todesurteile mitansehen zu lassen, obwohl man die Säule immer verdeckt hatte. Damit, so der antike Biograf, habe er sich vor seinen Römern lächerlich gemacht, denn er selbst habe sich angeblich an den blutigen Hinrichtungen nicht sattsehen können.

Trotz allen Entgegenkommens standen Angehörige der Oberschicht vielen von Claudius' Maßnahmen ablehnend, ja feindlich gegenüber. Aber der neue Kaiser verstand es, die Macht nach und nach in seiner Person zu zentralisieren und damit gleichzeitig den Senat auszuschalten. Er bediente sich zunehmend Prokuratoren aus dem Ritterstand und Freigelassener, die ihm seine Stellung nicht streitig machen konnten. Vor allem die Finanzpolitik war von ihnen besetzt. Diese Männer ehrte er auf auffällige Weise, so etwa seinen Vertrauten Pallas, der die *ornamenta praetoria* erhielt, eine exklusive Würdigung, die bislang Senatsmitgliedern vorbehalten gewesen war. Für den Historiker, der die Geschehnisse rückblickend betrachtet, mag die Inanspruchnahme erfahrener und kompetenter Ratgeber vernünftig erscheinen. Die römische Oberschicht reagierte verstimmt. Sie argwöhnte, dass sich der Kaiser aller Römer von Freigelassenen beherrschen ließ.

Nicht nur das war der Grund, dass es in Claudius' Regierungszeit immer wieder Putschversuche gab, die er mit Gewalt ahnden ließ. Folgen wir Suetonius, so sollen unter seiner Herrschaft nicht weniger als 35 Senatoren und 300 Ritter ihr Leben gewaltsam verloren haben, hauptschlich, weil sie die *res publica* wiederherstellen oder sich selbst des Thrones bemächtigen wollten.

Verschwörungen und die Rechtspolitik des Kaisers

Zu Claudius' Regierungszeit lebte in Rom eine Frau, die als eine der hervorragendsten Römerinnen in die Geschichte einging. Ihr Name war Arria, und sie war die Gattin des Caecina Paetus, eines Angehörigen der Senatsaristokratie. Der junge Plinius hat ihrem Andenken einen ganzen Brief gewidmet[1], und auch in ihrer Familie wurde die Erinnerung an sie hoch gehalten. Sie wurde nun Opfer von Claudius' Furcht vor Verrat, eher zufällig, weil sie ganz dem Ideal der römischen Matrone entsprach.

Es traf sich, dass Vater und Sohn von der gleichen lebensgefährlichen Krankheit befallen wurden, die wir allerdings nicht genau kennen. Der Sohn starb, wohingegen sein Vater auf wunderbare Weise genas. Dazu hatte Arria, seine Ehefrau, mit ihrer einfühlsamen Umsicht entscheidend beigetragen. Sie hatte nämlich trotz ihres Schmerzes über den Verlust ihres Kindes dessen Tod so lange vor dem Vater verheimlicht, bis sich Caecinas Zustand soweit gebessert hatte, dass er die Wahrheit vertragen konnte. Ganz allein hatte sie das Leichenbegängnis für ihr Kind ausgerichtet und das Zimmer des kranken Vaters oft verlassen, um ihre Tränen zu trocknen. Mit gespielter Heiterkeit war sie stets an das Bett des Leidenden zurückgekehrt. Es war, als hätte sie ihre Trauer an der Tür abgestreift.

Doch es scheint, als habe Paetus seine Krankheit und den Tod des nach seiner Frau von ihm am meisten geliebten Menschen nur überstanden, damit das Schicksal umso schrecklicher zuschlage. Caecina Paetus gehörte zu den strengsten Kritikern des Kaisers, die diesen das Fürchten lehrten. Er beteiligte sich an einem Aufstand in Illyrien, den die dort stationierten Legionen angezettelt hatten. Die Rebellion scheiterte, Paetus wurde verhaftet und sollte per Schiff nach Rom zur Verurteilung durch den Kaiser gebracht werden. Arria, die ihren Gatten auf die Reise in die Provinz begleitet hatte, beschwor die Wachen, sie mitzunehmen, wenigstens als seine Sklavin, damit sie ihm die gewohnten Dienste verrichten könnte. Aber sie wurde unsanft zurückgestoßen. Da mietete sie sich auf eigene Kosten ein Fischerboot und folgte in diesem lebensgefährlichen Gefährt ihrem Mann über das Meer.

Wie es nicht anders zu erwarten gewesen war, wurde Caecina Paetus zum Tode verurteilt. Um seiner Frau, deren Sturheit allgemein bekannt war, die Möglichkeit zu nehmen, Selbstmord zu begehen und damit zur Märtyrerin zu werden, entfernte man aus ihrer Umgebung alle Werkzeuge, die ihr diesen Schritt erleichtern konnten. In der Tat hätte sie ruhig weiterleben können. Denn sie war mit Messalina befreundet, der Kaisergattin, die auf ihren Mann größten Einfluss ausübte, ja der er geradezu hörig war. Messalina hätte gewiss erfolgreich ein gutes Wort für sie eingelegt. Im Übrigen hegte Claudius keinen Groll gegen sie. Aber Arria stand der Sinn nicht nach einem Leben von der Kaiserin Gnaden. Bar jeder anderen Möglichkeit rammte sie den Kopf gegen die Wand in der Hoffnung, ihr Leben auf diese Weise zu beenden. Aber sie trug nur schwere Verletzungen davon, wurde gepflegt und genas. Sie sah sich danach heftigen Vorwürfen ihrer Angehörigen ausgesetzt. „Wolltest du etwa", fragte ihr Schwiegersohn, „dass sich deine Tochter ebenfalls umbringt, wenn mir etwas zustößt?" „Gewiss", antwortete Arria, „wenn sie mit dir in ebenso vollkommener Ehe gelebt hätte wie Paetus mit mir."

Man hatte dem Verurteilten die Möglichkeit eröffnet, der Hinrichtung durch Selbstmord zuvorzukommen. Das hätte immerhin den Vorteil gehabt, der öffentlichen Schande zu entgehen und wenigstens einen Teil des Vermögens für die Familie zu retten. Denn noch immer galt der Freitod, aus welchen Gründen er auch immer begangen wurde, als eine eines Römers würdige heroische Tat. Aber Paetus zögerte. Er war weit entfernt vom Heldenmut seiner Frau. Da zückte sie vor seinen Augen einen Dolch, „stieß sich ihn in die Brust und reichte ihn ihrem Mann mit den unsterblichen, fast göttlichen Worten: ‚Paete, non dolet – Paetus, es schmerzt nicht'."[2]

Die Verschwörung, an der sich der Adelige beteiligt hatte, war eine von mehreren, die Claudius' Herrschaft überschatteten. Sie lässt erkennen, dass nicht alle vornehmen Römer mit ihm als Kaiser einverstanden waren und sich womöglich selbst Hoffnung auf den Thron machten. Als einer der ersten Unzufriedenen von Claudius' Gegnern wurde der Senator Gaius Appius Silanus hingerichtet, der einem der edelsten Geschlechter Roms entstammte. Sein eigentliches Vergehen ist nicht bekannt, doch dürfte Claudius' launische Gattin Messalina an seiner Verurteilung nicht ganz schuldlos gewesen sein. Er gehörte vermutlich zu denen, die die liebestolle Kaiserin gern in ihrem Bett gesehen hätte. Doch er hatte sich ihren Avancen erfolgreich widersetzt. Es ist überliefert, dass dies in den Augen der „geilsten und untüchtigsten" Römerin Grund genug war, den Tod ihrer Beleidiger zu fordern. Silanus war Statthalter von Spanien. Claudius ließ ihn nach Rom zurückkommen und tat, als ob er seiner Unterstützung bedürfe. Er verheiratete ihn mit Messalinas Mutter und hielt ihn lange wie einen lieben Freund und geschätzten Verwandten in seiner Nähe.

Weil aber die rachsüchtige Messalina den tüchtigen Mann keiner wirklichen Verfehlung bezichtigen konnte, musste sie Narcissus, neben Pallas der einflussreichste Freigelassene am kaiserlichen Hof, unterstützen. Er habe, so ließ er Claudius unter dem Anschein größter Besorgnis wissen, einen seltsamen Traum gehabt. Er habe nämlich Claudius unter den Händen des Silanus sterben sehen. Es war noch früh am Morgen, Claudius noch nicht aufgestanden, als der Freigelassene von diesem bösen Traumgesicht berichtete. Sofort befiel den Kaiser ein unkontrolliertes Zittern, und Messalina, die hinzutrat, schürte die Ängste „und malte die Gefahr in noch grelleren Farben. So musste denn Silanus ein Traum zum Verderben gereichen", meint der antike Historiker.[3]

Die Stadtväter zeigten sich empört. Die anfangs mit Claudius' Herrschaft verbundenen Hoffnungen, es werde nun für sie eine weniger gefährliche Zeit anbrechen, schwanden. Widerstand formierte sich. Alteingesessene Senatoren begannen, nun wirklich Pläne gegen Claudius zu schmieden. Sollten sich die schrecklichen Jahre unter Caligula, die man überwunden zu haben glaubte, wiederholen? Zu den Unzufriedenen gehörte Annius Vinicianus. Aber sein Einfluss reichte zur Inszenierung eines Aufstands nicht aus. Er begeisterte schließlich den Statthalter von Dalmatien, Furius Camillus Scribonianus, für sein Vorhaben. Scribonianus befehligte mehrere Legionen und auch einige Hilfstruppen. Er hatte sich längst selbst Hoffnung auf das höchste Amt, das Rom zu vergeben hatte, gemacht und sah jetzt seine Gelegenheit zum Zugriff gekommen. Viele Senatoren und Ritter begaben sich in sein Lager. Aber der Plan scheiterte nach nur fünf Tagen, da ihm seine Soldaten, „als Camillus von der Republik sprach und die alte Freiheit wiederherzustellen verhieß, wobei sie nur Mühseligkeiten und Umwälzungen erwartete, nicht mehr gehorchten".[4] Zudem hatte sie ein Wunder vor der Veränderung gewarnt und zur Rückkehr veranlasst, wie Suetonius berichtet. „… als sie nämlich den Marsch zu ihrem neuen Kaiser antreten wollten, konnten sie infolge eines Zufalls und göttlicher Fügung weder den Legionsadler schmücken noch die Feldzeichen aus dem Boden ziehen und fortbewegen …"[5] Es hätte kaum einen Römer gegeben, der das nicht als Zeichen des Himmels gesehen hätte. Denn bei aller praktischen Vernunft, die Rom zur Weltherrschaft führte, verharrten seine Menschen doch in tiefstem Aberglauben. Von Furcht vor seinen eigenen Leuten getrieben, floh Camillus auf die Insel Issa, wo er sich selbst den Tod gab.

Damals wurde auch ein gewisser Galaeus, ein Freigelassener des Camillus, vor den Senat geführt, wo er sich während seiner Vernehmung erstaunlich freimütig äußerte. Narcissus sorgte dafür, dass der Mann daraufhin peinlich befragt wurde. „Was hättest du getan", wollte er von dem Delinquenten wissen, „wenn Camillus Kaiser geworden wäre?" Er antwortete: „Ich hätte mich hinter ihn gestellt und – geschwiegen." Er wurde, wie er es nicht anders erwartet hatte, zum Tod verurteilt und hingerichtet. „Diese Rede", so der antike Historiker, „machte ihn ebenso berühmt wie die Gattenliebe die Arria."[6]

Einmal mehr packte den Kaiser die Angst um sein Leben. Schon trug er sich mit dem Gedanken, Camillus den Thron freiwillig zu überlassen. Doch als er hörte, dass die Soldaten dem Aufrührer die Gefolgschaft verweigert hatten, fasste er neuen Mut. Er belohnte die treuen Männer und ließ der siebten und der elften Legion Ehrennamen zukommen. Sie durften sich fortan „die Claudianischen, Getreuen und Patriotischen" nennen. Alle am Aufstand Beteiligten erwartete hingegen der Tod. Sie wurden gnadenlos verfolgt, begingen Selbstmord oder wurden hingerichtet. Auch Vinicianus, der *spiritus rector* des Aufruhrs, schied mehr oder weniger freiwillig aus dem Leben. Doch waren Narcissus und Messalina noch nicht ganz zufrieden. Sie bezichtigten Sklaven, Freigelassene und selbst frei geborene römische Bürger, darunter Ritter und Senatoren, der Denunzierung und ließen sie auf grausamste Weise foltern, was man wiederum dem Kaiser anlastete. Hatte er nicht bei seinem Regierungsantritt geschworen, niemals einen Freien der peinlichen Befragung zu unterwerfen?

Dio Cassius schildert, wie die Hinrichtungen erfolgten. Männer und Frauen wurden „wie Kriegsgefangene" gebunden, vor den Richterstuhl geschleppt und zum Tod verurteilt, der meistens durch Erdrosseln im Mamertinischen Kerker erfolgte. Dann wurden ihre Leichen auf die Gemonische Treppe geworfen. Von denen, die nicht in Rom hingerichtet worden waren, wurden nur die Köpfe dort ausgestellt. Und doch gelang es einigen, der Bestrafung zu entkommen. Sie bestachen Messalina und Narcissus und retteten auf diese Weise ihr Leben. Immerhin teilten die Kinder der Verurteilten nicht deren Schicksal, und manche durften sogar einen Teil des väterlichen Erbes behalten.

Es gab weitere Komplotte, die den Kaiser in Lebensgefahr brachten. So wurde einmal im Stadtpalast neben Claudius' Schlafgemach nachts ein Mann aufgegriffen, der einen Dolch in der Hand hielt. Zwei Angehörige des Ritterstandes wurden entdeckt, die dem Kaiser, mit einem Stilett und einem Jagdmesser bewaffnet, in der Öffentlichkeit auflauerten. Der eine hatte den Auftrag, ihn beim Verlassen des Theaters umzubringen, der andere sollte ihn während einer Opferfeier im Marstempel niederstechen. Es ist bezeichnend, dass potenzielle Attentäter nicht einmal vor einem Mord auf geweihtem Boden zurückschreckten. Auch hochgestellte Persönlichkeiten verschworen sich gegen

Claudius, so Gallus Asinius und Statilius Corvinus, Enkel der berühmten Redner Pollio und Messala. Sie hatten sogar mehrere Freigelassene und Sklaven des Palastes auf ihre Seite gezogen. Am gefährlichsten aber war sicherlich der Aufstand des Furius Camillus Scribonianus, über den bereits ausführlich berichtet wurde, weil dieser ja die Befehlsgewalt über mehrere Legionen hatte.

Auch Gnaeus Pompeius Magnus, Ehemann von Claudius' älterer Tochter Antonia, und sein Vater Crassus Frugi wurden wegen ihrer Teilnahme an einer Verschwörung hingerichtet. Das gleiche Schicksal ereilte die ehemaligen Konsuln Lucius Saturnius und Pompeius Pedo.

Besonders Tragisch gestaltete sich das Ende des Valerius Asiaticus, der beschuldigt wurde, Verbindung zu den germanischen Heeren aufgenommen zu haben, um den Kaiser zu stürzen. Sein Tod ging in erster Linie auf Messalinas Intrigen zurück. Darüber wird später noch ausführlich zu berichten sein.

Die Anschuldigungen gegen den edlen Römer waren für Claudius umso überzeugender, als der Valerier offensichtlich an der Ermordung Caligulas beteiligt gewesen war und wohl selbst auf den Thron gehofft hatte. So könnte sich Claudius tatsächlich von ihm bedroht gefühlt und die Gelegenheit genutzt haben, ihn als gefährlichen Rivalen aus dem Weg zu räumen. Hatte der Valerier sich nicht selbst vor dem versammelten römischen Volk zu der Ermordung Caligulas bekannt und dafür ehrenvolle Anerkennung gefordert, wie Tacitus berichtet?[7]

Asiaticus hatte noch das Pech, dass er ausgerechnet einem der schärfsten Ankläger zur Zeit des Claudius in die Hände fiel. Sein Name war P. Suillius Rufus, und er hatte noch viele weitere edle Römer auf dem Gewissen.

Zu jener Zeit entbrannte im Senat auch ein heftiger Streit über die Entlohnung von Anwälten. Die eingeschriebenen Väter forderten die Neubelebung der *lex Cincia de donis et muneribus* ein, eines Gesetzes, das einst unter den Scipionen mit Unterstützung des Fabius Cunctator von einem gewissen Cincius erlassen worden war, die Honorare für die *advocati* verbot und außergewöhnliche Schenkungen einschränkte. Es war im Laufe der Jahrhunderte kaum noch beachtet worden. Jetzt beriefen sich die Senatoren darauf, dass die alten Redner „nur an den Ruhm bei der Nachwelt als Lohn der Beredsamkeit gedacht hätten“. Würden Anwälte für ihre Beredsamkeit bezahlt, würde die schönste und höchste der Künste durch schmutzigen Lohndienst entweiht. Zudem verringere sich die Zahl der Gerichtsverfahren, wenn sie keinem mehr einen finanziellen Vorteil brächten.

Suillius hielt dagegen, niemand könne auf ewigen Nachruhm hoffen oder auch nur davon leben. Auch andere Berufe würden angemessen bezahlt, etwa

Soldaten oder Ackerbauern. Niemand bemühe sich um etwas, das ihm keinen Gewinn bringe. Es würden sich kaum noch Anwälte finden, die bereit wären, ohne Bezahlung die Interessen anderer zu vertreten. Den Luxus einer ehrenamtlichen Tätigkeit könnten sich schließlich nur Erben reicher Familien leisten. – Zwar zeugte diese Argumentation nicht von edler Gesinnung, wie Tacitus bemerkt, aber sie verfehlte auf Claudius ihre Wirkung nicht. Er gab Suillius in vielem Recht. Aber er beschränkte die Annahme von Geldbeträgen auf zehntausend Sesterzen. Wer mehr verlange, so beschloss er, mache sich der Erpressung schuldig und werde entsprechend bestraft werden.[8]

Mochten die Verschwörungen, Verbannungen und Todesurteile das Verhältnis zwischen dem Princeps und dem Senat auch stark belasten, das Volk stand lange Zeit fest hinter seinem Kaiser. Eines Tages erreichte Rom die Nachricht, er sei auf der Fahrt nach Ostia meuchlings ermordet worden. Da überschütteten die Römer das Heer mit dem Vorwurf des Verrats und bezichtigten die Senatoren des Mordes. Es fielen die übelsten Beschimpfungen und Flüche, und beinahe wäre es zu Ausschreitungen gekommen. Die Behörden hatten Mühe, die aufgebrachten Menschen zu beruhigen. Erst nach mehreren Aussagen von Personen, die auf die Rednertribüne geschickt worden waren, ließen sie sich langsam davon überzeugen, dass der Kaiser wohlauf war und sich der Stadt näherte.

Claudius bekleidete als Kaiser außer seinen früheren Konsulaten noch viermal diese Würde: die beiden ersten ohne Unterbrechung, das dritte und vierte jeweils nur über zwei Monate, wobei er sich in seinem dritten als Nachfolger eines verstorbenen Konsuls wählen ließ, was vor ihm noch kein Kaiser getan hatte.

Nicht nur als Konsul gehörte für Claudius die Rechtsprechung zu seinen Lieblingsbeschäftigungen. Auch der Kaiser war als Richter so eifrig tätig, dass er sogar, wenn seine Familie feierte, manchmal auch an althergebrachten Festtagen, zu Gericht saß. Ja, er scheute sich nicht, selbst an den Tagen, an denen jede öffentliche Tätigkeit aus religiösen Gründen gesetzlich verboten war, Recht zu sprechen. Dabei muss er einer der kuriosesten Richter Roms gewesen sein. Denn er hielt sich nicht immer an die geltenden Gesetze, sondern folgte oft seinem eigenen Rechtsempfinden, strafte nach Belieben härter oder milder und ließ sich von Sympathie oder Ablehnung für die Beteiligten leiten. Er gestattete, Zivilverfahren, in denen der Anspruch des Klägers wegen zu hoher Forderungen zurückgewiesen worden war, wieder aufzunehmen. Auch rollte er Strafprozesse, die bereits abgeschlossen waren, wieder auf, wenn er den Eindruck hatte, dass wegen schwerer Verbrechen Angeklagte zu milde bestraft worden waren. Der antike Biograf bestätigt ihm eine „merkwürdige Unberechenbarkeit“ bei der Untersuchung und Entscheidung über Anklagen. Bald, so meint er, sei Claudius umsichtig und scharfsinnig gewesen, dann wieder unbedacht und übereilt, auch „leichtsinnig und einem Verrückten ähnlich“. Dafür führt er auch einige Beispiele an: So entließ er etwa einen Richter, der verheimlicht hatte, gemäß dem Dreikinderrecht Amtsbefreiung zu genießen. Einen anderen, der einen Prozess in eigener Sache angestrengt hatte und meinte, dieser gehöre vor ein gewöhnliches, nicht vor das kaiserliche Gericht, zwang er, das Urteil sofort in seiner, des Kaisers, Anwesenheit zu fällen. So könne er, wenn es um eigene Belange gehe, beweisen, dass er auch in fremden Angelegenheiten ein gerechter Richter sein werde.[9]

Es lebte in Rom eine Frau, die ihren Sohn nicht anerkannte. Dieser wollte nun seine Abstammung von höchster Stelle beurteilen lassen. Stichhaltige Beweise für die Mutterschaft gab es nicht. So griff Claudius zu einem Trick: Er befahl der Frau, den jungen Mann zu heiraten und brachte sie damit zu einem Geständnis.

Er erließ Versäumnisurteile, wenn eine Partei einer Gerichtsverhandlung fern blieb, gleichgültig, ob der Termin schuldhaft oder ohne Verschulden versäumt worden war. Welche bizarren Blüten das römische Rechtssystem damals mitunter hervorbrachte, mag dieser Vorfall verdeutlichen: Eines Tages war ein Grieche angeklagt worden, sich unberechtigt das römische Bürgerrecht angemaßt zu haben. Die Anwälte von Kläger und Beklagtem gerieten in heftigen Streit darüber, ob der Beklagte in der römischen Toga oder in griechischer Kleidung vor Gericht zu erscheinen habe. „Da befahl Claudius, gleichsam um seinen unbestechlichen Gerechtigkeitssinn zu zeigen, er müsse mehrmals seine Kleidung wechseln, je nachdem man für oder gegen ihn spreche.“[10] Diejenigen aber, die sich das römische Bürgerrecht angemaßt hatten und nicht freigesprochen wurden, ließ er auf dem Esqilinischen Feld durch das Beil hinrichten.[11] Wie sehr er alte Vätersitte achtete, zeigt auch sein Erlass, der jedem Ausländer verbot, römische Geschlechternamen zu führen.

Bei einem Prozess soll der Kaiser schriftlich erklärt haben, er gäbe jenen Recht, die die Wahrheit sagten. Sein übertriebenes Einmischen auch in Angelegenheiten von eher untergeordneter Bedeutung ließ sein Ansehen als Richter in der Bevölkerung derart schwinden, dass er sich in der Öffentlichkeit oft verächtliche Bemerkungen dazu anhören musste.

Einmal hatte er einen Zeugen aus der Provinz nach Rom beordert, der jedoch von einer Partei entschuldigt werden musste. Der Mann könne nicht kommen, meinte der Prozessbeteiligte und wollte den Grund dafür nicht nennen. Endlich meinte er nach mehrmaligem Nachfragen des Kaisers: „Er ist gestorben; das durfte er, nehme ich an.“ Ein Anwalt bedankte sich, dass der Kaiser ihm die Verteidigung des Angeklagten gestattete. „Und doch ist dies ja eigentlich üblich“, meinte er.

Andererseits zeigte Claudius selbst mit aufdringlichen Rechtsvertretern große Geduld. So machten sich einige einen Spaß daraus, ihn zurückzurufen, wenn er den Gerichtshof verließ. Sie packten ihn am Zipfel seiner Toga und hielten ihn manchmal sogar am Fuß fest. Einem Griechen, der sich in Anwesenheit des Kaisers zu verteidigen hatte, entschlüpfte im Eifer des Gefechts einmal der Ausspruch: „Auch du bist nur ein alter Tor!“

Ganz respektlos benahm sich ein römischer Ritter, auch wenn man ihm zugutehalten muss, dass er unschuldig der Unzucht mit Frauen angeklagt worden war. Seine Gegner hatten einige Dirnen aufgetrieben, die gegen ihn aussagen sollten. Der Mann schleuderte Tafel und Griffel, die er in der Hand hielt, wutentbrannt gegen Claudius, der im Gesicht getroffen und an der Wange verletzt wurde. Dazu rügte der Beleidiger noch die Dummheit und Grausamkeit des Kaisers. Zumindest diese Bemerkung lässt vermuten, dass die Sache für ihn nicht gut ausgegangen war. Claudius hat den Angriff wohl nicht gelassen hingenommen, wenn er auch sonst vieles mit dem Gleichmut des Stoikers ertrug.

Aber seine Einstellung zu derartigen Respektlosigkeiten und Kränkungen änderte sich allmählich. Schließlich unterschied er sich in dieser Hinsicht kaum mehr von seinem Neffen Caligula. Die Verfolgungen und Verurteilungen wegen des Verbrechens der beleidigten Majestät, die bald zum üblichen Tagesgeschehen gehörten, führten dazu, dass man nur noch in einem heldenhaften Freitod Anerkennung finden und seine Ehre verteidigen konnte. Claudius war es zufrieden. Die Bestrafung Angeklagter war ihm schließlich so sehr zur fixen Idee geworden, dass er den Soldaten beständig den Vers als Losung gab: „Räche dich an dem Mann, der zuvor dich beleidigt.“

„Die Urteile wurden im Senat in Gegenwart des Claudius, der obersten der Leibwächter und der Freigelassenen (vornehmlich wohl Narcissus und Pallas, d. V.) gesprochen“, bemerkt Dio Cassius.[12] Dabei saß der Kaiser zwischen den Konsuln oder auf einem erhöhten Platz.

Wie schon Tiberius und Caligula neigte auch Claudius mit zunehmendem Alter zu immer größerer Grausamkeit. Es war sicherlich nicht nur die unumschränkte Macht, die die Herrschenden über ihre Untertanen ausübten und die sie vermeintlich zu jeder Gewalttat berechtigte, mussten sie doch nie befürchten, für ihr Handeln zu Lebzeiten zur Verantwortung gezogen zu werden. Doch übten nicht alle Kaiser in gleichem Maße ihre Macht missbräuchlich aus. Es hat den Anschein, als veränderte sich bei vielen römischen Herrschern mit fortschreitender Lebenszeit auch ihr Wesen. Das mag auch an dem immensen Weinkonsum gelegen haben, der den meisten von ihnen, so auch Claudius, nachgesagt wird. Die Römer setzten dem ungenießbaren sauren Rebensaft gern das *defrutum* zu, einen aus süßen Früchten gewonnenen Sirup. Das Obst wurde in großen Bleikesseln eingekocht, wobei sich, was im Altertum kaum bekannt gewesen sein dürfte, aus dem Blei Giftstoffe lösten, die die Trinker mit dem Wein zu sich nahmen. Die Symptome von Caligulas schwerer Krankheit, der er fast zum Opfer gefallen wäre, lassen auf eine schleichende Bleivergiftung schließen. Wie sein Onkel Tiberius neigte auch er heftig dem Alkohol zu. Augustus hingegen vertrug ihn nicht. Er litt zeitlebens an einem schwachen Magen und hielt Maß in Speis und Trank. Anders als seine beiden Nachfolger entwickelte er sich von einem grausamen Tyrannen zum milden Friedenkaiser, der schließlich einer ganzen glücklichen Epoche seinen Namen gab.

Zu den einschneidenden Veränderungen im gesellschaftlichen Leben Roms gehörte, dass Claudius, der gerade sein drittes Konsulat angetreten hatte, viele Opfer und Feiertage abschaffte. Der größte Teil des Jahres, meint Dio Cassius, sei mit überflüssigen Festen besetzt gewesen, was dem Staat sehr geschadet habe. Er nahm Fremden, die das römische Bürgerrecht erhalten hatten, dieses wieder weg, wenn sie sich nicht ausreichend integriert hatten. So hatten einige Lykier während innerer Unruhen römische Bürger umgebracht. Sie wurden von Claudius versklavt, und ihr Land wurde dem Imperium einverleibt. An einen ihrer Gesandten, der das Bürgerecht innehatte, richtete der Kaiser eine Frage, musste jedoch feststellen, dass der Mann ihn nicht verstand. Da sprach er dem Lykier die Rechte des Vollbürgers ab und meinte, nur der dürfe sie genießen, der über ausreichende lateinische Sprachkenntnisse verfüge. Wen immer er dieses Privilegs für unwürdig erachtete, den ließ er aus der Bürgerliste streichen.

Mehr denn je war der Status des *civis Romanus* bei den Bewohnern von Stadt und Reich begehrt, durfte sich doch der römische Bürger vor den Fremden mancher Vorteile erfreuen. Claudius verlieh ihn großzügig und nahm ihn nach Belieben wieder ab. Man konnte sich das Bürgerrecht aber auch von Claudius' Gattin oder einem seiner Freigelassenen kaufen, sodass es jetzt leichter denn je zu erhalten war. Bald ging in Rom das Sprichwort um, man könne um ein paar Glasscherben römischer Bürger werden, was Claudius einmal mehr zum Gespött des Volkes machte. Mit der Nachfrage stieg allerdings der Preis.

Doch kann man dem Kaiser insofern nur den Vorwurf machen, seiner Frau und den Freigelassenen nicht Einhalt geboten zu haben.

Im Jahr 48 führte Claudius einen Zensus durch, bei dem 5984072 römische Bürger gezählt wurden, eine Million mehr als zuletzt unter Augustus erfasst worden waren. Das lag vor allem daran, dass Claudius das Bürgerrecht auch an Provinziale verlieh, besonders an Gallier, Spanier, Griechen und Einwohner des eroberten Britannien, häufiger jedenfalls, als dies Augustus und Tiberius getan hatten, sodass sich nun viele der Bedachten mit dem Beinamen „Tiberius Claudius" schmückten, wie es üblich und eigentlich auch verlangt war. Claudius dürfte sogar Soldaten der Hilfstruppen, die nach 25jähriger Dienstzeit die Armee verlassen hatten, mit der *civitas Romana* ausgezeichnet haben, wie dem *Corpus Inscriptionum Latinarum* zu entnehmen ist.[13] Für seine Großzügigkeit in dieser Hinsicht sah er sich bei seinen Zeitgenossen oft heftiger Kritik ausgesetzt. Gelobt wurde er hingegen dafür, dass er nicht gegen diejenigen Neubürger vorging, die sich weigerten, ihrem Namen „Claudius" hinzuzufügen und den Kaiser zum Erben ihres Vermögens einzusetzen. Beides hatte für ihn mit der Verleihung des begehrten Status nichts zu tun.[14]

Für einen Kaiser ungewöhnlich waren jene Verordnungen, in denen er rechtliche, moralische oder gar gesundheitliche Ratschläge gab. So wollte er etwa wissen, dass der Saft der Eibe ein höchst wirksames Mittel gegen Schlangenbisse war. Er empfahl auch, die Weinfässer gründlich mit Pech auszuschmieren, wenn eine reiche Ernte zu erwarten war. Er kümmerte sich sogar um erkrankte Sklaven. Es war üblich, diese am Aeskulap-Tempel zum Sterben auszusetzen, wenn sie krank wurden. Überlebte ein Sklave, wollte ihn sein Besitzer zurück haben. Doch Claudius schenkte allen, die genasen, die Freiheit. Zudem verfügte er, dass jeder Sklavenhalter, der Unfreie tötete, als Mörder vor Gericht zu stellen war. Besonders dieser Erlass zeugt davon, dass Claudius auch menschliche Seiten hatte. Er mag sich das Schicksal eines Sklaven vor Augen geführt und daran gedacht haben, dass man auch ihn einst nicht als vollwertigen Menschen angesehen und mit ständigen Kränkungen gequält hatte.

„... duas tantum res anxius optat, panem et circenses ...“

Brot und Spiele – Claudius und seine Quiriten

Nur wenige Jahrzehnte nach Claudius' Tod hat es der schonungslose Gesellschaftskritiker D. Iunius Iuvenalis auf den Punkt gebracht: Nichts wünsche das Volk sehnlicher als Brot und Spiele. Er hat, vermutlich traumatisiert von Domitians Schreckensherrschaft (81–96 n. Chr.), in fünfzehn erhaltenen Satiren und dem Bruchstück einer sechzehnten seiner wahrscheinlich auf persönlichen Erfahrungen beruhenden Enttäuschung über die römische Gesellschaft und ihre Herrschenden Luft gemacht. Doch was bei deren Veröffentlichung, also um die erste Jahrhundertwende der neuen Zeitrechnung, an Sittenverderbnis und Heuchelei angeprangert wurde, hatte in gleicher Weise schon seit Jahrzehnten gegolten, zumindest seit dem Zeitpunkt, als die alte Vätersitte nicht mehr beachtet worden und sogar langsam verloren gegangen war.

Es ist eine uralte Binsenweisheit, dass sich ein voller Bauch über bestehende oder nicht bestehende politische Verhältnisse kaum große Gedanken macht. Bis in die Neuzeit hat vor allem der Hunger zu Unzufriedenheit und Aufruhr geführt, eine Tatsache, deren sich die Herrschenden Roms seit jeher bewusst waren. Der Versorgung der Bevölkerung mit dem lebensnotwendigen Getreide widmeten sie daher stets ihre besondere Aufmerksamkeit. Es galt nicht nur, dafür zu sorgen, dass der Nachschub aus den Kornkammern des Reiches – hauptsächlich aus Sizilien und seit dem Beginn der augusteischen Herrschaft mehr noch aus Ägypten – reibungslos verlief.

In Zeiten großer Knappheit mussten sogar die Preise für das Korn staatlich reglementiert und mangels anderweitiger Sozialleistungen oft die kostenlose Verteilung an das hungernde Volk vorgenommen werden. Die unentgeltlichen Zuwendungen trugen mit dazu bei, dass eine immer stärkere Landflucht einsetzte, die das städtische Proletariat, vorwiegend natürlich das der Hauptstadt, vermehrte. Auch kaufte die Staatsführung bei drohender Hungersnot riesige Getreidemengen auf, die dann in gewaltigen Kornspeichern, etwa den in augusteischer Zeit auf dem Forum entstandenen *horreae Agrippianae*, gelagert und nach Bedarf unter das Volk gebracht wurden.

Während der Republik war der reibungslose Ablauf der Getreideversorgung Sache der Ädilen, die auch gegen den Preiswucher einschritten. Die Kaiser kümmerten sich oft selbst darum und machten sie sich gelegentlich sogar zur Herzensangelegenheit.

Wir glauben deshalb dem antiken Biografen gern, dass sich Claudius „um die Hauptstadt und ihre Lebensmittelversorgung immer auf das ‚angelegentlichste'" kümmerte.[1] Einmal wurde nach einer anhaltenden Dürre trotz aller Vorsorge das Getreide ziemlich knapp. Da musste sich der Kaiser, der sich, aus welchen Gründen auch immer, auf das Forum begeben hatte, allerlei Schmähungen und Beschimpfungen seiner Untertanen anhören. Auch überschütteten ihn die aufgebrachten Bürger mit Brotkrusten. Nur mit knapper Not gelang es ihm, auf einem Schleichweg unbeschadet in seinen Palast zu entkommen. Er hatte aus dem Vorfall gelernt. Es durfte nie mehr so weit kommen, dass sich die Römer aus Angst vor dem Hunger gegen die Staatsführung erhoben. Er würde selbst dafür sorgen, dass auch in den Wintermonaten und während Trockenperioden die Bereitstellung von Getreide gesichert wäre. So stellte er den Händlern satte Gewinne in Aussicht und erklärte sich bereit, Verluste, etwa wenn Schiffe durch Stürme untergegangen waren, aus eigener Tasche zu ersetzen. Wer immer sich erbot, ein Handelsschiff zu betreiben, durfte mit erheblichen staatlichen Zuwendungen rechnen. Claudius wollte mit diesen Maßnahmen den Handel, vor allem den mit dem überlebenswichtigen Getreide, ankurbeln.

Aber auch ansonsten ließ Claudius der Stadt Rom seine ungeteilte Fürsorge zukommen. Als es wieder einmal brannte, ein Unglück, das diesmal vom Aemilianischen Stadtteil ausgegangen war, und sich herausstellte, dass das Feuer nur schwer zu löschen war, begab sich Claudius selbst vor Ort, um nach dem Rechten zu sehen. Zwei Nächte soll er im Lokal der Stimmenzähler verbracht haben. Als er erkannte, dass die an den Brandherd beorderten Soldaten und seine Dienerschaft mit der Bekämpfung des Feuers überfordert waren, ließ er durch die Behörden viele Bürger rufen, die er um Hilfe bat. Zur Steigerung der Motivation stellte er Körbe voll Geld vor sich hin und entlohnte jeden Helfer entsprechend seiner Bemühung.

Schon immer hatten sich für Roms Herrschende die Erfolge bei den Spielen als Spiegel ihrer Beliebtheit bei den Massen erwiesen. Kein Wunder, dass Spiele deshalb immer aufwändiger und immer blutiger inszeniert wurden, galt es doch, das in dieser Hinsicht überaus verwöhnte Volk bei Laune zu halten. Ein großes feststehendes Theater, das für den gewaltigen Ansturm auf diese Unterhaltungen genügend Platz bot, gab es in Rom für die beliebten *venationes* und die womöglich noch begehrteren Gladiatorenkämpfe zu Claudius' Regierungszeit noch nicht. Das berühmte *Amphitheatrum Flavium*, bis heute als „Kolosseum" das Wahrzeichen der antiken Stadt, die imperiumweit gewaltigste Anlage dieser Art, wurde erst zwei Jahrzehnte nach Claudius' Tod erbaut. Es mussten andere Schauplätze für die Aufführungen gefunden werden.

Überaus beliebt waren bei den Römern die *ludi circenses*, die Wagenrennen im Zirkus. Hierfür hatten schon sehr bald Roms Herrschende feststehende Einrichtungen bauen lassen, so etwa den Circus Gai, von Caligula auf dem Vatikanischen Hügel in Auftrag gegeben – seine Unterbauten sollten später von den Grundmauern der alten Peterskirche bedeckt werden – oder, die größte Anlage von allen, den Circus Maximus, der sich vom Fuß des Palatins bis fast an den Aventin erstreckt und bis heute seine Bedeutung als Tummelplatz der Massen in der Antike ahnen lässt. Im Laufe der Jahrhunderte hatte sich dieser Zirkus von einer einfachen Anlage, die einer natürlichen Talsenke folgte, zu einem der prächtigsten und gewaltigsten Bauwerke der Stadt gewandelt. So waren die Zuschauer den Darbietungen anfangs auf den grasbewachsenen Abhängen sitzend gefolgt, doch wurden die unbequemen Plätze bald durch hölzerne, später sogar durch steinerne Konstruktionen ersetzt. C. Iulius Caesar hatte hierfür noch den günstigen Tuffstein verwendet, an seine Stelle trat in der Kaiserzeit der kostbare Marmor, der oft sogar bemalt und mit Bronze oder Goldverzierungen geschmückt war.

Um eine *spina* (Rückgrat) genannte gemauerte Mittelachse zog sich in der Form eines lang gestreckten Hufeisens die 650 Meter lange Rennbahn. Den Abschluss des Bauwerks bildete ein gewaltiges Tor. Die *spina* sollte verhindern, dass die wetteifernden Gespanne versehentlich die Bahn wechselten. Sie diente aber nicht nur der Sicherheit der Rennfahrer, sondern hatte auch ästhetische Funktion. Eineinhalb Meter hoch und sechs Meter breit bot sie reichlich Platz für Götterbilder. Anfangs waren die Rennen ja zu Ehren der Himmlischen veranstaltet worden. Gleichsam aufgereiht wie Perlen auf einer Schnur fanden sich an ihrem einem Ende sieben Delfine, am anderen sieben Eier, die den Zuschauern die Anzahl der auf sieben Umrundungen begrenzten Runden des Rennens aufzeigten. Wenn das vorderste Gespann eine Runde vollendet hatte, wurde, für jeden Besucher sichtbar, je ein Delfin und ein Ei entfernt. Den Hauptschmuck der *spina* bildete jedoch der Obelisk Ramses II., den einst Augustus aus der ägyptischen Stadt Heliopolis mitgebracht hatte und der heute die Piazza del Popolo ziert.

An ihren Enden war die *spina* abgerundet, sodass sie von den Gespannen in möglichst engen Kurven umfahren werden konnte. Dabei kam es oft zu schweren Unfällen mit Verletzten und zertrümmerten Wagen, was den Nervenkitzel noch steigerte. Es standen Männer bereit, die erste Hilfe zu leisten und die Rennbahn von den Trümmern der zerborstenen Gefährte zu befreien hatten. Zwei Vorbauten, die Verunfallten Zufluchtsmöglichkeiten boten, waren mit je drei konisch zugespitzten Holzsäulen verziert, die Claudius durch solche aus vergoldeter Bronze ersetzen ließ. So konnten, zumindest in der gleißenden Sonne, die Wagenlenker selbst bei Höchstgeschwindigkeit die gefährlichen Stellen, die sie umfahren mussten, schon von weitem erkennen.

In den *carceres*, Schranken oder hier Ablaufständen mit überwölbten Decken, warteten die Pferde auf den Start. Auch diese Boxen waren früher aus Tuffstein gefertigt, Claudius ließ sie durch marmorne ersetzen.

Die ursprünglich zu Ehren der kapitolinischen Götter veranstalteten Rennen verweltlichten immer mehr. Ihre Dauer stieg von einer auf sechs bis acht Stunden in der Kaiserzeit. Claudius' Vorgänger hatte sogar einmal an einem einzigen Tag vierundzwanzig Mal rennen lassen. Um sich die Gunst des Volkes zu sichern, mussten sich die Veranstalter – ab Augustus also in der Regel die *Principes* – immer neue Überraschungen einfallen lassen. Außer Tiberius, der die Spiele verabscheute, hatte es bislang noch niemand gewagt, sich in dieser Hinsicht den Wünschen der Massen zu verschließen.

In vier Parteien*, factiones*, gliederten sich zu Beginn der Kaiserzeit die Renngesellschaften, deren Wagenlenker, die *aurigae*, ihre Geschicklichkeit zu beweisen hatten. Zu den ursprünglich Weißen und Roten gesellten sich die Grünen und die Blauen. Der Kaiser hatte stets seine Lieblingsfactio, die nicht immer dem Geschmack der Massen entsprach, sodass es oft zu lautstarken Unmutsbekundungen kam.

Der Beruf des Wagenlenkers genoss im Gegensatz zu dem des im Amphitheater auftretenden Gladiators großes Ansehen. Er hatte nichts Ehrenrühriges und wurde sogar von unbescholtenen Bürgern, nicht selten sogar denen der Oberschicht, ausgeübt. Die Männer waren mit einer einfachen Tunika bekleidet, die die Farbe ihrer *factio* trug. Um Brust und Bauch waren die ledernen Leitriemen ihrer Pferde geschnürt. Zur Ausstattung gehörte auch ein Messer, das es dem Wagenlenker ermöglichen sollte, bei einem Unfall die Verschnürung zu durchtrennen, sofern er dazu überhaupt noch in der Lage war. Anders als in der Arena bei den blutigen *venationes* oder den Gladiatorenkämpfen ging es im Zirkus üblicherweise nicht um Leben und Tod, sondern um Geschicklichkeit und einen ehrenvollen Sieg. Dennoch endete manches Rennen vor allem wegen der hohen Geschwindigkeit tödlich. Doch konnte sich ein mutiger

Wagenlenker, der Kopf und Kragen riskiert hatte, die Sympathien der Römer sichern und sogar zu einem beachtlichen Vermögen kommen.

Nicht nur in Rom gab es Rennplätze. Zahlreiche Provinzstädte wollten auch in dieser Hinsicht der Hauptstadt nicht nachstehen. Der Bedarf an Pferden, von denen sich viele bei den wilden Verfolgungsjagden buchstäblich den Hals brachen, war daher außerordentlich groß. Vor allem in Calabrien und Apulien boten ausgedehnte Weideflächen vortreffliche Voraussetzungen für die Pferdezucht, die einen gewaltigen Aufschwung nahm. Doch war Italien allein nicht in der Lage, die große Nachfrage nach tüchtigen Renntieren zu befriedigen. Man bezog sie deshalb auch aus den Provinzen, und man verwandelte ab der beginnenden Kaiserzeit fruchtbares Ackerland in Tummelplätze für die edlen Rösser.

Ein Rennpferd wurde im Alter von drei Jahren auf seine künftige Aufgabe vorbereitet. Mit fünf Jahren wurde es zu seinem ersten Rennen geschickt. Es gab Zweigespanne, solche mit vier oder gar sechs Tieren, die nebeneinander (nicht hintereinander) eingespannt waren. Auf kleinen zweirädrigen Gefährten standen die Wagenlenker.

Wie so vieles waren auch Pferderennen keine römische Erfindung. Schon Jahrhunderte zuvor waren sie beispielsweise in Griechenland sehr beliebt gewesen, wofür uns die im Museum von Delphi ausgestellte bronzene Wagenlenkerfigur ein eindrucksvolles Beispiel gibt.

Mit lautstark geäußerter Leidenschaft nahm das römische Volk an den Vorführungen Anteil. In erregter Spannung erwartete es nicht nur die Gespanne mit ihren tollkühnen Lenkern, sondern auch den Kaiser, seine Familie und den gesamten Hofstaat. Ihnen waren natürlich besondere Ehrenplätze vorbehalten, ein Abschnitt im Zuschauerraum, der *pulvinar* genannt wurde. Augustus hatte sich diese Loge einrichten lassen, um sich den allzu lästigen Blicken des Publikums zu entziehen. Viele seiner Nachfolger folgten seinem Beispiel, ehe Kaiser Trajan diese Loge wieder beseitigen ließ und dafür vom jüngeren Plinius großes Lob erntete. Es war für die Politik des Kaisers sicherlich von Vorteil, wenn er sich während der gesamten Vorführungen von seinen Römern beobachten und bewundern ließ.

Vorhersagen wurden gewagt und Wetten auf den Sieg abgeschlossen, bis sich endlich die Flügeltüren der Boxen öffneten und die Gespanne mit den hoch aufgerichteten Männern herauspreschten. Zumindest insofern unterschieden sich die römischen Rennen nicht von den neuzeitlichen Veranstaltungen dieser Art.

Wer heute über den fast vollständig erhaltenen *Circus Maximus* in Rom schlendert, vermag das Geschrei und den Jubel der Massen noch zu hören, die stets die Rennen begleiteten und die Wagenlenker und Tiere zu Höchstleistungen anstachelten. Knapp 300.000 Zuschauer soll die gewaltige Anlage in der Antike gefasst haben, fast ein Drittel der Einwohnerschaft der Stadt fand auf den Rängen Platz.

Den Sieger erwarteten große Ehren. Die größte Anerkennung galt dem, der schon verloren zu haben glaubte, also zurückgefallen war, im letzten Augenblick aber aufholte und alle anderen hinter sich ließ. Dies scheint des Öfteren vorgekommen zu sein. Die kühnen *aurigae* waren wochenlang Stadtgespräch und der ganze Stolz ihrer Zeitgenossen. Mit jedem Sieg, den einer davontrug, mehrte sich sein Vermögen, wuchs sein Ruhm. Selbst in der höchsten Gesellschaftsschicht war man von der Rennleidenschaft ergriffen, und nicht nur mancher Adlige, auch einige Kaiser, darunter Claudius' Vorgänger Caligula und sein Nachfolger Nero, trieben sich gern in den Rennställen herum, und Nero kam in seiner maßlosen Eitelkeit sogar auf die Idee, sich selbst dem Volk als Wagenlenker zu zeigen.

„Zirkusspiele veranstaltete er häufig auf dem Vatikan", weiß Suetonius über Claudius zu berichten.[2] Um die Spannung zu halten, ließ er gelegentlich nach fünf Rennen eine Pause einlegen, während der zur Jagd in der Arena geblasen wurde. Eine Schwadron Reiter aus seiner Leibgarde unter der persönlichen Führung ihrer Tribunen und sogar des Kommandanten musste afrikanische Wildtiere erlegen, die man auf die Rennbahn getrieben hatte. Thessalische Reiter führten Kunststückchen vor, indem sie wilde Stiere durch den Zirkus hetzten, schließlich auf die ermatteten Tiere sprangen und diese an den Hörnern zu Boden drückten.

Claudius erneuerte die überlieferte Standesordnung, die er in vielen Bereichen wiederbelebt hatte und nun auch auf den Zirkus übertrug. Senatoren, Rittern und dem einfachen Volk wurden die Plätze zugewiesen, die ihrem Stand entsprachen.

Außer Rennen mit Vierergespannen ließ Claudius auch ein Trojaspiel abhalten, in dem die männliche römische Jugend ihre Fähigkeiten und ihre Geschicklichkeit maß. Er war überhaupt bemüht, seine Römer durch viele prächtige Schauspiele bei Laune zu halten. Diese ließ er „nicht nur in der üblichen Art und an den gewöhnlichen Orten" aufführen. Er erdachte auch neue oder frischte alte und scheinbar vergessene wieder auf. Dabei nutzte er oft Plätze, an die noch niemand zuvor als Forum gedacht hatte. Das Spiel, das er zur Einweihung des nach einem Brand restaurierten Pompeius-Theaters gab,

„leitete er von einem in der Orchestra errichteten Podium aus, nachdem er vorher bei der oberhalb des Theaters befindlichen Treppe geopfert hatte und mitten durch die Zuschauerreihen hinabgestiegen war …“[3] Selten war ein Kaiser seinen Untertanen so nahe gekommen, und es verwundert kann, das die staunenden Besucher schweigend und wie angewurzelt auf ihren Plätzen sitzen blieben.

Doch mehr noch als die Rennveranstaltungen im Zirkus schätzten die Kaiser und ihre Untertanen die Spiele im Amphitheater, wo viel Blut floss und es bei Mensch und Tier um Leben und Tod ging.

Sowohl die *venationes* als auch die *munera gladiatoria* gingen auf eine uralte Tradition zurück. Hatten die Wagenrennen ihr Vorbild in denen, die schon früher im griechischen Hippodrom veranstaltet worden waren, so gingen die Wurzeln der blutigen Spiele auf die Etrusker zurück. Über Latium und Campanien waren sie in die römische Kultur eingeflossen. Die Gladiatur äußerte sich früher in Leichenspielen, die zu Ehren des Toten an dessen Scheiterhaufen abgehalten wurden. In Rom sah man sie das erste Mal im Jahr 244 v. Chr. Erst über 150 Jahre später nahmen sie eine Art offiziellen Charakter an und wurden von beiden Konsuln, anfangs wohl als militärische Übung, veranstaltet. Von da an waren sie fester Bestandteil des römischen Festkalenders.

Das Kolosseum als ständiges Amphitheater zum Abhalten der Spiele gab es, wie gesagt, unter Claudius noch nicht. Doch hatte bereits ein gewisser Statilius Taurus 29 v. Chr. eine Spielstätte aus Stein errichten lassen – nach dem Muster gleicher Anlagen in Campanien.

War es, wie gesagt, eine Ehre, als Wagenlenker an den Rennen im Zirkus teilzunehmen, so galt der Beruf des Gladiators als verächtlich. Verbrecher, Kriegsgefangene, Sklaven und allenfalls solche Bürger, die sich zutiefst verschuldet hatten und mit einem Sieg in der Arena auf eine Möglichkeit der Schuldenbefreiung hofften, wurden für das blutige Handwerk herangezogen. Zumindest die Berufsgladiatoren wurden in eigenen Schulen auf die Schlächterei vorbereitet, lernten zu fechten, Netze zu werfen oder mit einem Dolch oder Kurzschwert umzugehen. Geübt wurde mit stumpfen Waffen oder auch solchen aus Holz. Solange sich die Gladiatoren in den Ausbildungsstätten zu Lernzwecken befanden, führten sie ein geradezu traumhaftes Leben, wenn auch die Zucht überaus streng war. Das Essen war hervorragend, die ärztliche Versorgung gesichert. Das beneidenswerte Los endete spätestens am Vorabend der Spiele, an denen die Männer zu kämpfen hatten. Während der „Henkersmahlzeit“, *cena libera* genannt, durfte das Volk die Männer, in späterer Zeit gelegentlich auch Frauen, besuchen und eventuelle Wünsche und letzte Grüße an Angehörige und Freunde nach außen tragen.

Die Fechterspiele zogen eine Masse von Publikum an. Sie wurden mit dem Einzug der festlich geschmückten Gladiatoren, der *pompa,* eröffnet. Der Zug hielt vor der kaiserlichen Loge an, wo die Kämpfer den Herrscher begrüßten: *„Ave, Caesar, morituri te salutant!"* Nach eher harmlosen Geplänkeln, die die Spannung der Zuschauer anregen sollten, ging es zum eigentlichen Kampf, der auf Leben und Tod geführt wurde. Unter dem Jubel und den aufmunternden Begleitrufen der Zuschauer kämpften die Gladiatoren entweder paarweise oder in kleinen Gruppen. Das Publikum entschied, wer in seinen Augen tapfer gewesen war und wer wegen Feigheit den Tod verdient hatte. Mit dem Schwenken von Tüchern oder nach oben gerichtetem Daumen zeigte es an, wer am Leben gelassen werden sollte. Dazu rief es: *„Mitte!* – lass ihn frei!" Richtete sich der Daumen nach unten, forderte die Menge den Todesstoß. Jeder Veranstalter, vornehmlich der Kaiser, tat gut daran, sich den Wünschen des Pöbels zu beugen und den Spielen nicht durch Abwesenheit seine Verachtung zu zeigen, wie es etwa Kaiser Tiberius getan hatte.

Für die breite Masse waren die Spiele – mehr vielleicht noch als die Rennen – Ablenkung von Unzufriedenheit, Sicherung der Ordnung in der Stadt und die Vertreibung von Langeweile, und jeder Herrscher tat gut daran, sie mit allen Mitteln zu fördern, selbst wenn er kein Befürworter dieser Art von Zeitvertreib war.

Nicht alle Gladiatoren hatten die gleiche Ausrüstung. Die Römer hatten von manchen besiegten Völkern Waffen und Schutz übernommen, so von den Samniten den reich verzierten Visierhelm, einen riesigen Langschild, der am linken Arm getragen wurde, und für den rechten einen gepolsterten Armschutz. Das linke Bein war durch eine ebenfalls gepolsterte Schiene, der Unterleib durch einen Schurz bedeckt. Die Brust war ungeschützt. Als Waffe führte der Samnit ein kurzes Schwert.

Die merkwürdigste „Verkleidung" trug womöglich der Retiarier. Seine Hauptwaffe war ein großes Netz, *rete,* das er nach Art eines Lassos über den Gegner zu werfen und diesen damit kampfunfähig zu machen hatte. Mit dem Dreizack versetzte er dem Gefangenen dann den Todesstoß. Den Helm der *murmilliones* zierte das Abbild eines kleinen Fisches. Diese Kämpfer waren im Übrigen schwer bewaffnet. Vom Pferd und einem kleinen Streitwagen aus agierten die *essedarii,* eine Kampfweise, zu der Caesar in Britannien angeregt worden war.

Der Sieger der Spiele, also der, der das Glück gehabt hatte, alle Gegner in den Hades zu schicken und selbst zu überleben, erhielt einen Palmzweig. Hatte er mehrere Spieltage mehr oder weniger unversehrt überstanden, bot sich dem einen oder anderen auch die Aussicht auf Freiheit. Es gab Gladiatoren, deren Ruhm die ganze Stadt erfüllte und nach denen sich selbst edle Römerinnen in Sehnsucht verzehrten.

Die Besiegten und Getöteten wurden von Sklaven, die die Maske des Gottes Charon trugen, durch das Tor der Todesgöttin Libitina mit den Füßen voran – man fürchtete sich schließlich vor Wiedergängern – in die Leichenkammer geschleift. Ein Schlag mit einem Eisenhammer auf die Stirn sollte beweisen, dass der Mensch auch wirklich tot war. An Sterbenden, die man aus der Arena gezogen hatte, konnten oft Ärzte ihre Kenntnisse der Anatomie verbessern. Schließlich eilten Sklaven mit Schaufeln und Harken in die Arena und wälzten den blutigen Sand um. Die Spiele konnten weitergehen.

Auch an den *venationes*, den Tierhetzen, fanden die Römer großen Gefallen. Man lieferte auch gern zum Tode Verurteilte dem Kampf gegen wilde Tiere aus. Aber man wollte auch dabei zusehen, wie sich Tiere gegenseitig oder *ad bestias* verurteilte Menschen zerfleischten. Die Tierhetzen wurden von C. Iulius Caesar und Pompeius Magnus besonders gern veranstaltet, hatten aber auch in der Kaiserzeit nichts von ihrer Anziehungskraft eingebüßt. Sie erreichten einen unrühmlichen Höhepunkt während der Einweihungsfeier des *Amphitheatrum Flavium*, während der 10.000 wilde Tiere ihr Leben gelassen ha ben sollen.

Im Kampf Mensch gegen Tier sollten sich Kraft, Gewandtheit und List des Kämpfenden erweisen. Oft aber ließ man wilde Tiere, ausgehungert und daher besonders gefährlich, auf Menschen los, die keinerlei Möglichkeit hatten, sich zu wehren. Denn man hatte sie unbewaffnet und gefesselt in die Arena geschickt oder an Pfähle gebunden, sodass sie den Bestien hilflos ausgeliefert waren. Besonders zum Tode verurteilten Verbrechern drohte ein solches Schicksal. Aber auch Kriegsgefangene und die unliebsamen Christen wurden auf diese schändliche Weise „entsorgt“. Dabei hielten sich die Römer noch für besonders großmütig. Schließlich berief man sich bei aller Grausamkeit darauf, jenen Unglücklichen eine wenn auch kleine Chance auf ein Überleben zu geben …

Ausgerechnet Augustus hatte die Bestrafung *ad bestias* erfunden. Darauf angesprochen, wie abstoßend doch diese Art der Vollstreckung von Todesurteilen war, meinte er, sie drohe ja nur Vatermördern und ähnlichem Gesindel. So hatte er einmal der Hinrichtung eines Verurteilten zugesehen, der, an einen

Pfahl gefesselt, von wilden Tieren angefallen wurde und erst starb, als ihm das Fleisch in Fetzen von den blanken Knochen hing.

Aus allen Teilen des noch immer expandierenden Reiches wurden Tiere nach Rom gekarrt, exotische wie einheimische, so etwa Rehe und Hirsche. Größere Aufmerksamkeit gehörte aber den Elefanten, Nilpferden, Löwen und Tigern, den Leoparden, Stieren und sogar Auerochsen. Überall im Reich war ein ganzer Berufszweig mit dem Einfangen und Verfrachten des stets benötigten Nachschubs für die Arenen beschäftigt. Er sollte dazu beitragen, die „Lebensqualität" aller Metropolen des Imperiums zu erhöhen.

In den *naumachia*, die zunächst in Rom in eigens dafür ausgegrabenen riesigen Wasserbecken aufgeführt wurden, wurden historische Seeschlachten nachgestellt. Gekämpft wurde dabei bis auf den letzten Mann. Der Erfinder dieses grausamen Zeitvertreibs war C. Iulius Caesar. Er ließ 46 v. Chr. auf dem Marsfeld einen See ausheben und darauf eine ägyptische und eine phönizische Flotte gegeneinander antreten. 1000 Seesoldaten und 2000 Reiter standen sich dabei gegenüber. Wegen des übergroßen Aufwands spielten solche Veranstaltungen jedoch eine geringere Rolle.

„Gladiatorenspiele gab er wiederholt und in verschiedener Aufmachung" weiß Suetonius von Claudius zu berichten.[4] Und er nennt auch einige Beispiele. So die alljährlich stattfindenden im Prätorianerlager (ohne Jagd und besonderen Aufwand), ein vollständiges Kampfspiel auf dem Wahlplatz und dort noch ein weiteres, das jedoch nur wenige Tage dauerte und das er *sportula* nannte. Zu seiner erstmaligen Veranstaltung hatte er in einem Edikt das Volk „wie zu einem ohne große Umstände improvisierten Imbiss eingeladen".[5]

Gladiatorenkämpfe schätzte der alternde Mann besonders. Bei ihnen gab er sich, so sein antiker Biograf, auffallend leutselig und aufgeräumt. „So zählte er die für die Sieger bestimmten Goldstücke, wie das Volk es tut, laut an den Fingern der vorgestreckten linken Hand ab, ermahnte und bat oft das Publikum, fröhlich zu sein, sprach es immer wieder mit ‚meine Herren' an und flocht bisweilen fade und weithergeholte Witze ein. Einmal versprach er zum Beispiel der Menge, die nach einem Gladiator namens Palumbus verlangte, ihn auftreten zu lassen, sobald man ihn gefangen habe." *Palumbes* heißt nämlich Täuberich …

Es gab Ereignisse, die den Kaiser in einem äußerst günstigen Licht erscheinen lassen und ihn sympathisch machen. So entband er einen Akteur von der Verpflichtung weiterer lebensgefährlicher Auftritte, weil sich dessen vier Söhne für die Freilassung des Vaters verwendet hatten. Hierfür erntete Claudius von den Zuschauern großen Beifall. Da ließ er sofort eine Tafel herumreichen, „auf der mahnende Worte an das Volk standen, wie nötig es sei, Kinder großzuziehen, die, wie sie sähen, auch einem Gladiator Schutz und Hilfe gewähren könnten".[6]

Ein besonderes „Schmankerl" für den stadtrömischen Pöbel war sicherlich ein kriegerisches Schauspiel, das die Belagerung und Plünderung einer Stadt und die Unterwerfung der Stammesführer Britanniens nachstellte. Möglicherweise krönte die Veranstaltung die Siegesfeier, die Claudius nach der Rückkehr von seinem erfolgreichen Britannienfeldzug in Rom abhielt. Er übernahm dabei, mit einem Feldherrnmantel bekleidet, selbst den Vorsitz.

Auch eine Seeschlacht ist für seine Regierungszeit verbürgt. Dabei stieß die sizilische Flotte auf die rhodische. Auf jeder Seite befanden sich zwölf Dreidecker. Ein silberner Triton, der, gleich einem *deus ex machina* auf einer Muschel liegend plötzlich mitten aus dem See auftauchte, blies zum Angriff. Als die Seeleute den Schauplatz des Geschehens betraten und dem Kaiser ihr *„Ave, Caesar, morituri te salutant!"* zuriefen, wie es Brauch war, antwortete er: Oder auch nicht! Das fassten sie irrtümlich so auf, dass der Ausspruch eine Begnadigung bedeutete und sie nicht kämpfen müssten. Da verlor Claudius die Fassung und war nur schwer davon abzuhalten, alle niederhauen und verbrennen zu lassen. Wutentbrannt watschelte er um den ganzen See herum, drohte ihnen und stachelte sie zum Kampf an.

Eine komplexe Persönlichkeit

Wie stellte sich Claudius seinen Quririten dar?

Er litt, wie wir gehört haben, an einigen körperlichen Gebrechen, beispielsweise einer Lähmung, die an ein frühkindliches Geburtstrauma denken lässt. Die genaue Diagnose ist allerdings bis heute nicht bekannt. Versuche, das Leiden des Kaisers medizinisch richtig einzuordnen, haben im Laufe der Jahrhunderte immer wieder zu unterschiedlichen Deutungen geführt. Fest steht nur, dass es sich bei Claudius' Behinderung um einen körperlichen Mangel handelte, wohingegen er in geistiger Hinsicht weit „normaler" gewesen sein dürfte als die meisten seiner römischen Zeitgenossen. Hierauf weist schon seine umfangreiche Gelehrtentätigkeit hin, auf die später noch einmal kurz eingegangen werden soll. Sie vor allem bescheinigt den regen Geist eines unermüdlichen Forschers, der der Nachwelt ein gewaltiges historisches und philologisches Werk hinterließ und anderen berühmten Geistesgrößen der Antike nicht nachstand.

Doch trotz aller körperlichen Unzulänglichkeiten, so sein antiker Biograf, fehlte es „seiner Gestalt nicht an imponierender Würde, ob er stand oder saß, aber hauptsächlich, wenn er auf dem Ruhebett lag".[1] Schlank sei er gewesen, doch ohne mager zu sein. Er hatte ein schönes Gesicht, ansehnliche weiße Haare und einen vollen Hals. Überlieferte Bildnisse bestätigen männlich prägnante Züge, die Stirn gerunzelt, wie es bei großen Denkern oft zu beobachten ist, und auf den Wangen tiefe Falten, die sich von den Nasenflügeln bis unter die Mundwinkel ziehen.

Sobald er aufstand und ging, ließen ihn seine schwachen Kniegelenke im Stich, und er zog das rechte Bein etwas nach. Unangenehm, so Suetonius, sei sein Sprechen gewesen, noch abstoßender sein grelles Lachen, „und im Zorn erschien er besonders hässlich mit schäumendem Mund und tropfender Nase".[2] Er stotterte und wackelte angeblich auch ständig mit dem Kopf, was bei Aufregung besonders schlimm wurde. Der „ältere Plinius fügte das merkwürdige Detail hinzu, dass die Augenwinkel des neuen Kaisers von einem weißen Häutchen voller winziger Äderchen bedeckt waren, die sich bisweilen mit Blut füllten".[3]

Als Kaiser verbreitete Claudius, seine Leiden am Hofe seiner Vorgänger bewusst übertrieben zu haben, um sein Leben zu schützen, eine Aussage, die angesichts der vielen Morde, die von den jeweiligen Staatsführern zur Erhaltung ihrer Macht begangen wurden, durchaus glaubhaft erscheint. Doch seine

Einlassung vermochte damals keinen so recht zu überzeugen. Bald nach dieser Äußerung „wurde ein Buch mit dem griechischen Titel ‚Wiederauferstehung der Toren' herausgegeben, das zu beweisen suchte, niemand könne Dummheit" dauerhaft vortäuschen.[4]

Erstaunlich bleibt, das sich Claudius' Gesundheit mit fortschreitendem Lebensalter verbesserte, ja er geradezu aufblühte, nachdem er Kaiser geworden war. Nur plagten ihn ab und zu heftige Magenschmerzen, wie sie schon seinem Vorfahren Augustus das Leben schwer gemacht hatten. Doch hatte jener seine Essgewohnheiten auf die schwache Gesundheit eingestellt, das heißt, soweit es einem Staatslenker möglich war, in allen Dingen Enthaltsamkeit zu üben versucht. Er begnügte sich, wie überliefert ist, oft mit Feigen und trockenem Brot und zog das bekömmliche römische Wasser dem allseits und besonders am Kaiserhof so beliebten Wein vor. Hatte doch, wie er meinte, sein Schwiegersohn Marcus Vipsanius Agrippa durch den Bau zahlreicher Wasserleitungen dafür gesorgt, dass niemand Durst leiden müsse.

Claudius dachte hingegen nicht daran, auf seine labile Gesundheit Rücksicht zu nehmen. Er liebte ausschweifende Festgelage, die er oft selbst ausrichtete und bei denen er wahrscheinlich am eifrigsten beim Essen zugriff. Er suchte sich dafür immer geräumige Lokalitäten aus, sodass manchmal bis zu 600 Gäste dem Kaiser beim Tafeln Gesellschaft leisten konnten. Seine Genusssucht blieb nicht ohne Folgen. Es soll vorgekommen sein, dass seine Magenschmerzen so schlimm waren, dass er nach eigenen Angaben sogar daran dachte, Hand an sich zu legen.

Geradezu denkwürdig muss das Festessen gewesen sein, das er „über dem Abflusskanal des Fuciner Sees" gab.[5] Dabei wäre er beinahe ertrunken. Denn nach dem Durchstich des Dammes trat das Wasser mit unvorstellbarer Kraft über die Ufer. Dazu muss man wissen, dass Claudius geplant hatte, den Fucinischen See im Marserland in den Tiber zu leiten, „damit das Land um ihn bebaut und der Tiber besser schiffbar werden könnten".[6] Rom war, wie im vorhergehenden Kapitel angesprochen, von der Einfuhr von Getreide und anderen Lebensmitteln abhängig. „Da es also vom Import lebte, das Gestade an den Tibermündungen aber weder sichere Anfahrten noch taugliche Häfen hatte, so war ihm die Seeherrschaft von keinem Nutzen ..."[7] Deshalb wollte er nicht nur den Wasserstand des Flusses anheben, es sollte auch ein neuer Hafen gebaut werden, da die verhältnismäßig kleine Anlegestelle in Ostia für die Bedürfnisse der Weltstadt Rom nicht mehr ausreichte.

Bei jeder Einladung, die der Kaiser aussprach, legte er Wert auf die Anwesenheit seiner Kinder und auch anderer Mädchen und Knaben aus den vornehmsten Kreisen Roms. Sie alle nahmen nach alter Vätersitte „zu den Füßen des Sofas sitzend", auf dem der Kaiser lag, ihre Mahlzeit ein.[8]

Wie sehr Claudius weltlichen Genüssen geradezu verfallen war, mag wiederum die Überlieferung zeigen. Angeblich, so hören wir, war der Kaiser zu jeder Zeit zu essen und trinken aufgelegt und konnte den Verlockungen einer guten Küche nie widerstehen. Als er einmal auf dem Augustus-Forum zu Gericht saß, stieg ihm ein verführerischer Duft in die Nase. Im nahen Marstempel wurde nämlich für die Salierpriester gekocht. Sogleich unterbrach er die Sitzung und eilte zu dem Heiligtum, wo er sich ungebeten zu den hungrigen Männern gesellte.

Sein antiker Biograf will auch wissen, dass Claudius nie ein Speisezimmer verließ, ohne sich ordentlich vollgegessen und vollgetrunken zu haben. Da er wegen seiner labilen Gesundheit und seines doch recht fortgeschrittenen Alters nicht mehr so viel vertrug, pflegte er sich nach dem Essen auf den Rücken zu legen und mit offenem Mund zu schlafen. Sklaven hatten ihm sodann mit einer Feder den Rachen zu kitzeln, damit er das Genossene wieder erbrechen konnte. Es war dies die in Rom übliche Art und Weise, sich den Magen zu erleichtern.

Dass Claudius auch über eine gehörige Portion Humor verfügte, mag folgende Geschichte verdeutlichen: Ein Gast an der kaiserlichen Tafel konnte der Versuchung nicht widerstehen, den goldenen Becher, aus dem er getrunken hatte, einzustecken und mit nach Hause zu nehmen. Er ahnte nicht, dass er dabei vom Hausherrn heimlich beobachtet worden war. Da Claudius nur mit Angehörigen der obersten Kreise Roms Umgang pflegte, ist kaum anzunehmen, dass der Diebstahl aus finanzieller Not geschah. Vermutlich wollte der Mann nur eine Trophäe aus dem kaiserlichen Haushalt besitzen oder eine Erinnerung an einen schönen Abend behalten. Es war schließlich nicht alltäglich, beim Kaiser zum Essen eingeladen zu sein. Am folgenden Tag wurde ihm überraschenderweise diese Ehre wieder zuteil. Doch diesmal war ihm statt eines goldenen nur ein Trinkbecher aus Ton vorgesetzt worden … Die Tat ist offensichtlich ohne weitere Folgen geblieben. Und doch dürfte der Dieb in höchstem Maße beschämt gewesen sein.

Claudius ermunterte seine Gäste auch, den natürlichen Regungen ihres Körpers freien Lauf zu lassen, nämlich leisen und lauten Blähungen nachzugeben, selbst während des Essens. Er hatte nämlich erfahren, dass sich einer seiner Freunde aus Schamgefühl in dieser Hinsicht zurückgehalten hatte und daraufhin schwer erkrankt war. Angeblich soll der Kaiser sogar beabsichtigt haben, diese „Erlaubnis" in einem eigenen Edikt festzuschreiben. Dazu ist es aber offensichtlich nicht gekommen.

Meistens, so sein antiker Biograf, blieb Claudius bis Mitternacht wach. Wie viele Große der Geschichte kam er mit wenig Schlaf aus. Doch soll es auch vorgekommen sein, dass er untertags sogar im Gericht einnickte und mitunter so fest schlief, dass es den Advokaten selbst mit erhobener Stimme nicht gelang, ihn zu wecken.

Claudius' wohl größte Leidenschaft waren Frauen, bei denen er, weniger als Mann denn als Kaiser, äußerst begehrt war. Er hatte vier Ehefrauen, von denen sich die beiden letzten, Messalina und Agrippina minor für ihn als schicksalhaft erweisen sollten. Auf seine diversen Frauengeschichten wird zu gegebener Zeit eingegangen werden. Lobend erwähnt übrigens der antike Biograf, wie bereits gesagt, dass Claudius an Männern keinen Gefallen fand.[9]

Und womit vertrieb sich dieser römische Kaiser die Zeit, wenn er nicht zu Gericht saß und nicht regierte? Er arbeitete an seinem umfangreichen Geschichtswerk. Zur Entspannung würfelte er gern und schrieb über diesen Zeitvertreib sogar ein Buch. In seinem Reisewagen hatte er ein Würfelbrett so einrichten lassen, dass er selbst bei größeren Erschütterungen in seinem Spiel nicht gestört wurde.

Umgänglich, menschenfreundlich, großzügig, ja gelegentlich fast kindlich naiv – das war die eine Seite des vierten römischen Kaisers. Aber es gab noch eine andere, jene, die das claudische Blut, das Erbteil einer adelsstolzen unerbittlichen Gens, verursachte und das zu Unsicherheit, Misstrauen und Grausamkeit neigte.

Bei allen positiven Eigenschaften sei er, so wieder sein Biograf, doch auch von blutrünstiger Natur gewesen. Er liebte es, bei peinlichen Verhören und Hinrichtungen persönlich anwesend zu sein und die Leiden der Delinquenten aufmerksam zu verfolgen. Als einmal in Tibur, dem heutigen Tivoli östlich von Rom, eine Hinrichtung nach „alter Art", also nach der Vätersitte (bei der der Verurteilte an einen Pfahl gebunden und zu Tode gepeitscht wurde), angesetzt war, ließ er sich eiligst dorthin bringen. Er fand die Hinrichtung bereits vorbereitet, aber der Henker war noch nicht eingetroffen. Da befahl er, einen aus Rom heranzuschaffen und harrte geduldig bis zum Abend aus.

Wie alle hochgestellten Persönlichkeiten gab er oft die beim Volk so beliebten Gladiatorenspiele und ließ sogar diejenigen Kämpfer umbringen, die zufällig hingefallen waren. Es waren vor allem die Retiarier, deren Gesichter er dann beim Sterben mit großem Interesse beobachtete. Waren Veranstaltungen in der Arena erst für die Mittagsstunden angesetzt, sah man ihn schon am frühen Morgen ins Theater eilen, um ja nichts zu versäumen. Und es kam vor, dass er für ein besonderes Spektakel sogar auf sein geliebtes Mittagessen verzichtete.

Einmal hatte sich ein Kämpferpaar gegenseitig getötet. Da befahl Claudius, aus den beiden Schwertern, denen er wohl magische Kräfte zuschrieb, zwei kleine Dolche für seinen Privatgebrauch zu schmieden.

In launiger Anwandlung konnte es auch geschehen, dass er nicht nur ausgebildete Gladiatoren gegeneinander auftreten ließ, sondern beliebige Männer in die Arena schickte, so etwa einen seiner Nomenklatoren, der nicht einmal Gelegenheit erhalten hatte, sich seiner hindernden Toga zu entledigen. Es darf angenommen werden, dass der Mann die ihm so unverhofft widerfahrene „Ehre“ nicht überlebte.

Nicht nur diese spezifische Art von Grausamkeit wird dem Kaiser nachgesagt. Auch ängstlich und misstrauisch sei er gewesen. Kein Wunder, wenn man an seine Kindheit und Jugend und vor allem an die Zeit denkt, als er gezwungen war, am Hofe seines Neffen den Narren zu spielen, wenn er überleben wollte.

Zu jedem Festessen begleiteten ihn bewaffnete Leibwächter. Soldaten, auf deren Treue er sich verlassen konnte, hatten ihm bei Tisch aufzuwarten. War ein Krankenbesuch unumgänglich, ließ er zuvor Kissen und Decken im Krankenzimmer abtasten und ausschütteln. Leute, die ihn besuchen kamen, hatten sich vor Eintritt in seine Gemächer einer Leibesvisitation zu unterziehen. Erst mit fortschreitender Regierungszeit waren Frauen, Knaben, die noch die Kindertoga trugen, und Mädchen von dieser entwürdigenden Prozedur ausgenommen. Anfangs nahm man sogar den Sekretären seiner Besucher Schreibrohr und Griffelbüchse weg. Hatte nicht schon Gaius Iulius Caesar einen seiner Mörder mit dem Schreibgriffel schwer verletzt, ehe er selbst fiel?

Viele Angehörige des altehrwürdigen Stadtadels nahmen Anstoß an diesen kaiserlichen Anordnungen, die sie als Kränkungen empfanden, sodass nur ein Jahr nach Claudius' Regierungsantritt Furius Camillus Scribonianus, Statthalter von Dalmatien, den Kaiser „in einem Schreiben voll Beschimpfungen und frecher Drohungen aufforderte, abzudanken und ein ruhiges Leben als Privatmann zu führen“.[10] Es war dies die Zeit der revolutionären Umtriebe, als Camillus, wie berichtet, einen Aufstand entfacht hatte, der aber schon nach fünf Tagen niedergeschlagen worden war. Gefahr bestand für Claudius also nicht mehr. Doch er war verunsichert. In seiner Not rief er die ersten Männer des Staates zusammen, um mit ihnen zu beratschlagen, ob er der Aufforderung zum Rücktritt nicht Folge leisten solle.

Jede Anzeige neuerlicher Verschwörungen schwächte sein ohnehin geringes Selbstbewusstsein. Erschüttert und ängstlich überlegte er oft, ob es für ihn nicht tatsächlich besser wäre, auf die Herrschaft ganz zu verzichten. Immer flüchtete er sich in den Senat, von dem er sich Hilfe und Verständnis erhoffte. So auch, als einmal – er befand sich gerade in einer Opferhandlung – ein Fremder mit einem Dolch bewaffnet in seine Nähe kam. Claudius war darüber so erschrocken, dass er sogleich Herolde beauftragte, die eingeschriebenen Väter zu einer Sondersitzung einzuberufen. Vor ihnen beklagte er tränenreich sein Schicksal, jammerte, dass es für ihn nirgendwo Sicherheit gäbe. Nach diesem Vorfall blieb er lange Zeit der Öffentlichkeit fern. In der Tat waren seine Herrschaft und sein Leben jederzeit bedroht. Die alten Quellen sprechen von nicht weniger als sechs Verschwörungen, die sich gegen ihn richteten.

Das vorletzte regierende Mitglied des julisch-claudischen Kaiserhauses war zweifellos ein intelligenter Mann. Doch trotz seiner überragenden geistigen Fähigkeiten war er äußerst leichtgläubig. Jeder noch so geringe Verdacht, jede Anzeige, und war sie auch noch so abwegig, versetzte ihn in Angst und Schrecken, die sich allzu oft in Wut- und Zornausbrüchen übelster Art Luft verschafften. Mit einer gewissen Berechtigung spricht der antike Geschichtsschreiber deshalb von einer „merkwürdigen Unberechenbarkeit" seines Protagonisten.[11] Immer und überall fürchtete er um sein Leben, was möglicherweise auch auf traumatische Erlebnisse während seiner Kindheit und Jugend zurückgeht. Hatte man ihn doch stets spüren lassen, wie wenig er der Gesellschaft und insbesondere der kaiserlichen Familie bedeutete, wie unwichtig er war. So verwundert es kaum, dass ihn auch Kleinigkeiten, die sich gegen seine Person oder sein Amt richteten, in Unruhe versetzten und er für vermeintliche oder tatsächliche Angriffe beständig auf Rache sann.

Er wusste selbst um seine oft unberechtigten Anfälle und entschuldigte sich gelegentlich dafür, doch ohne sein Verhalten zu ändern. In einem Edikt ließ er seine Untertanen wissen, dass seine Wut ungefährlich wäre und sich immer rasch verflüchtige. Sein gelegentlicher Zorn aber sei durchaus berechtigt. Ein eher unbedeutender Vorfall in Ostia zeigt, wie leicht er zu kränken war. Aus nicht näher genanntem Grund hatten ihm die Bewohner der Küstenstadt bei seiner Einfahrt in den Tiber keine Boote zur Begrüßung entgegengeschickt. Man habe ihn mit dieser Missachtung zum gemeinen Soldaten degradiert, ärgerte er sich. Aber bald schon verzieh er die Nachlässigkeit, und es hätte nicht viel gefehlt, hätte er sich sogar für seine wütende Reaktion entschuldigt.[12] Dann aber zeigte er sich doch wieder nachtragend. Eine Delegation der Einwohner Ostias trug ihm eine Bitte vor – es ist leider nicht überliefert, was man sich vom Kaiser erhoffte. Das Anliegen versetzte ihn jedenfalls in Wut, und er schrie die Abgesandten an, es gäbe keinen Grund, ihrer Stadt eine Gunst zu erweisen. Auch wenn jemand wagte, ihn zu ungelegener Zeit anzusprechen, konnte es geschehen, dass er den Bittsteller mit eigener Hand unsanft von sich stieß.

Er handelte oft zerstreut und unüberlegt. Nachlässig sei er auch in seiner Sprache und in seinem Benehmen gewesen. Selten habe er darauf Rücksicht genommen, zu wem und wo er sprach und was er seiner herausragenden Stellung schuldig war. „Als einmal von den Metzgern und Weinhändlern die Rede war, rief er im Rathaus aus: ‚Ich frage euch, wer kann ohne ein Stück Wurst leben?'"[13] Und dann schwelgte er in der Erinnerung an die Wirtshäuser, die er früher, als er noch Privatmann gewesen war, selbst aufgesucht hatte, um dort seinen Wein zu holen.

Auch bei der Vergabe von Posten erinnerte er sich gern gewisser Wohltaten, die er einst empfangen hatte. Dabei verließ er sich auf ein geradezu außerordentliches Gedächtnis. Er favorisierte beispielsweise einen Kandidaten für die Quästur, weil dessen Vater ihm einmal, als Claudius krank war, einen Becher frisches Wasser gereicht hatte. Zu einer Zeugin, die vor Gericht aussagen sollte, meinte er, die Frau sei eine Freigelassene und Zofe seiner Mutter gewesen, doch habe sie stets ihn, Claudius, als ihren Herrn angesehen. „Dies", so gestand er, „sage ich deshalb, weil es noch heute in meinem Haus Leute gibt, die mich nicht für ihren Patron halten."[14]

Auch gewisse Redensarten werden Claudius zugeschrieben, so etwa: „Wie, hältst du mich für einen Telegenius?" Oder: „Sprich, aber rühr' mich nicht an!" Derlei Aussprüche schickten sich nicht für eine hochgestellte Persönlichkeit, so der Biograf, und erst recht nicht für einen römischen Kaiser.[15]

Selbst als solcher widmete sich Claudius noch intensiv seinen Schriften, die er durch einen Vorleser dem Publikum vorstellen ließ. Als er bei einem seiner ersten öffentlichen Auftritte einmal selbst an das Lesepult trat, brachen, noch ehe er richtig begonnen hatte, unter der Last eines allzu beleibten Zuhörers mehrere Bänke zusammen, was einen allgemeinen Heiterkeitsausbruch auslöste. Auch Claudius konnte sich nicht zurückhalten. Noch während seines Vortrags musste er an den Vorfall denken und brach immer wieder in heftiges Lachen aus.

Nicht nur die lateinische, auch die griechische Sprache beherrschte der Kaiser perfekt, wie sich das für einen gebildeten Römer nach allseitiger Auffassung gehörte. Und er lobte jeden, der sich in beiden Sprachen verständigen konnte. So meinte er einmal bewundernd zu einem Barbaren: „Da du *unsere beiden* Sprachen sprichst …“[16] Er liebte Griechenland vor allem wegen seiner Kultur und den mit Rom gepflegten wissenschaftlichen Beziehungen.

Als Losung gab er den Offizieren der Wache meist den Vers von Homer: „Abzuwenden den Mann, der mich hohnsprechend beleidigt.“[17]

Zwanzig Bände umfasste seine Abhandlung über die Geschichte der Etrusker, acht über die der Karthager, beide in griechischer Sprache verfasst. Bedauerlicherweise ist keines seiner Bücher erhalten geblieben. Den Verlust, den die antike Geschichtswissenschaft damit zu beklagen hat, gehört zu den schwersten, denn es dürften sich in seinem Werk grundlegende Erkenntnisse vor allem über die Etrusker befunden haben, zumal Claudius' erste Frau etruskische Wurzeln hatte und möglicherweise zu seiner Arbeit Wesentliches hatte beitragen können.

Das alte Museum im ägyptischen Alexandria wurde zur Veröffentlichung dieser Werke durch einen Neubau erweitert, der Claudius' Namen trug. In den beiden Gebäuden sollten die Arbeiten jährlich in ganzer Länge vorgetragen werden, und zwar „wie in einem Hörsaal von einander sich ablösenden Vorlesern“.[18]

Schließlich beschäftigte sich Claudius auch noch als Kaiser mit seiner eigenen Biografie, die acht Bände umfasste. Sie zeichnete sich angeblich weniger durch Geist als durch Eleganz aus. Doch hat auch dieses Werk die Zeiten nicht überlebt. Als Zeugnis seiner Gelehrsamkeit gilt dem antiken Biografen hingegen die von ihm verfasste „Verteidigung Ciceros gegen die Bücher des Asinius Gallus“. Nach einer geschichtlichen Abhandlung über das römische Alphabet fügte er diesem drei Buchstaben hinzu, eine Maßnahme, die ebenfalls nicht von Dauer war.[19]

„Der Umstand, dass Claudius wissenschaftlich tätig war und jahrelang ein zurückgezogenes Gelehrtenleben geführt hatte, erklärt viele Züge“ des neuen Prinzipats. „Er hatte in seiner Person die widersprüchlichen Tendenzen vereint, die für die Geschichtsschreiber seiner Epoche bezeichnend waren; er war gleichzeitig ein gelehrter Altertumskenner und ein Chronist der Geschichte seines Zeitalters.“[20]

Beides hat zu den Leistungen seiner Herrschaft wesentlich beigetragen. Einerseits kannte er wie kaum jemand Roms große Vergangenheit, in der die Geschichte seiner Familie, der stolzen Claudier, eine so große Rolle spielte, und bemühte sich, veraltete Einrichtungen wiederzubeleben. Andererseits hatte ihn seine jahrzehntelange Forschungsarbeit gelehrt, dass es im politischen wie im privaten Leben keinen Stillstand gibt. Augustus, den Claudius wie so viele andere Kaiser nach ihm „so rückhaltlos bewunderte, hatte es fertiggebracht, diese beiden Ziele zu vereinen. Claudius jedoch verlieh dieser Mischung eine neue Note, indem er diesem Prozess die unstillbare Wissbegier und wissenschaftliche Genauigkeit des Historikers als seinen persönlichen Beitrag hinzufügte".[21]

Doch mehr noch als den Ansprüchen seines Geistes scheint Claudius den Forderungen seines Körpers gefrönt zu haben. Er liebte, worauf bereits mehrfach hingewiesen wurde, die Frauen. Und sie waren es schließlich, die ihn Würde und Leben kosteten.

Die Bautätigkeit

Bevor wir uns Claudius' Liebesleben und Familienangelegenheiten zuwenden, seien weitere Blicke auf seine öffentliche Tätigkeit erlaubt.

Kaiser Augustus, Claudius' Großonkel, rühmte sich in seinem Tatenbericht, den *res gestae,* die er der Welt als Vermächtnis hinterließ, er habe bei seinem Regierungsantritt eine Stadt aus Ziegeln vorgefunden und eine aus Marmor hinterlassen. Es war aber genug Ziegelstein übrig geblieben und in manchen Stadtvierteln nicht einmal er. Die Wohnhäuser des römischen Normalbürgers waren hauptsächlich aus Holz gefertigte, lieblos über mehrere Stockwerke in die Höhe getriebene Zweckbauten, *insulae* genannt, die oft einstürzten und nicht zuletzt wegen der offenen Kohlebecken immer feuergefährdet waren. Die Brände in Rom waren verheerend, und fast jeder Staatsführer wurde mindestens einmal in seiner Regierungszeit von ihnen herausgefordert. Immer wieder waren Menschenleben zu beklagen, sodass sich mancher Herrscher, allen voran Claudius' Nachfolger Nero, gezwungen sah, in Bauvorschriften die Höhe der Wohngebäude auf vier Stockwerke zu begrenzen. Der Zustrom von Menschen nach Rom war überwältigend, schon wegen der kostenlosen Getreideversorgung und der fast noch begehrteren Unterhaltungsmöglichkeiten, die die Hauptstadt ihren Bewohnern bot und die ebenfalls nichts kosteten. Fast jeder wollte deshalb lieber in Rom als auf dem Lande leben, das keinerlei vergleichbare Zerstreuungen und erst recht keinen kostenlosen Broterwerb bot, sondern hartes Zupacken erforderte, wenn man leben und überleben wollte. Der Bedarf an günstigem und schnell bereitgestelltem Wohnraum in Rom glich vermutlich dem, den die meisten Großstädte der Neuzeit heute verzeichnen.

Mochte sich Claudius auch in den Grundzügen seiner Herrschaft bewusst in die Nachfolge eines Augustus stellen – schon, um sich dynastisch zu legitimieren –, was die Bautätigkeit betraf, konnte er sich doch nicht mit dem zu seiner Zeit fast schon legendären Vorgänger messen. „Die Bauten", schreibt sein antiker Biograf, „die Claudius errichten ließ, waren groß und nützlich, aber nicht sehr zahlreich."[1] Das lag sicherlich nicht nur daran, dass er, als er den Thron bestieg, bereits 50 Jahre alt war, sich nach antiker Auffassung also längst an der Schwelle zum Greisenalter befand. Ihm fehlte auch der *spiritus rector* für größere Bauvorhaben in Rom selbst, wie er Augustus in der Person seines Freundes und Schwiegersohnes Marcus Vipsanius Agrippa so selbstlos zur Verfügung gestanden hatte. Man darf auch nicht außer Acht lassen, dass

Claudius nur 14 Jahre auf dem Thron saß, während es Augustus vergönnt war, viele Jahrzehnte über das Römerreich zu herrschen.

So findet sich in der Stadt Rom kaum ein Bauwerk, das auf Claudius' Initiative zurückging. Sein Ehrgeiz, sich nicht zuletzt als Bauherr einen gewissen Nachruhm zu sichern, konzentrierte sich im Wesentlichen auf die Anlage, den Ausbau und die Restaurierung von Straßen, die netzartig das Imperium durchzogen. Auch dem Bau und der Fertigstellung von Wasserleitungen galt seine Aufmerksamkeit. Nicht zuletzt geht die neue gewaltige Hafenanlage im romnahen Ostia auf seine Initiative zurück – ein Projekt, das in seinen Ausmaßen und in seiner Architektur stark an den berühmten Hafen erinnerte, den zwei Generationen zuvor König Herodes der Große im jüdischen Caesarea hatte ausheben und befestigen lassen. Berechtigt stellt der antike Biograf deshalb fest, dass, wie gesagt, die „Bauten, die Claudius erstellen ließ ... groß und nützlich, aber nicht sehr zahlreich waren".[2]

Von Dio Cassius erfahren wir, dass der Kaiser den Städten jene Bildsäulen zurückerstattete, die sein Vorgänger „geraubt" hatte, um mit ihnen seine Hauptstadt zu schmücken.[3]

Im Zentrum des *Forum Romanum* befinden sich noch heute ansehnliche Reste des Dioskuren-Tempels, dessen drei wiedererrichtete Säulen als eines der Wahrzeichen der antiken Stadt gelten. Der Kult der „Dioskuren" genannten Zwillinge Castor und Pollux, der Sage nach Söhne des Göttervaters Zeus und der Leda, ging auf die Anfangsjahre der *res publica* zurück. Seine Geschichte beginnt in Rom „mit den kriegerischen Auseinandersetzungen zwischen Römern und Latinern, die für Rom mit einem Sieg am See Regillus, der heute als Krater Panatno Secco bekannt ist, endete" (496 v. Chr.).[4] Damals waren, so will es die Legende, zwei Jünglinge auf dem Forum erschienen, um an der noch heute Wasser spendenden Iuturna-Quelle ihre Rösser zu tränken und den Römern den Sieg zu verkünden. Den Söhnen des höchsten Gottes hatten schon die Bewohner Großgriechenlands – bei ihnen hießen sie Kastor und Polydeukes – gehuldigt. Auch bei den Etruskern finden sich Spuren ihres Kults. Schließlich gelangte dieser wohl über Unteritalien (Tarent) nach Rom.

Nach der Verkündung des Sieges errichteten die dankbaren Römer den beiden jungen Männern einen Tempel, der in der Folgezeit mehrfach erneuert werden musste. Zuletzt hatte Tiberius den Neubau des Heiligtums im Jahr 6 n. Chr. geweiht.

Er war wohl während eines Brandes in claudischer Zeit beschädigt worden und wurde nun, wie Dio Cassius weiter meldet, den Dioskuren „zurückgegeben". Leider berichten die anderen alten Quellen darüber nichts. Möglicherweise befand sich eine entsprechende Nachricht in dem Teil von Tacitus' Annalen, der verloren gegangen ist.

Anders das Wissen um das Pompeius-Theater, das von Pompeius Magnus in den Jahren 55–52 v. Chr. auf dem Marsfeld als erstes steinernes Gebäude dieser Art in Rom errichtet worden war. Während eines großen Stadtbrands war es angeblich eingeäschert worden, und Claudius hatte dafür gesorgt, dass es wieder aufgebaut und seiner Bestimmung übergeben wurde.[5] Es hatte nur wenige Jahrzehnte zuvor eine traurige Berühmtheit erlangt. In den Komplex seiner Säulenhallen war die *Curia Pompei* eingebaut, jenes Rathaus, im dem an den Iden des März 44 v. Chr. Gaius Iulius Caesar dem Attentat einiger Senatoren zum Opfer gefallen war. Heute lassen sich Teile des Pompeius-Theaters nur noch am Straßenverlauf ausmachen. Die Anlage ist weitestgehend mit Palästen und öffentlichen Plätzen überbaut. „In zahlreichen Gebäuden" jedoch sind noch „im Keller Gänge aus *opus reticulatum"*, Netzmauerwerk, erhalten geblieben.[6]

Gleich einer gewaltigen Brücke verbinden heute die monumentalen Reste der *Aqua Claudia* die Hügel des Caelius, Aventin und Palatin. Als Claudius den Thron der Caesaren bestieg, hatte der Wasserbedarf der Hauptstadt das Leistungsvermögen der sieben bereits bestehenden Fernwasserleitungen längst überschritten. Schon Caligula hatte sich bemüht, hier Abhilfe zu schaffen. Er hatte den Neubau zweier prächtiger Aquädukte angeordnet, den der Aqua Claudia und den der Aqua Anio Novus. Allerdings erlebte er die Fertigstellung nicht, da er ja, wie berichtet, nur vier Jahre nach seiner Thronerhebung auf gewaltsame Weise sein Leben verlor. Es lag an seinem Nachfolger, den Bau fortzuführen und zu vollenden. Die Einweihung beider Betriebe erfolgte im Jahr 52 der neuen Zeitrechnung.

Fast 69 Kilometer lang ist die Wasserleitung, die Claudius' Namen trägt, ein Bauwerk der Superlative. Sie ist nicht nur die drittlängste Fernwasserleitung Roms, sondern vor allem die ergiebigste. Ihre gewaltigen Gebäudereste dominieren noch immer die Campagna. Bis zu einer Höhe von 32 Metern ragen ihre Bogen in den Himmel. An ihrem südlichsten Trassenpunkt, unweit von Rom, „wurde sie mit der Aqua Anio Novus auf einer gemeinsamen Bogenreihe geführt, die an der Porta Praenestina die Stadtmauer erreichte. Die Überquerung der Via Praenestina und der Via Labicana wurde zu einem großartigen doppeltorigen Bauwerk gestaltet, dessen Inschriften über den Bau der beiden imposanten Leitungen berichten".[7]

Nicht nur der Mons Caelius und den Mons Aventinus wurden durch die beiden Wasserleitungen mit dem kostbaren Nass versorgt. Auch der Palatin erhielt nun jederzeit frisches Trinkwasser; man hatte sich dort bislang mit dem aus Zisternen begnügen müssen. Auch der Stadtteil Transtiberim (heute Trastevere) durfte sich nun über Wasser hervorragender Qualität freuen. 92 Verteilerbecken versorgten zudem weitere Viertel der Stadt.

Die alten Quellen berichten, dass die *Aqua Claudia* öfter restauriert werden musste, so unter Vespasian (72 n. Chr.) und unter Titus (81 n. Chr.). Im Jahr 201 nahm der spätere Kaiser Caracalla eine weitere Ausbesserung vor und schließlich 300 Jahre später noch einmal der Ostgotenkönig Theoderich.

Ebenfalls im Jahr 52 unserer Zeitrechnung wurde von Claudius die Aqua Anio Novus ihrer Bestimmung übergeben. Ihr Verlauf ist mit dem der Aqua Claudia nahezu identisch. Sie bezog ihr Wasser aus einem Fluss, der von bebauten Feldern umgeben war, wohl die Ursache dafür, dass sich das Wasser öfter trübte. Das Erdreich der unbefestigten Ufer konnte sich nämlich lösen und den Fluss verunreinigen, sodass das Wasser aufbereitet werden musste, ehe es trinkbar war.

Die *Aqua Claudia* hatte ihren Ursprung hingegen in „zwei sehr reichhaltigen und prächtigen Quellen", die beim 38. Meilenstein der Via Sublacensis sprudelten. *Caerula* hieß die eine, die „Bläuliche", die andere wurde *Curtia* genannt.[8]

Ein dritter Aquädukt wurde unter Claudius restauriert: Die von Augustus' Freund und Schwiegersohn Marcus Vipsanius Agrippa angelegte Aqua Virgo, deren Wasser bis heute den berühmten römischen Trevi-Brunnen speist.

Für den neuzeitlichen Menschen vor allem in westlichen Kulturkreisen gehört es zu den größten Errungenschaften der Zivilisation, jederzeit und überall mit dem lebenswichtigen Naturstoff Wasser versorgt zu werden. Doch kaum jemand ist sich dieses Vorzugs bewusst. Man macht sich wenig Gedanken, mit welchen Kosten und unter welchen Schwierigkeiten es gewonnen und verteilt werden muss. Bereits jetzt drohen gewaltsame Konflikte um den lebenswichtigen Rohstoff. Und es darf angenommen werden, dass sich die militärischen Auseinandersetzungen der Zukunft zumindest auch um das Wasser drehen werden.

In der Hochzeit des Imperium Romanum lag der Wasserverbrauch jedes Einzelnen ungleich höher als in den heutigen Industrieländern. Doch das war nicht immer so gewesen.

Die Römer der Frühzeit mussten sich mit dem Wasservorrat zufrieden geben, den sie dem Tiber, den Schöpfbrunnen und den natürlichen vorhandenen Quellen entnahmen. Doch genügten schon in den ersten beiden Jahrhunderten der Republik die örtlich verfügbaren Wasservorkommen für den steigenden Bedarf nicht mehr aus. Zudem dürfte nicht jedes Wasser gesund gewesen sein. Der Tiber diente beispielsweise auch als Entsorger von Müll und sogar Leichen, was die Wasserqualität sicherlich nicht begünstigte.

Im Jahr 312 v. Chr. wurde deshalb die Aqua Appia in Betrieb genommen, die erste Fernwasserleitung, die den Beginn eines bis dahin einzigartigen Versorgungssystems einläutete. Das Hauptleitungsnetz war schließlich über 400 Kilometer lang.

Mit größter Hochachtdung gedenkt der ältere Plinius in seiner *Naturalis Historia* dieser gewaltigen Leistung römischer Ingenieurkunst.[9] Besonders das immer ausschweifendere Badewesen erhöhte den städtischen Wasserbedarf. Um die mittlere Kaiserzeit sollen sich in Rom Hunderte öffentlicher Badeanstalten befunden haben.

Die besondere Aufmerksamkeit des Kaisers gehörte nicht weniger den Verkehrswegen. In ganz Italien, aber auch in den Provinzen ließ er Straßen und Wasserwege anlegen und erneuern, die sich zu Lebensadern des Imperiums entwickelten. Mit einer gewissen Berechtigung kann man bis heute sagen, dass alle Wege nach Rom führen.

So ließ Claudius beispielsweise einen breiten Kanal vom Rhein bis zum Meer graben, wie es sein Vater mit den berühmten *Fossae Drusianae* bereits getan hatte. Die *Via Claudia Augusta,* ebenfalls von Claudius' Vater Drusus während der Alpenfeldzüge bereits begonnen, wurde jetzt ausgebaut. Sie gehörte bald zu den wichtigsten Straßen des Reiches, führte sie doch von der Hauptstadt über Oberitalien und Rätien zu der neu gegründeten Provinz Noricum an der Donau, die eine der natürlichen Grenzen des Reiches bildete. Sie endete im heutigen Donauwörth. Im Mittelalter wurde sie bis nach Dänemark fortgeführt.

Doch es gab weitere Herausforderungen.

„Zu den beachtlichen römischen Ingenieursleistungen gehörte der bereits unter Tiberius angelegte und von Claudius und Domitian reparierte Weg ins Donautal am Eisernen Tor ..."[10] Der Kaiser ließ auch das in Gallien großzügig ausgebaute keltische Wegenetz mit Millarien versehen, Meilensteinen, die der Orientierung der Reisenden dienten und die die Entfernung von der Hauptstadt angaben. So fand sich bei Martigny ein unter Claudius errichteter Meilenstein, der auf ihn als Auftraggeber hinweist. In Rom stand seit augusteischer Zeit auf dem Forum das *Milliarium Aureum,* eine im Jahr 20 v. Chr. errichtete Säule, die „den idealen Schnittpunkt aller Straßen des Reiches bezeichnete und auf der die Entfernungen von Rom" bis zu den wichtigsten Städten des Imperiums angegeben waren.[11] Ihre Aufstellung in unmittelbare Nähe zum *Umbilicus Urbis et Orbis*, dem Nabel der Stadt und des Erdkreises, weist auf die Bedeutung des Meilenzeigers hin und macht Rom einmal mehr zum Mittelpunkt der antiken Welt.

Dass Meilensteine aber auch politische Botschaften vermitteln sollten, zeigen jene, die nach dem Ausbau der Via Claudia aufgestellt wurden. Besonders eindrucksvolle Exemplare erinnern den Passanten daran, das schon Claudius' Vater Drusus während der Alpenfeldzüge auf diesem Weg geritten war. Ihre Inschriften verkünden über die Erinnerung an den Trassenbauer hinaus, dass Claudius die unter seinem Vater begonnene Expansion des Reiches nach Norden hin mit friedlichen Mitteln fortführen und vollenden wollte.

Mit der Inschrift auf einer Stele von Patara in der Provinz Lykien ehrten schließlich die „römerfreundlichen und kaiserliebenden, treuverbündeten Lykier" Claudius' Fürsorge für das Gemeinwohl.[12] Gut ausgebaute Straßen dienten also nicht nur den an die Reichsgrenzen ziehenden Truppen zur leichteren Fortbewegung. Sie erschlossen auch unbekannte Gebiete und förderten Handel und Verkehr und damit das friedliche Zusammenleben der Völker.

Zu den besonderen Herausforderungen der Baumeister zu Claudius' Zeit gehörte die Trockenlegung des Fucinersees, die allerdings nicht zur vollen Zufriedenheit der Staatsführung abgeschlossen werden konnte. Schon Gaius Iulius Caesar hatte das Großprojekt in Angriff genommen, es jedoch bald wegen der „Schwierigkeit der Aufgabe" wieder eingestellt.[13] Augustus, der von den Marsern, die dort siedelten, immer wieder gedrängt wurde, den See zu entwässern, hatte sich erst gar nicht daran gewagt. Beim Fucinersee, in Mittelitalien gelegen, handelte es sich um das größte Binnengewässer der italischen Halbinsel, und Claudius hatte Interesse daran, die anbaufähige Fläche des Mutterlandes seines Reiches zu erweitern, nicht zuletzt, um den steigenden Getreidebedarf der Hauptstadt zu befriedigen. Doch das war nicht der einzige Grund für die Trockenlegung. Dio Cassius berichtet, der Kaiser wollte den Fucinersee „in den Tiber leiten, damit das (gewonnene, d. V.) Land um ihn bebaut und der Tiber besser schiffbar werden könnten".[14] Es gab weitere Gründe. Beim Fucinersee handelte es sich um einen Karstsee, der über keinen natürlichen Abfluss verfügte. Die Überschwemmungsgefahr war deshalb groß. Das war vermutlich auch der Grund, weshalb die Marser so beharrlich auf Abhilfe pochten. Die versumpften Ufer galten als Brutstätte der die Malaria übertragenden Stechmücken. Auch deshalb war die Trockenlegung sinnvoll. Zudem verfügte das Umland des Gewässers über äußerst fruchtbare Böden, was man sich auch vom Seegrund versprach.

Es ist nicht bekannt, ob Claudius je beabsichtigte, das gesamte Seeareal zu entwässern. Die alten Quellen verraten darüber jedenfalls nichts. Im Jahr 52 veranstaltete er ja auf der verbliebenen Seefläche jene aufwändigen Naumachien, von denen bereits die Rede war. Möglicherweise galt diese Veranstaltung als offizielle feierliche Beendigung der Bauarbeiten.

Jedenfalls begannen bald nach Claudius' Regierungsantritt bis zu 30.000 Arbeiter, in elfjähriger andauernder Tätigkeit einen Entwässerungskanal anzulegen, der mittels eines Tunnels unter dem Monte Salviano hindurch geführt wurde. Doch erwies sich bald, dass Tunnel und Kanal nicht groß genug konzipiert waren, um die gewaltigen Wassermassen aufzunehmen. Die Arbeiten erschwerten sich, als ein 85 Meter langes Stück des Tunnels einbrach. Entlastungsschächte mussten gegraben und Wasserschöpfer eingesetzt werden. Zuletzt konnte nur ein Teil der ursprünglichen Wasserfläche erfolgreich genutzt werden. Unter den Kaisern Trajan (98–117 n. Chr.) und Hadrian (117–138 n. Chr.) wurden Kanal und Tunnel erweitert, aber auch das brachte nicht den gewünschten Erfolg. Den gewaltigen Fluten war mit den damaligen Mitteln der Technik nicht beizukommen. Selbst der Stauferkaiser Friedrich II., für seine spektakulären Versuche und Erfindungen bekannt, scheiterte. Die Trockenlegung gelang erst in der Mitte des 19. Jahrhunderts, nachdem der römische Fürst und Bankier Alessandro Torlania den Auftrag dazu erteilt hatte. Damals wurde ein Tunnel von der dreifachen Größe, die Claudius einst geplant hatte, unter dem Berg hindurch getrieben.

Heute gehört das Fuciner Becken zu den fruchtbarsten landwirtschaftlich genutzten Regionen Italiens. In den Trümmern Marruviums, der einstigen Hauptstadt des Stammes der Marser, fanden Archäologen eine Statue, die die Einwohner Claudius errichtet hatten – ein Beweis, wie dankbar sie ihrem Kaiser selbst für das wenige Erreichte gewesen waren.

Zu den kühnsten Projekten der kaiserlichen Bautätigkeit gehört die Neuanlage des Hafens von Ostia, der Verbindungsstadt Roms zur Welt, dem römischen Fenster zum offenen Meer, das zu Claudius' Zeit seinen Rang noch nicht an das südlicher, Richtung Orient gelegene Brundisium abgetreten hatte. Noch haben der unter Claudius angelegte neue Hafen und ihn umstehende Gebäudereste der Wissenschaft nicht alle Geheimnisse preisgegeben. Dass unter Claudius jedoch in Ostia eine neue Hafenanlage entstand, ist schon dem Bericht des Suetonius zu entnehmen. Er schreibt: „Den Hafen von Ostia gestaltete er so, dass er rechts und links zwei Arme ins Meer hinausragen und, wo das Wasser schon tief war, einen Damm aufführen ließ.“[15] Dio Cassius berichtet es ähnlich. Zur Winterzeit, so meint er, sei kaum ein Schiff bis Rom gekommen. und wer es wagte, der Natur zu trotzen, hatte es allzu oft zu bereuen. Dieser Übelstand brachte den Kaiser „zu dem Entschluss, einen Hafen anzulegen. Zwar erklärten ihm auf seine Frage die Bausachverständigen, dass der Aufwand so ungeheuer wäre, dass er ihn wohl nicht würde machen wollen, wodurch sie ihn vor der Unternehmung abzuschrecken suchten. Er ließ sich aber nicht davon abbringen und unternahm und vollendete ein so großartiges Werk, dass es Roms würdig ist".[16]

Der *Portus Ostiensis Augustae*, wie er offiziell genannt wurde, liegt 25 Kilometer von Rom entfernt im Stadtgebiet von Fiumicino, das heute wegen seines internationalen Flughafens bekannt ist.

Da der unmittelbar an der Tibermündung gelegene alte Hafen Roms zunehmend versandete, ließ Claudius ab 42 n. Chr. drei Kilometer östlich davon an einem Nebenarm des Flusses ein neues Hafenbecken anlegen, das den gestiegenen Erfordernissen der noch immer expandierenden Weltmacht entsprach. „Die kommerzielle Wichtigkeit des Hafens von Ostia", so die neuzeitliche Forschung, „zog nach und nach die Notwendigkeit eines neuen und größeren Hafenbeckens nach sich, das von der immer mehr versandenden Tibermündung getrennt werden musste. Zudem war die Kapazität des Anlegeplatzes am Tiber, der nur eine Mole besaß, allmählich unzureichend geworden. Die größeren Frachtschiffe waren gezwungen, ihre Ladung auf kleinere Schiffe umzuladen, die dann von einem Ochsengespann bis nach Rom gezogen wurden. Das Problem der Versorgung der Hauptstadt wurde auch nicht durch die Unterstützung von Seiten des Hafens in Pozzuoli gelöst, der auf die Dauer zu weit entfernt lag und besonders in den Wintermonaten von Rom aus schwer zu erreichen war. Ausgeführt wurde der Plan allerdings erst unter Kaiser Claudius, (41–54 n. Chr.), gegen den Widerstand des Senats ..."[17]

Der gewaltige Neubau nahm eine Fläche von 69 Hektar ein und ähnelte in seiner Architektur stark jener berühmten Anlage, die Herodes, König der Juden, mehr als zwei Generationen zuvor im jüdischen Caesarea hatte anlegen lassen. Ob sich Claudius von jenen Plänen anregen ließ, ob vielleicht sogar sein Freund Herodes Agrippa, Nachfahre des großen Königs, seine Hände im Spiel hatte, ist ungewiss. Die Ironie der Geschichte wollte, dass beide Anlagen nahezu spurlos verschwunden sind. Sie wurden vom Meer überspült.

Das neu angelegte künstliche Hafenbecken war von zwei weit ins Meer hinausragenden Molen geschützt. Zwischen ihnen erhob sich zum offenen Meer hin ein imposanter Leuchtturm an der Anlegestelle, die bereits von Claudius' Vorgänger Caligula errichtet worden war, um einen aus Ägypten entführten Obelisken zu entladen, der den Zirkus auf dem Vatikangelände (heute Piazza San Pietro) schmücken sollte. Um den sandigen Untergrund zu befestigen, belud man das Schiff, auf dem der Obelisk transportiert worden war, mit Steinen und versenkte es. Darüber errichtete Claudius „auf vielen Pfeilern nach dem Beispiel des Leuchtturms von Alexandria einen sehr hohen Turm, damit die Schiffe nach dessen nächtlichen Feuerzeichen ihren Kurs richten konnten".[18] An den beiden Molen befanden sich die Ankerplätze für die römischen Kriegs-, Handels- und Frachtschiffe.

Dem südlichen Arm der gewaltigen Anlage kam zudem die Aufgabe zu, das gesamte Hafenbecken vor den widrigen Winden, die vom Meer kamen, zu schützen. Noch heute vermittelt ein in Ostia Antica freigelegtes Fußbodenmosaik einen Eindruck der neuen Hafenanlage: Zwei riesige Schiffe mit aufgeblähten Segeln flankieren einen Leuchtturm. Davor tummelt sich ein Delfin.

Das nach Nordosten geöffnete Hafenbecken wurde im Südosten mit dem Hauptarm des Tibers verbunden. Sowohl ein schiffbarer Kanal als auch eine Straße, die über 24 Kilometer lange *Via Portuensis*, führten nach Rom.

Der neue Hafen sollte sowohl die häufigen Überschwemmungen in Rom selbst eindämmen als auch die leichtere Getreidezufuhr der Hauptstadt gewährleisten. Mit ihm bot Claudius den Getreidehändlern die Möglichkeit an, auch außerhalb der Schifffahrtssaison nach Ägypten zu reisen. Kaufleuten und Händlern eröffnete sich damit ein Anreiz zu verstärktem Bemühen, das die kaiserliche Wirtschaftspolitik noch zu steigern wusste: So gewährte Claudius den Seeleuten besondere Privilegien; er befreite sie von der *Lex Papia Poppaea*, die jeden Römer zur Ehe verpflichtete, und verlieh ihnen großzügig das begehrte Bürgerrecht. Er schaffte die von seinem Vorgänger eingeführte Lebensmittelsteuer wieder ab und ermäßigte die Abgaben für jene Gemeinden, die von Dürre oder Hunger betroffen waren.

Hatte die Forschung den Beginn des Hafenbaus und die damit verbundenen kaiserlichen Maßnahmen lange auf das Ende von Claudius' Regierungszeit als Reaktion auf die durch eine Hungersnot ausgelösten Unruhen datiert, so steht mittlerweile fest, dass der Kaiser diese Maßnahmen bereits gleich nach seinem Regierungsantritt traf.

Nicht zuletzt damit erwies er sich als politisch weitsichtiger Herrscher.

Claudius und die Religion

Nicht nur als Reichsverwalter, auch in seiner Religionspolitik stellte sich Claudius bewusst in die Nachfolge des Augustus, um einmal mehr auf seine Zugehörigkeit zur julisch-claudischen Dynastie hinzuweisen. Für jeden ersichtlich, errichtete er dafür die *Ara Pietatis Augustae,* die jederzeit an seine Verbindung zu dem fast schon legendären Ahnen erinnern sollte.

Anders als sein Vorgänger Caligula, der auf einen überzogenen Kult seiner Person größten Wert legte und sich bereits zu Lebzeiten als „Herr und Gott" feiern ließ, lehnte Claudius jegliche Selbstvergötterung ab. Er beanspruchte lediglich die ihm traditionell zustehenden Amtstitel. Davon gab es allerdings eine Ausnahme, wenn es darum ging, ihn nicht als Person, sondern als Kaiser, also gewissermaßen das Amt, zu ehren – oft gleichzeitig mit der Göttin Roma. Doch mochte er auch göttliche Verehrung in Rom selbst nicht fordern, so sah er es gern, wenn sie ihm von der römischen Bevölkerung aus freien Stücken entgegen gebracht wurde. Augustus und Tiberius hatten es ähnlich gehalten. In einigen Provinzen war ihm die Verehrung gewiss. So bauten beispielsweise die Bewohner von Camulodunum in Britannien (heute Colchester), wohin ihn der einzige Feldzug führte, den er persönlich leitete, ihm zu Ehren einen Tempel.

Ebenso wie Augustus bemühte sich auch Claudius um Rückbesinnung auf alte Werte und Kulte. Die religiösen Feiern, die sein Vorgänger dem römischen Festkalender hinzugefügt hatte und die nichts mit der Tradition zu tun hatten, hob er auf. Im Jahr 47 ließ er zum 800. Geburtstag der Stadt Rom Säkularspiele aufführen, die religiösen Charakter hatten, verehrte man in der Stadt doch die Göttin Roma. Nur 64 Jahre zuvor hatte Augustus entsprechende Feiern abgehalten, aber Claudius verbreitete, sie seien damals vorzeitig veranstaltet worden, ohne dass dabei der sakralrechtlich festgelegte Zeitpunkt beachtet worden sei. Bei den *Ludi Saeculares* handelte es sich um Feiern mit Riten, die alle 100 Jahre, also jedes *saeculum,* einmal abgehalten wurden. Sie sollten an den Gründungstag Roms erinnern, den der Gelehrte Varro in augusteischer Zeit auf den 21. April des Jahres 753 vor Beginn der neuen Zeitrechnung festgelegt hatte.

Man bekam, so berichtet es Tacitus in seinen Annalen, „achthundert Jahre nach der Gründung Roms, vierundsechzig Jahre nach ihrer Veranstaltung durch Augustus" Säkularspiele zu sehen. „Die Berechnungen, so der Geschichtsschreiber, „übergehe ich. Sie sind zur Genüge dargelegt in den Büchern, in denen ich die Geschichte des Imperators Domitian dargestellt habe ..." (Die Geschichte Domitians stand in dem verloren gegangenen Teil der Historien.) „Denn auch er veranstaltete Säkularspiele, und ihnen habe ich recht angelegentlich beigewohnt, weil ich mit dem Priesteramt der Fünfzehnmänner betraut und damals Prätor war ... Während Claudius", fährt der Historiker fort, „als Zuschauer bei den Spielen im Zirkus saß und die adeligen Knaben zu Pferd das Troja-Spiel begannen – unter ihnen befanden sich Britannicus, der Sohn des Imperators, und Lucius Domitius, der durch Adoption später zur Herrschaft berufen wurde und den Namen Nero erhielt – wurde dem Domitius von dem Volk stürmischer gehuldigt, was als Vorbedeutung aufgefasst wurde. Und es wurde verbreitet, an seiner Wiege seien Schlangen als eine Art Wächter gewesen, ein ausländischen Wundersagen nachgebildetes Märchen. Denn er selbst, der sich doch nie herabsetzte, pflegte von nur einer einzigen Schlange zu erzählen, die man in seinem Schlafgemach gesehen habe ..."[1] Es ist nicht bekannt, ob diese Gerüchte auch Claudius je zu Ohren kamen.

Das *saeculum* bezeichnete die nach römischer Auffassung längste Zeit eines Menschenlebens zwischen Geburt und *Tod (spatium vitae humanae longissimum partu et morte definitum.)* Die Einladung zu den Spielen lautete: *ad ludos quos nec spetasset quisquam nec spectaturus esset* – eine feierliche Formel, die der Herold den Römern verkündete, Spiele, die niemand je gesehen habe noch jemals wieder sehen werde. Die Römer amüsierten sich. Es gab noch alte Einwohner, die die von Augustus ausgerichteten Säkularspiele miterlebt hatten, und einige der Schauspieler, die jetzt auftraten, kannte man noch von damals, wenn sie jetzt auch uralt waren. Hatte nicht Claudius selbst in seinem umfangreichen Geschichtswerk erwähnt, Augustus habe seine Feier nach einer Unterbrechung von vielen Jahren auf Grund genauester Berechnungen wieder an die richtige Stelle gesetzt? Was also bezweckte Claudius mit dieser Aufführung, die im Grunde eine Farce war? Es ist denkbar, dass er seiner Herrschaft mit derart aufwändigen Veranstaltungen Glanz verleihen wollte. Oder er gedachte, jedem Reichsbewohner die Möglichkeit zu geben, wenigstens einmal im Leben einer solchen Festlichkeit beizuwohnen. Die jeweiligen Herrscher bemühten sich ja auch, jedem Römer zu ermöglichen, mindestens einen Triumphzug zu erleben, wobei, wie früher erwähnt, die Ehre des Triumphes nur noch dem Kaiser selbst oder einem seiner ganz nahen Angehörigen zustand.

Die *Ludi Saeculares* sollten Roms Wohlstand und Gedeihen für ein weiteres Jahrhundert gewährleisten. Sie waren im Jahr 249 v. Chr. unter dem Namen *Ludi Terentini* zum ersten Mal gefeiert worden. Ihre Herkunft liegt im Dunkeln. Sie scheinen als Privatkult aus Sühneriten der sabinischen Gens der

Valerii entstanden zu sein. Der Staat übernahm das Fest und beging es erstmals 146 v. Chr., doch wurden die Spiele danach nicht in regelmäßigen Abständen aufgeführt.

Das Ritual der Säkularspiele ist hauptsächlich aus – leider unvollständigen – Inschriften bekannt, besonders das wegen des Bürgerkriegs erst 17 v. Chr. unter Augustus abgehaltene. Der erste römische Kaiser hat dabei die Bedeutung der Spiele verändert. Sie waren ursprünglich dazu gedacht, die Götter Dis Pater und Proserpina zu versöhnen, also die Mächte der Dunkelheit. Wenn diesen auch weiterhin die nächtlichen Opfer dargebracht wurden, so baten die Feiern nicht mehr nur die beleidigten Gottheiten um Reinwaschung von bewusst oder unbewusst begangenen Vergehen. Man flehte jetzt auch um Fruchtbarkeit und künftiges Wohlergehen. So wurden die Moiren (Parzen) angerufen, Geburts- und Fruchtbarkeitsgöttinnen, und es wurde die Mutter Erde bedacht. Die am Tag abgehaltenen Riten wandten sich an Jupiter und Juno, an Apollo und Diana als Schutzgottheiten des Reiches. Ihnen allen zu Ehren sangen 27 Jünglinge und ebenso viele Jungfrauen das von Horaz verfasste *carmen saeculare*. Die himmlischen Gottheiten standen ab Augustus also im Vordergrund. Die Sorge für Roms Zukunft verwies die Sühne für begangenes Unrecht auf den zweiten Rang.

Szenische Spiele und Aufführungen im Zirkus boten dem Volk Unterhaltung. So jedenfalls ist es für die Feiern, die unter Augustus stattfanden, überliefert.[2] Es darf angenommen werden, dass sich der konservative Claudius streng an diese Vorgaben hielt.

Dio Cassius berichtet, Claudius habe viele Opfer- und Feiertage abgeschafft.[3] Aber er erweckte auch alte, längst vergessene religiöse Bräuche zu neuem Leben.[4] Ein besonderes Augenmerk hatte er auf die orientalischen Mysterienreligionen, die sich in Rom breit gemacht hatten. An sich war es in der Hauptstadt des Imperiums immer Brauch gewesen, fremde Kulte, die meist von Soldaten nach Beendigung von Feldzügen ins Reich eingeschleppt wurden, zu dulden. Voraussetzung war, dass diese Glaubenslehren den römischen mit der gleichen Toleranz begegneten und die Staatsreligion nicht störten. Doch bei den Mysterienkulten blieb geheim, was sich in Wirklichkeit hinter ihnen verbarg, und Claudius mochte, möglicherweise nicht ganz unbegründet, befürchtet haben, sie unterwanderten Staat und Gesellschaft und gefährdeten damit seine Person und sein Amt. Nur die Mysterien von Eleusis, die bereits zur Zeit der Republik in Rom eingewandert waren, förderte er nach Kräften. Es ist anzunehmen, dass er sich wie sein großes Vorbild Augustus in die geheimnisvollen Rituale dieser Religion einweihen ließ.

„Der älteste und ehrwürdigste Mysterienkult, der auch auf andere Kulte ausgestrahlt hat, war der Göttin Demeter in Eleusis geweiht."[5] Von der uralten Stadt Eleusis, etwa 20 Kilometer westlich von dem viel jüngeren Athen an einer Bucht gelegen, ist nicht viel erhalten geblieben. Ausgrabungen brachten Überreste eines Heiligtums aus mykenischer Zeit zu Tage. Ursprünglich ein selbstständiges Gemeinwesen, verlor Eleusis wohl erst im siebten vorchristlichen Jahrhundert seine Unabhängigkeit und wurde ein Stadtteil Athens.

Das Betreten des Weihetempels war nur den Mysten gestattet. Uneingeweihte, die gegen dieses Gebot verstoßen hatten, drohte die Todesstrafe. Der Sage nach hatte die Göttin selbst diese Religion gestiftet, als sie auf der Erde wandelte, die Gedanken voll Gram auf Hades, den Gott der Unterwelt, der ihre Tochter Persephone geraubt hatte. Bei diesem Aufenthalt wurde sie bei König Keleos von Eleusis gastlich empfangen.

Da die Eingeweihten zum Schweigen verpflichtet waren, weisen lediglich die kargen archäologischen Zeugnisse auf die Zeremonie hin. Unter dem großen Tyrannen Peisistratos wurde im sechsten vorchristlichen Jahrhundert das *telesterion* errichtet, ein theaterähnlicher Bau, in dem die nächtlichen Mysterienfeiern stattfanden. Die Teilnehmer versammelten sich in Athen, badeten im Meer und zogen in feierlicher Prozession nach Eleusis. Dabei führten sie die Kultgegenstände mit, die zuvor von dort nach Athen gebracht worden waren. Was in Eleusis selbst geschah, ist nicht bekannt. Doch weiß man, dass der Kult mit den Mythen um Demeter, Kore und Persephone zusammenhing, also mit dem Werden, Wachsen und Vergehen in der Natur. Im Laufe der Zeit betonten die eleusinischen Mysterien auch moralische Werte. Sie waren eine starke Religion, deren Tempel erst im Jahr 395 n. Chr. geschlossen wurde, nachdem kurz zuvor das Christentum zur Staatsreligion erhoben worden war. Schon im Jahr darauf wurde die heilige Stätte durch die Horden des Gotenkönigs Alarich zerstört. Folgen wir dem antiken Biografen, so versuchte Claudius sogar, den Sitz des Mysterienkults von Eleusis nach Rom zu verlegen.[6]

In seinem Bemühen, den alten Lehren neue Ehren zu erweisen, ließ er auch einen baufällig gewordenen Tempel, der der Venus Erycina auf Sizilien geweiht war, auf Kosten der Staatskasse wiederherstellen. Auf dem Mons Eryx, dem heutigen Erice, hatte der Sage nach einst Roms Stammvater Aeneas während seiner Irrfahrten nach der Flucht aus dem brennenden Troja bei Verwandten eine längere Rast eingelegt. Sein Vater Anchises war dort gestorben und beigesetzt worden, und viele Begleiter des trojanischen Helden, die genug von den Abenteuern auf dem Meer hatten, hatten sich zum Bleiben entschlossen und dort eine neue Heimat gefunden. Die Nachfahren der Siedler hatten zum Dank der Göttin Venus, der Stammmutter der julisch-claudischen Gens (was spätestens seit Gaius Iulius Caesar jedermann wusste, da er es in einer öffentlichen Rede verkündet hatte) und aller Römer einen Tempel errichtet. Einmal mehr wollte Claudius mit der Wiederherstellung seine göttliche Abstammung in Erinnerung bringen und seine Herrschaft legitimieren.

Wie es früher üblich gewesen war, opferte er bei Friedensbündnissen mit fremden Königen ein Schwein, das mit einem Feuerstein getötet worden war. Hierzu bemühte er auch die alte Formel des Priesterkollegiums der Fetialen: Er forderte Jupiter auf, jedweden mit seinem Blitzstrahl zu treffen, der die Friedensbedingungen brechen sollte. In der Spätzeit der *res publica* hatten die Riten der Fetialen ihre Bedeutung verloren, waren aber von Augustus wiederbelebt worden. Claudius hielt an ihnen fest.

Seine konservative Religionspolitik begünstigte aber nur die römische Staatsreligion. „In Gallien", so wieder sein antiker Biograf, „verbot er die grausamen und barbarischen religiösen Gebräuche der Druiden vollkommen, an denen teilzunehmen unter Augustus nur den römischen Bürgern untersagt war."[7] Zu den grausamsten Riten der Gallier gehörten immer noch Menschenopfer, die Rom selbst bereits durch Senatsbeschluss im Jahr 97 v. Chr. verboten hatte, wie es Plinius in seiner *Naturalis Historia* überliefert hat.[8] Es dürfte aber bereits in der gesamten historischen Zeit dort keine Menschenopfer mehr gegeben haben.

Die Druiden hatten bei den Galliern überhaupt eine herausragende Stellung, die man in der Hauptstadt des Imperiums nicht so ohne weiteres hinnehmen konnte. Neben seinen religiösen Verpflichtungen schlichtete ihr gewähltes Oberhaupt auch politische Streitigkeiten, was in die römischen Hoheitsrechte eingriff und den offiziellen Vertretern der Weltmacht oblag. Auch deshalb ist Claudius so streng gegen sie vorgegangen.

Eine weitere kaiserliche Maßnahme bestand in der Vertreibung fremder Astrologen, die vor allem in der Stadt ihr Unwesen trieben. Schon Tiberius hatte sie aus Rom verbannt, doch wie so viele andere Erlasse war auch dieser nur eine kurze Zeit lang beachtet und dann wieder vergessen worden. An Stelle fremder Sterndeuter und falscher Propheten sollten die Römer wieder verstärkt die alten römischen Wahrsager bemühen, die *haruspices*. Claudius brachte dafür „einen Antrag im Senat ein, der die Kollegien der Opferschauer betraf, um zu verhüten, dass die älteste Wissenschaft Italiens vernachlässigt und vergessen" zu werden drohte.[9] Er erinnerte daran, dass man sie früher in schweren Zeiten oft befragt und auf ihre Weisung hin die überlieferten Bräuche erneuert habe. Die angesehensten Etrusker hätten dieses Wissen aus eigenem Antrieb oder auf Veranlassung der römischen Väter festgehalten und ihren Familien weitervererbt. Jetzt kümmere sich kaum noch jemand um sie, weil „fremdländische Gottesdienste überhand nehmen".[10] Man dürfe doch die alten Götter nicht nur dann anrufen, wenn es Volk und Staat schlecht ginge, ansonsten aber vernachlässigen.

Auf Claudius' Betreiben hin kam ein entsprechender Senatsbeschluss zustande. Die Oberpriester wurden angewiesen zu prüfen, welche von den Opferbräuchen beizubehalten und auszuüben seien.

Die *haruspices* waren ein Kollegium von Priestern – seit der späten Republik 60 Mitglieder –, die in die sogenannte *disciplina Etrusca* eingeweiht waren. Der Brauch war, wie sein Name schon sagt, über die Etrusker nach Rom gelangt. Die Seher beobachteten und deuteten Blitzschläge, doch vor allem wirkten sie als Experten der nach ihnen benannten *haruspina*, der Weissagung aus den Eingeweiden der Opfertiere. Besonders die Leber der Tiere spiegelte nach dem Glauben der Alten den Zustand der Welt wider. Doch standen die Römer den fremden Wahrsagern meist skeptisch gegenüber und bemühten sie nur in Zeiten schlimmster Not und Gefahr. Sie sollten nach Claudius' Wunsch in Rom wieder verstärkt gehört werden.

Schon unter Tiberius' Herrschaft hatten die Judengemeinden der Diaspora schwer gelitten, allen voran die in Rom. In den alten Quellen findet sich keinerlei Hinweis darauf, dass Tiberius die von Caesar und Augustus um Toleranz und Frieden bemühte Judenpolitik fortgeführt hätte. Es ist vielmehr überliefert, dass auf seine Veranlassung hin die Juden aus Rom vertrieben wurden. Allein 4.000 männliche Mitglieder der römisch-jüdischen Gemeinde im kampffähigen Alter wurden nach Sardinien geschickt, „um dort den Räubereien Einhalt zu gebieten, und hätte sie", so wieder Tacitus zynisch, „das ungesunde sardische Klima aufgerieben, ein unbedeutender Verlust; die übrigen sollten Italien räumen, sofern sie nicht vor bestimmter Frist die unheiligen Bräuche abgelegt hätten".[11] Wer zu dieser Art Kriegsdienst nicht taugte, wurde also der Stadt verwiesen, „wobei auf Nichtbeachtung dieses Befehls lebenslängliche Sklaverei als Strafe stand".[12]

Erstaunlicherweise nennen die römischen Autoren für diese harte Maßnahme keinen Grund. Nur der jüdische Geschichtsschreiber Flavius Josephus gibt an: Ein Mann jüdischer Abstammung, ein „nichtswürdiger und gottloser Mensch", sei damals in Rom aufgetaucht, da er in seiner Heimat einer Gesetzesübertretung angeklagt war und befürchten musste, bestraft zu werden. Er nun gab sich als Erklärer des mosaischen Gesetzes aus und fand drei Verbündete, die ihm in allem ähnlich waren. Den vier Männern gelang es, eine vornehme Römerin namens Fulvia, die gerade zum jüdischen Glauben konvertiert war, zu überreden, dem Tempel in Jerusalem Gold und Purpur zu stiften. Sie boten sich als Übermittler der Schätze an, behielten diese jedoch für sich, um sie zu verprassen, wie sie es von Anfang an vorgehabt hatten. Fulvia meldete den Vorfall ihrem Gatten Sentius Saturnius, der wiederum Tiberius davon in Kenntnis setzte. Die Aushebung der 4.000 Juden und die Vertreibung der anderen aus Rom seien dann die Reaktion der Staatsführung gewesen. „So kam es", so wieder der jüdische Geschichtsschreiber, „dass die Juden um der Ruchlosigkeit jener vier Menschen willen aus Rom vertrieben wurden."[13]

Doch das kann kaum die ganze Wahrheit sein. Denn nicht einmal ein Tiberius hätte wegen der Verfehlungen von vier Leuten Tausende derart hart bestraft. Die Geschichte Fulvias stellte wahrscheinlich nur den Höhepunkt einer Reihe nicht überlieferter Vergehen dar, die die Geduld der Staatsführung schließlich erschöpften. Dabei müssen die Ressentiments der Römer gegen die Juden in den der Religion geschuldeten seltsamen Bräuchen und nicht in rassistischen Ideologien gesucht werden, zumal der Zorn des Kaisers gleichzeitig auch die Anhänger des ägyptischen Isiskults traf. Und er fürchtete wahrscheinlich einen innerstädtischen Aufstand, bliebe er untätig. Dabei erstaunt es durchaus, dass die römische Staatsführung den Juden so lange mit Nachsicht begegnete. Eine Erklärung mag die Bewunderung dafür sein, dass diese noch immer nach strenger alter Vätersitte lebten, die bei den Römern längst verloren gegangen war.

Der geschichtlich und politisch interessierte Claudius mag die Entwicklung unter Tiberius aufmerksam verfolgt haben. Auch für ihn nahmen, als er Kaiser war, die Hinwendung seiner Untertanen zu fremden Glaubenslehren gefährliche Ausmaße an. Es waren schließlich die römischen Staatsgötter, die das Imperium groß gemacht hatten, und jede Erhöhung fremder Bräuche mochte die römischen Gottheiten beleidigen. Ihnen allein stand nach Claudius' Meinung die ungeteilte Aufmerksamkeit aller Quiriten zu.

Schon deshalb sah er sich zu unnachgiebigem Eingreifen gezwungen. Die Angaben der alten Autoren, sein Verhältnis zu den Juden betreffend, sind übrigens unterschiedlicher Natur. So bestreitet Dio Cassius, dass es unter Claudius überhaupt eine Judenvertreibung gab. Er schreibt: „Die Juden waren damals zu solcher Menge angewachsen, dass sie ohne Unruhe zu erregen nicht aus der Stadt gewiesen werden konnten; deshalb vertrieb er sie nicht rundweg, verbot ihnen aber, die nach ihrem Glauben gebotenen Versammlungen zu halten."[14] Dies stellte, so der antike Historiker, ein wesentliches Hindernis zum

Leben nach alter Vätersitte dar. Zumindest wurden die Synagogen als traditionelle Orte des Treffens und der Gottesdienste geschlossen.

Doch was trieb eigentlich das Interesse der Römer an den fremdländischen Bräuchen an? Schon seit langem vermochte die althergebrachte römische Staatsreligion die geistigen und emotionalen Bedürfnisse der Menschen nicht mehr zu befriedigen. Sie suchten deshalb verstärkt in philosophischen Strömungen und Weltanschauungen oder eben den Mysterienkulten des Ostens Erfüllung. Manche fühlten sich auch von den hohen moralischen Ansprüchen und dem strengen Eingottglauben des Judentums angezogen. Aber nur wenige hatten Aussicht, in die jüdische Glaubensgemeinschaft aufgenommen zu werden, zumal ihnen die wichtigste Voraussetzung für die Zugehörigkeit zum Judentum fehlte: Sie hatten keine jüdische Mutter und blieben deshalb allenfalls Sympathisanten, die jedoch das mosaische Gesetz streng befolgten und sich durchaus als Juden betrachteten.

Solange sich nur Angehörige der unteren Schichten, denen die meisten Juden Roms angehörten, zum Glaubenswechsel entschlossen, bestand zumindest für Tiberius kein Anlass zum Eingreifen. Doch als sich auch die oberen Klassen immer mehr für den Eingottglauben zu interessieren begannen, sah er sich zum Handeln verpflichtet. In den Augen des in den tradierten römischen Werten verwurzelten Kaisers war das Konvertieren ein verwerflicher Akt, ein Verrat am Römertum, der geradezu nach Ahndung schrie. Denn wenn schon eine Fulvia ihrem Glauben abgeschworen hatte und so schändlich betrogen worden war, wer gewährleistete, dass andere hochgestellte Persönlichkeiten davor geschützt waren? Tiberius' Erlass datierte in das Jahr 19 n. Chr. Er musste aber die Juden, die das römische Bürgerrecht besaßen, ausnehmen. Es dürfte deshalb zumindest eine kleine Gemeinde in Rom verblieben sein.

In den aus der Antike überlieferten Berichten befindet sich kein Hinweis darauf, wie lange die jüdischen Soldaten auf der unwirtlichen Insel Sardinien ausharren mussten und bis wann der Ausweisungsbefehl aufrechterhalten blieb.

Bereits bei Caligulas Ermordung im Jahr 41 n. Chr. befanden sich erneut zahlreiche Juden in Rom. Zu dieser Zeit weilte, wie früher erwähnt, Claudius' Freund Herodes Agrippa in der Hauptstadt des Römerreichs. Es mag sein, dass dieser auf den neuen Kaiser einen mäßigenden Einfluss ausübte und Claudius sich verpflichtet sah, den Glaubensbrüdern seines Freundes entgegen zu kommen. Hatte er doch nicht vergessen, wie hilfreich ihm dieser bei der Thronbesteigung zur Seite gestanden hatte. Erst später, im Jahr 49, als Agrippa längst tot war, vertrieb er „diejenigen, die unter ihrem Anführer Chrestos beständig Unruhe stifteten", wie Suetonius berichtet.[15] Ob „Chrestos" ein Aufwiegler war oder der Name möglicherweise mit Christos verwechselt wurde, ist nicht bekannt. Vielleicht hatten tatsächlich christliche Religionsstifter die öffentliche Ruhe gestört, wobei man zu jener Zeit (und noch lange danach) die Christen für eine besonders militante jüdische Sekte hielt, die ihren Glauben mit Feuer und Schwert zu verbreiten suchte.

Nicht nur Suetonius, auch der Kirchenhistoriker Orosius berichtete im frühen fünften Jahrhundert, Claudius habe die Juden vertrieben – *Claudius Iudaeos expulit.*

Nach Auswertung aller Quellen könnte es durchaus möglich sein, dass die Ankunft christlicher Missionare in Rom Ende der 40er Jahre den Kaiser in Angst und Schrecken versetzte. Zweifellos hatte sich im Mittelpunkt der alten Welt bereits eine starke christliche Gemeinde etabliert, lange bevor Paulus dort selbst ankam. (58 n. Chr.?) Ihre Übergriffe auf Anhänger des jüdischen Glaubens riefen sicherlich entsprechende Erwiderungen hervor – wie die des Paulus in den jüdischen Gemeinden Kleinasiens und Griechenlands. So könnte die gereizte Stimmung tatsächlich die öffentliche Ruhe gestört haben.

Tacitus, ansonsten einer der verlässlichsten antiken Autoren, der dem Geschehen viel näher stand als viele andere, hielt die Maßnahmen gegen die Juden für zu unbedeutend, als dass sie einen Platz in seinen Annalen hätten beanspruchen können. Er erwähnt Christen erstmals im Zusammenhang mit dem großen Stadtbrand unter Nero im Jahr 64 n. Chr., als es in den Augen einer besorgten Staatsführung als todeswürdiges Verbrechen angesehen wurde, den Lehren des Nazareners zu folgen.

Die von Claudius verfügten Maßnahmen sollten also den Frieden in der Hauptstadt bewahren, jedoch keine große Veränderung der Judenpolitik einleiten. Vor allem blieben jenen, die sich in Recht und Ordnung fügten, ihre Privilegien erhalten – nämlich die Möglichkeit, gemäß ihrer Vätersitte zu leben.

Der Ausweisungsbefehl hatte zudem nicht lange Bestand. Schon nach wenigen Jahren kehrten viele, die Rom verlassen hatten, dorthin zurück und konnten unbehelligt ihre Religion ausüben. Die Verfolgung unter Nero im Jahr 64 richtete sich nur gegen die Christen. Juden waren nicht in Gefahr, was durch Flavius Josephus' Schweigen bewiesen ist. Denn wären auch seine Landsleute und Glaubensbrüder bedroht gewesen, hätte er sich nicht gescheut, dies für eine kritische Nachwelt festzuhalten.

Auch auf religionsbedingte Unruhen außerhalb Roms versuchte Claudius mäßigend einzuwirken. Als es gleich zu Beginn seiner Regierungszeit im ägyptischen Alexandria zu Übergriffen zwischen Juden und Griechen gekommen war, verweigerte er den Juden das Bürgerrecht, das er ansonsten so großzügig verlieh. Andererseits schützte er die jüdische Bevölkerung vor den aufgebrachten Alexandrinern und rief beide Seiten zu Mäßigung und Gewaltverzicht auf.

Abschließend sei noch ein kurzer Blick auf den altitalischen Kult des Gottes Saturn gestattet, dessen Herkunft bis heute unbekannt ist. Er war nach seiner Einwanderung ins Römerreich der Gott des Ackerbaus und wurde anfangs mit Luna gleichgesetzt. Sein Fest wurde in Rom an den vorgeschriebenen Tagen vom 17. bis 22. Dezember gefeiert. Gerichte, Schulen und Sklaven hatten früher einen Tag, später bis zu fünf Tagen frei. Die Sklaven durften die Rolle des Herrn übernehmen. Dies sei jedoch, so Seneca in seiner *Apocolocyntosis*, von der später noch ausführlich die Rede sein wird, an Claudius' Hof ein stadtbekannter Dauerzustand gewesen.[16] Es wurde während der Saturnalien in der Regel üppig gezecht, viel getrunken, um Geld gewürfelt und für die Dauer des Festes ein Saturnalienprinz gewählt, der der ausgelassenen Gesellschaft symbolisch als Princeps vorstand. Dies sei, so stellt es Seneca ein wenig überzogen dar, im Haus des Claudius das ganze Jahr über zu beobachten gewesen, wobei der Kaiser selbst stets die Rolle des Saturnalienprinzen übernommen habe.

Die Erweiterung des Reiches und die Provinzen

Als Claudius durch eine Laune des Schicksals zu dem begehrten Thron der Cäsaren gelangte, hatte das Reich bereits eine Ausdehnung erreicht, auf die in der Menschheitsgeschichte bislang kein anderes Volk der Welt zurückblicken konnte. Und doch sollte es noch lange kein Ende der römischen Expansionspolitik geben, auf die erst Hadrian, Kaiser von 117 bis 138 n. Chr., bewusst dauerhaft verzichtete.

Claudius Tiberius Nero, Adoptivsohn und Nachfolger des ersten römischen Princeps Augustus, hatte, nachdem er Kaiser geworden war, an einer weiteren Ausdehnung der römischen Grenzen kein Interesse. Als einer der besten Feldherrn, derer sich Rom je rühmen konnte, hatte er auf vielen Eroberungszügen, die er im Auftrag seines Adoptivvaters geführt hatte, das Reich erweitert und gesichert und dabei versucht, ihm natürliche Grenzen zu verschaffen.

Im Norden rundete das Meer den römischen Gebietsanspruch ab. Gallien war insgesamt niedergerungen und vorbildlich provinzialisiert. In südlicher Richtung begrenzte der Norden Afrikas das Reich, diejenigen Provinzen, mit deren Einverleibung Rom das *Mare Internum* zum Binnensee degradiert hatte, wie sein Name schon sagt. Dahinter dehnten sich die unabsehbaren Weiten der Wüste. Nur im Nordosten war es den Römern nicht gelungen, das von zahlreichen unterschiedlichen germanischen Stämmen besiedelte Gebiet zwischen Rhein und Elbe mit der mediterranen Stadtkultur zu beglücken. Entsprechende Versuche waren am Widerstand der Einheimischen gescheitert, die in seltener Eintracht die Römer, wie wir gehört haben, spätestens im Jahr 9 n. Chr. unter ihrem glücklosen Feldherrn Quinctilius Varus geschlagen und zurückgedrängt hatten. Augustus hatte daraufhin auf die Verfolgung seines Ziels, das germanische Stammesgebiet bis zur Elbe seinem Reich einzugliedern, verzichtet und sich mit dem Rhein als Reichsgrenze begnügt. Tiberius hatte an dieser Entscheidung nicht gerüttelt, und auch Claudius verbot dem Befehlshaber des in Niedergermanien stehenden Heeres, Domitius Corbulo, auf der rechten Rheinseite gegen germanische Stämme militärisch vorzugehen oder dort auch nur Truppen zu stationieren. Selbst als Kämpfe um die Herrschaft im Suebenreich entbrannten, sah er von einer Intervention ab. Er wollte den Germanen keinen Vorwand geben, sich gegen Rom erneut aufzulehnen. Denn der Schrecken der Niederlage des Jahres 9 n. Chr. saß den Römern noch gewaltig in den Gliedern.

Tiberius, der, wie gesagt, im Auftrag der römischen Staatsführung zahlreiche Feldzüge angeführt und das Reich erheblich erweitert hatte, hatte als Kaiser an einer weiteren Expansion kein Interesse. Sein Großneffe Caligula saß nur kurze Zeit auf dem Thron und widmete sein Leben nahezu ausschließlich dem Luxus und der Schwelgerei, zu denen das harte Feldherrnleben nicht passte. Dennoch wurden unter ihm die ersten Vorbereitungen für jenen Feldzug getroffen, der seinen Nachfolger nur kurze Zeit später nach Britannien führen und für Rom so erfolgreich enden sollte. Ausgerechnet unter Claudius, dem Gelehrten und Bücherwurm, dem körperlich Behinderten, der nie im Kriegshandwerk ausgebildet worden war, erfuhr Rom eine beachtliche Erweiterung seines Staatsgebiets.

„Claudius unternahm nur eine kriegerische Unternehmung, und diese war recht bescheiden", setzte Suetonius die Verdienste des Kaisers herab.[1] Doch so unbedeutend, wie es uns der antike Biograf weismachen will, war Claudius' einziger Feldzug, den er persönlich anführte, gar nicht. Immerhin sicherte er Rom ein Gutteil jener Insel jenseits des Nordmeeres, auf die bereits Gaius Iulius Caesar seinen Fuß gesetzt, von der er sich aber rasch wieder zurückgezogen hatte.

Eine weitere Ausdehnung seines Einflussbereichs erfuhr Rom in Vorderasien. Claudius' Vorgänger Caligula hatte Gaius Iulius Antiochos IV., der in Rom am Kaiserhof als vornehme Geisel aufgewachsen war, im Jahr 38 n. Chr. das Königreich Commagene zurückgegeben. Sein Großonkel Tiberius hatte es 17 n. Chr. zu Gunsten des Imperiums eingezogen und zur römischen Provinz gemacht. Doch bald nahm es Caligula in einer launigen Anwandlung dem Antiochos wieder weg, eine Maßnahme, die Claudius bald nach seiner Thronbesteigung rückgängig machte. Antiochos zeigte sich dafür überaus dankbar, und das weit über Claudius' Tod hinaus. Er verlobte seinen Sohn Epiphanos mit Drusilla, der Tochter des Judenkönigs Agrippa, der, wie früher erwähnt, ein besonders enger Freund des Kaisers war und diesen zur Annahme des Thrones überredet hatte. Antiochos sollte sich, nachdem er die Römer in ihren Konflikten mit den Parthern und zuletzt im ersten großen Krieg der Juden gegen Rom (66–73 n. Chr.) treu unterstützt hatte, zum reichsten Klientelkönig Roms entwickeln. Unter Claudius gab er zu dessen Ehren im Jahr 47 n. Chr. aufwändige Spiele.

Der Triumph, der nach der ungeschriebenen römischen Verfassung einem Feldherrn nur gewährt werden durfte, wenn in einem Krieg mindestens

5.000 auswärtige Feinde getötet worden waren, war seit der augusteischen Zeit, wie erwähnt, nur noch dem Kaiser selbst oder einem seiner nächsten Familienangehörigen vorbehalten. Dies galt allerdings nicht für die Verleihung der Triumphinsignien. Auch sie konnten dem Kaiser verliehen werden. So ließ sich Claudius von seinen Freigelassenen überreden, diese „wegen einiger in Mauretanien gewonnener Vorteile … anzunehmen, obgleich er kein Verdienst dabei und zur Zeit des Krieges noch nicht einmal den Thron bestiegen hatte.“[2]

Kurz nach Antritt von Claudius' Herrschaft besiegte „Sulpicius Galba die Chatten, und Publius Gabinius erwarb sich durch einen Sieg über die Marsen umso mehr Ruhm, als er den Legionsadler, den letzten, der seit der Niederlage des Varus noch in ihren Händen war, wiedererbeutete, sodass Claudius von diesen beiden Kriegstaten mit Recht den Imperatorentitel erhielt“.[3] Doch scheint der Kaiser auch an diesen Erfolgen keinen unmittelbaren Anteil gehabt zu haben. Sie hielten ohnehin nicht lange. Zumindest die Chatten wurden erst eine Generation später unter Domitian dauerhaft unter römische Kontrolle gebracht.

Auch die Mauren in Nordafrika erhoben sich wieder. Suetonius Paulinus, ein ehemaliger Prätor, wurde ihnen entgegen geschickt. Er verheerte ihr Land und gelangte bis zum Atlasgebirge. Danach übernahm Gnaeus Hosilius Geta, ebenfalls früherer Prätor, die Führung der römischen Truppen. Er zog gegen den maurischen Anführer namens Salabus. Dieser floh in die Wüste. Hosilius beschloss, ihn zu verfolgen und legte große Wasservorräte an, die seine Leute mitführten. Aber er musste bald feststellen, dass das Wasser nicht ausreichte. Anders als die Römer waren die Feinde im wahrsten Sinne des Wortes an lange Durststrecken gewöhnt. Sie wussten auch, wo es in dem unwirtlichen Gelände ergiebige Brunnen gab, die ihr Überleben sicherten. Was sollte Hosilius tun? Weiter vorzurücken war angesichts des Wassermangels nicht ratsam, drohten doch seine Leute zu verdursten. Doch auch eine Rückkehr zum Ausgangspunkt würde sich aus dem gleichen Grund als schwierig erweisen. In seiner Verzweiflung fragte er einen Einheimischen um Rat. Dieser empfahl ihm, es mit Beschwörungsformeln und Zaubermitteln zu versuchen. Und tatsächlich geschah bald darauf ein Wunder. Es regnete in solchen Mengen, dass die Römer ihren Durst stillen und ihre Vorratsgefäße auffüllen konnten. Die Feinde, ihres Sieges längst sicher, waren so bestürzt, dass sie sich freiwillig ergaben. Claudius teilte daraufhin die Provinz in zwei Teile, in den tingitanischen und den caesarischen. Als Statthalter wurde je ein Ritter eingesetzt.

Als in diesem Teil der Welt auch Numidien von benachbarten Barbaren angegriffen wurde, gelang es den Römern hier ebenfalls, das Land ohne große Mühe wieder unter ihre Kontrolle zu bringen.

Obwohl der unsoldatische Kaiser lediglich an einem der ohnehin nur gelegentlich geführten Feldzüge teilnahm, wurden ihm während seiner Regierungszeit insgesamt 27 Imperatoren-Akklamationen zuteil, eine nahezu inflationäre Flut von Auszeichnungen, bei denen er nur noch vom spätantiken Kaiser Constantin II. übertroffen wurde. Der eher bescheidene Claudius wird sich nicht darum gerissen haben. Aber er sammelte nicht nur eigene Ehrungen. Er verteilte viele auch großzügig, vor allem an Leute, die sich um Rom besonders verdient gemacht hatten, auch wenn diese nicht dem engsten Kreis der kaiserlichen Familie angehörten. So erhielt Silanus, der Verlobte seiner Tochter Octavia (die später allerdings Nero heiraten musste), die Triumphabzeichen. Auch andere, besonders ältere verdienstvolle Männer wurden damit geehrt. „Wie leicht diese Auszeichnung erhältlich war, erhellt aus einem auf uns gekommenen Brief, worin die Legionen im Namen aller bitten, er möge Offizieren konsularischen Ranges zugleich mit Antritt ihres Kommandos auch die Triumphabzeichen gewähren, damit sie nicht auf jede Art und Weise einen Kriegsgrund suchen müssten."[4] Auszeichnungen sollten also gewissermaßen verteilt werden, ohne dass es einer vorangegangenen Bewährung in blutigen Auseinandersetzungen bedurft hätte. Claudius hat diesem Ansinnen gewiss nur allzu gern nachgegeben. Verstand er es doch meisterhaft, sich all jene zu verpflichten, denen das Schicksal Roms am Herzen lag.

Es waren freilich auch merkwürdige unter den von Claudius herausgegebenen Erlassen. So ordnete er beispielsweise „die Dienstleistungen und führte eine Art fiktiven Militärdienstes ein, den sogenannten ‚Dienst der Überzähligen', die nur den Titel führten, ohne unter den Fahnen zu stehen".[5]

Die Provinzen Griechenland und Makedonien, von Tiberius wegen ihrer Bedeutung für Rom unter kaiserliche Verwaltung gestellt, gingen wieder in die Verantwortung des Senats über. Dieser dürfte gerade darüber besonders erfreut gewesen sein. Das Betreten kaiserlichen Hoheitsgebiets, das grundsätzlich von Angehörigen des Ritterstandes verwaltet wurde, war für den Senatsadel mit gewissen Schwierigkeiten verbunden. So durften dessen Mitglieder beispielsweise Ägypten nur betreten, wenn ihnen der Kaiser zuvor die Erlaubnis dazu erteilt hatte. Es ging darum, Angehörige der obersten römischen Schicht nicht in Versuchung zu führen. Wie leicht hätte sich ein Senator einer für das Reich lebenswichtigen Provinz bemächtigen und von dort aus einen Umsturzversuch wagen können – in dem Bewusstsein, auch er könnte erreichen, was manchem Kaiser so scheinbar mühelos in den Schoß gefallen war. Zumindest was die Einreise nach Griechenland betraf, wird der Senat aufgeatmet haben. War doch jeder Römer, der Anspruch auf Bildung erhob, bestrebt, nicht nur die griechische Sprache in Wort und Schrift zu beherrschen, sondern auch wenigstens einmal im Leben Griechenland zu besuchen, dessen Geschichte so viel älter und ruhmreicher als die römische war und das den Römern als Schatztruhe aller menschlichen Erfahrungen galt.

Claudius kümmerte sich auch darum, dass in den Provinzen Ruhe und Ordnung herrschten. Unter den Lykiern waren Zwistigkeiten ausgebrochen, die den Kaiser veranlassten, ihnen die Freiheit zu nehmen. Den Bewohnern der Insel Rhodos hingegen gab er sie zurück. Sie hatten sich nach Unruhen, die dort unter der Bevölkerung ausgebrochen waren – es waren sogar römische Bürger gekreuzigt worden – einsichtig gezeigt und ihre alten Vergehen bereut. Auch das wiederum ein geschickter Schachzug des Kaisers, sich die Dankbarkeit jener zu sichern, die die *pax Romana* nicht störten oder bereit waren, zu ihr zurückzukehren.

Von Beginn ihrer Geschichte an hatten die Römer ihre eigentlichen Ahnen in jenen Menschen gesehen, die der Zerstörung Trojas durch die Griechen entkommen waren. Der wohl berühmteste römische Dichter der augusteischen Zeit, Publius Vergilius Maro, hatte mit seiner *Aeneis*, der Beschreibung der Irrfahrten des aus dem brennenden Troja geflohenen Urvaters aller Römer, Aeneas, eine Art römischer Heiliger Schrift geschaffen. Mit den Bewohnern der wiederbesiedelten Stadt an der Westküste Kleinasiens, wo für Rom seine Wurzeln lagen, verband es deshalb eine besonders enge Beziehung, eine Art Seelenverwandtschaft. In Anbetracht der gemeinsamen Vergangenheit erließ ihnen Claudius deshalb auf ewig alle Tribute, die sie bislang Rom geschuldet hatten. Dazu hatte er im Senat einen alten, in griechischer Sprache abgefassten Brief vorgelesen, in dem der Senat und das römische Volk „dem König Seleukos Freundschaft und Bündnis unter der Bedingung versprachen, dass er ihren trojanischen Blutsverwandten Freiheit von jeglicher Abgabe zugestehe“.[6] Gemeint war wohl jener Seleukos, dessen Vater in einer Auseinandersetzung mit Rom 190/189 v. Chr. bei Magnesia besiegt worden war. Der Friedensvertrag, der damals im phrygischen Apameia ein Jahr nach der Niederlage geschlossen worden war, hatte unter anderem auch diesen Passus enthalten.

Bleibende Verdienste seiner Außenpolitik, die bis heute nachwirken, sicherte sich Claudius mit der Eroberung von Teilen Britanniens, die er dem gewaltigen Römerreich als neue Provinz einverleibte. Britannien sollte bis in die Spätantike unter römischer Oberhoheit verbleiben. Erst im Jahr 410 n. Chr. zogen die letzten römischen Besatzer von dort ab.

Bereits Gaius Iulius Caesar hatte zwei kleine Vorstöße über den Ärmelkanal unternommen, 55 und 54 v. Chr., sich jedoch schnell wieder auf das europäische Festland zurückgezogen. Dabei schien eine dauerhafte Einbindung der Insel für das Römerreich unabdingbar zu sein. Und das nicht nur, weil sich dieses Britannien als schwer erreichbares Rückzugsgebiet für gallische Rebellen erwiesen hatte, für all jene, die sich mit der Unterwerfung Galliens und der Provinzialisierung ihres Landes durch Rom nicht hatten abfinden wollen. Caesars Vorstoß sollte auch der Sicherung seiner gallischen Eroberung jener Jahre dienen.

Doch Britannien hatte mehr zu bieten, wie nicht erst die Römer wussten. Das Land oder zumindest sein südlicher Teil war reich an Bodenschätzen, vor allem an Silber und Zinn, das bereits die Karthager von dort bezogen hatten und das der Insel sogar ihren Namen gegeben hatte, *„pretan"*, das die Römer Britannien nannten.

Nach Caesars eiligem Abzug seiner Truppen gab es in diesem Britannien zunächst keine römische Besatzung mehr. Die einheimischen Stammesfürsten unter ihrem Anführer Cassivellaunus hatten Rom zwar Tribut zu zahlen, behielten aber weitgehend ihre Selbstständigkeit. Auch hatten sich einige Stämme freiwillig unter Roms Schutz gestellt. Cunebelinus, der König der Catuvellaunen, konnte sogar die von Caesar hinterlassenen Verhältnisse ändern und die Trinovanten seinem Reich einverleiben, ohne Rom herauszufordern.

Fehden unter den einheimischen Stämmen, die Kriegshetze der britischen Emigranten in Rom und nicht zuletzt die Verlockungen, die der Reichtum an Bodenschätzen auf die Römer ausübte, brachten schließlich Claudius dazu, sich um das Land an der Peripherie seines Reiches persönlich zu kümmern. Die Gelegenheit war günstig, hatten doch bewaffnete Überfälle der Catuvellaunen auf Nachbarstämme diese veranlasst, bei den Römern um Hilfe nachzusuchen. Zudem wollte sich Claudius endlich auch als Feldherr profilieren. Nicht dem Bücherwurm oder dem Gelehrten zollten die Römer Anerkennung. Auf die Bewunderung seiner Zeitgenossen und einen ruhmreichen Platz in den Annalen konnte nur der hoffen, der durch militärische Erfolge glänzte. Doch gerade das war dem körperlich behinderten Claudius bislang versagt geblieben. Da sich nie jemand hatte vorstellen können, dass dieser „Unvollendete" jemals die höchste Stellung im Staate erhalten würde, hatte man sich auch nie um seine militärische Ausbildung bemüht. Und Claudius selbst mag sich dieses Mangels in seiner Biografie bewusst gewesen sein. Aber es gab erfahrene Offiziere, die ihrem Kaiser hilfreich zur Seite stehen konnten.

Ein gewisser Bericus war wegen innerer Unruhen von Britannien geflohen und nach Rom gekommen, wo er um Hilfe bat. Ihm gelang es, beim Kaiser die letzten Zweifel an der Notwendigkeit einer Invasion der Insel zu zerstreuen. Claudius beauftragte den Senator Aulus Plautius, der die Prätur bekleidet hatte, einen sehr angesehenen Mann, ein Heer über das Meer zu führen. Es war eine gigantische Aufgabe, wenn auch die Vorbereitungen für dieses Unternehmen längst angelaufen waren. So hatten die Römer bereits begonnen, das Straßennetz Galliens herzurichten und auszubauen. Doch waren nicht alle Soldaten über die Pläne der Staatsführung erfreut. Diejenigen, die nach Britannien geführt werden sollten, meuterten, bei einem solchen Unternehmen die Schranken der bekannten Welt überschreiten zu müssen. Konnte man denn wissen, was sie bei den keltischen Barbaren erwartete? Nichts Gutes hatte man über diese gehört. Die Erzählungen über die Wildheit jener Stämme und die Unwegsamkeit ihres Landes, dazu noch ein ewig grauer Himmel und ständiger Regen erinnerten stark an den gescheiterten Versuch, sich im nördlichen Germanien festzusetzen. Und mancher mag gar an die vernichtende Niederlage des Quinctilius Varus gedacht haben. Niemand zeigte sich bereit, sein Leben so sinnlos aufs Spiel zu setzten.

Claudius verließ sich ganz auf seinen Freigelassenen Narcissus. Er schickte den Vertrauten zu den Legionaren in der Hoffnung, diese ließen sich umstimmen. Doch das Erscheinen eines in ihren Augen so minderwertigen Vertreters ihres Kaisers brachte die Männer noch mehr auf. Sie beschimpften den Gesandten als Sklaven und ließen ihn nicht einmal zu Wort kommen. Unverrichteter Dinge zog Narcissus wieder ab. Doch ergriff die Meuterer jetzt eine gewisse Scham, und sie schlossen sich Plautius ohne Widerrede an. Aber durch die Verzögerung war wertvolle Zeit ungenutzt verstrichen …

Schwierig gestaltete sich die Überfahrt über das aufgewühlte Meer. Plautius hatte die ihm zur Verfügung gestellten vier Legionen und die dazu gehörigen Hilfstruppen in drei Teile geteilt, „um nicht an einem Punkt vereinigt an der Landung behindert zu werden“:[7] Zeitweise hatten die Soldaten den Eindruck, von der rauen See wieder zurückgetrieben zu werden – ein ungünstiges Omen für einen geplanten Feldzug. Sie fassten erst neuen Mut, als ein Zeichen – welcher Art auch immer – am Himmel erschien. Bei der Landung auf der Insel fand sich kein Widerstand. Die unter sich zerstrittenen Britannier hatten nämlich nicht mit den Römern gerechnet und waren völlig überrascht. Sie ließen sich auch jetzt auf keinen Kampf ein, sondern zogen sich in ihre dunklen

Wälder zurück, hoffend, die Römer würden unverrichteter Dinge wieder abziehen, so wie es unter Caesar schon einmal geschehen war.

Mit großer Mühe gelang es Plautius, viele von denen, die sich verborgen hatten, aufzuspüren, vor allem einige Stammeshäuptlinge. Die beiden wichtigsten hießen Caratacus und Togodumnus, die das Erbe ihres verstorbenen Vaters Cunobellinus angetreten hatten. Als den beiden die Flucht gelang, ergab sich ein Teil des Stammes der Bedunen. Plautius sicherte seinen Erfolg, indem er eine Besatzung zurückließ. Er selbst rückte weiter vor, bis er an einen Fluss gelangte. Anschaulich beschreibt Dio Cassius, wie unbedarft sich die einheimischen Kämpfer am gegenüber liegenden Ufer gebärdeten. Niemand von ihnen konnte sich vorstellen, es könnte den Römern gelingen, den Fluss ohne Brücke zu überqueren. Aber Plautius hatte seine Bataver, germanische Elitesoldaten, die es gewohnt waren, mitsamt ihren Waffen selbst den reißendsten Strom zu durchschwimmen. Am jenseitigen Ufer angekommen, griffen sie aber nicht die Feinde selbst an, sondern die an ihre Wagen gebundenen Pferde, sodass die Tiere in Unordnung gerieten und von ihren Lenkern nicht mehr beherrscht werden konnten. „Nun", so fährt der Geschichtsschreiber in seinem spannenden Bericht fort, „sandte er ihnen den Flavius Vespasianus, der später Kaiser wurde, und dessen Bruder Sabinus, seinen Legaten, nach."[8] Viele Feinde fielen unter deren Kommando, doch lieferten die Britannier eine Schlacht, die lange unentschieden blieb, bis schließlich Gnaeus Hosilius Geta den Kampf für Rom gewann. Obwohl Hosilius nie Konsul gewesen war, bemerkt Dio Cassius weiter, sei er für diesen Sieg mit den Triumphinsignien ausgezeichnet worden.

Die Römer gerieten dennoch bald in Bedrängnis. Die Britannier wichen an die Themsemündung zurück und durchschwammen den Fluss, dicht gefolgt von den Römern, die auch weiter nördlich gelegene Brücken besetzten. Jetzt griffen sie von vielen Seiten an. Als sie die Fliehenden verfolgten, gerieten sie jedoch in Sümpfe, aus denen sie kaum noch herausfanden und große Verluste erlitten.

Zudem war Togodumnus gefallen, was die Wut der Insulaner noch weiter anstachelte. Aus Rache für seinen Tod fügten sie sich jetzt noch fester zusammen, und Plautius beschloss, einer kaiserlichen Weisung folgend, nicht weiter vorzurücken, sondern lediglich seine bisherigen Eroberungen zu sichern. Er ging Claudius um Hilfe an. Der Kaiser hatte für diesen Fall vorgesorgt. Eine Menge Waffen lag bereit, viele Kriegselefanten warteten auf ihren Einsatz. In Ostia ankerten Kriegsschiffe, zum Ablegen bereit. Der Kaiser überließ die Regierungsgeschäfte seinem Kollegen im Konsulat, Vitellius, und trat die gefährliche Reise in den Norden an. Dabei war er teils auf dem Meer und auf Flüssen, teils zu Lande unterwegs. Am nördlichen Ozean angekommen, setzte er auf die Insel über, wo ihn seine Leute bereits erwarteten. Als Oberbefehlshaber führte er sie persönlich gegen den Feind und lieferte diesem eine Schlacht, aus der er als strahlender Sieger hervorging. Unter anderem nahm er die Residenz des Cunobellinus ein, Camulodunum, das heutige Colchester, wo ihm später, wie erwähnt, ein Tempel errichtet wurde. Viele unterwarfen sich nun freiwillig, einige mussten mit Waffengewalt überzeugt werden. Claudius selbst erhielt einige Imperatorentitel – ganz gegen die römische Gewohnheit, die in einem Krieg nur die einmalige Verleihung der Imperatorenwürde vorsah.

Damit sah der Kaiser seine Aufgabe als beendet an. Er setzte Plautius zum Statthalter ein und beauftragte ihn, auch das restliche Land zu erobern. Er hatte es eilig, wieder nach Hause zu kommen, und schickte seine Schwiegersöhne Magnus und Silanus, die ihn begleitet hatten, mit der Nachricht von seinen Siegen und seiner baldigen Heimkehr voraus. Möglicherweise wollte er bei seinem Eintreffen in Rom keine unliebsamen Überraschungen erleben.

Aus Dankbarkeit für diese Kriegstaten erkannte ihm der Senat den Beinamen Britannicus und die Ehre eines Triumphzugs zu. Den Titel gab er sogleich seinem Sohn weiter, der unter diesem Namen in die Geschichte einging. Und es gab weitere Ehrungen. Ein jährliches Festspiel und je ein Triumphbogen in Rom selbst und an der Stelle, von wo aus er in Ostia in See gestochen war, sollten fortan an seinen Sieg erinnern. Auch die Stellung seiner Ehefrau Messalina, die an Claudius' Erfolg keinerlei Anteil hatte, wurde erhöht. Wie seinerzeit Livia Drusilla, der Gattin des Kaisers Augustus, wurden auch ihr der Vorsitz bei Versammlungen und die Benutzung des Staatswagens gestattet. Münzen, die von Caligula mit seinem Bildnis geprägt worden waren, wurden jetzt eingeschmolzen und durch solche mit Claudius' Konterfei ersetzt. Rom hatte, wie es schien, seinen neuen Gott gefunden.

Ganze 16 Tage hatte der Kaiser auf der unwirtlichen Insel verbracht. Sein gesamter Feldzug hatte ihn gerade sechs Monate von Rom fern gehalten. Dorthin zurückgekehrt, pflegte er die alten Bräuche, die man von einem siegreichen Feldherrn erwartete. Von seinen Schwiegersöhnen gestützt, rutschte er auf den Knien die Stufen des Capitols hinauf, um Jupiter Optimus Maximus, dem Herrn des römischen Götterhimmels, zu danken. Alle Offiziere, die sich um die Unterwerfung Britanniens verdient gemacht hatten, wurden großzügig mit den Triumphabzeichen geschmückt, allen voran natürlich Aulus Plautius. Claudius' Leibgardist, Rubrius Pollio, erhielt sogar die Erlaubnis, das eigene Abbild auf dem Brustschild zu tragen, und zwar sowohl in der Curie als auch, wenn er den Kaiser in der Stadt begleitete. Der Kaiser bemerkte dazu, auch

Augustus habe es mit einem Ligurer so gehalten, die Auszeichnung sei also nicht seine, Claudius' Erfindung. Laco, der Statthalter Galliens, wurde auf die gleiche Weise geehrt und vom Kaiser sogar in den Rang eines ehemaligen Konsuls erhoben, ohne das Amt je bekleidet zu haben.

Die üblichen Festspiele wurden vom Kaiser in den beiden Theatern gegeben, bemerkt Dio Cassius, wobei er die Veranstaltungsorte nicht näher nennt.[9] Möglicherweise handelte es sich hierbei um das renovierte Pompeius-Theater und dasjenige, das Augustus zu Ehren seines so jung verstorbenen Neffen Marcellus errichtet hatte. Oft jedoch, so der antike Geschichtsschreiber weiter, habe Claudius bei diesen Veranstaltungen gefehlt und sich vertreten lassen. Es scheint, dass die Ereignisse der vergangenen Monate den alternden Mann doch mehr ermüdet hatten, als er zuzugeben bereit war.

Für die Pferderennen kündigte Claudius so viele Durchgänge an, wie an einem Tag zu schaffen waren. Es wurden nur zehn, da die Darbietungen immer wieder von Bärenhetzen und Gladiatorenkämpfen unterbrochen wurden. Aus Asien herbeigerufene Knaben führten Waffentänze auf, und der Senat gestattete Bühnenkünstlern, zu Ehren des siegriechen Kaisers ein eigenes Fest zu veranstalten.

Außer einer feindlichen Rüstung heftete Claudius „neben der Bürgerkrone eine Schiffskrone an den First seines Hauses auf dem Palatin“, gleichsam als Symbol des von ihm bezwungenen Ozeans.[10]

Zu den Höhepunkten der Siegesfeiern dürfte das Schauspiel gehört haben, in dem Claudius auf dem Marsfeld die Belagerung und Plünderung einer Stadt sowie die Unterwerfung der Könige Britanniens aufführen ließ.[11]

Das größte Spektakel stellte allerdings der Triumphzug dar, den der Senat dem Kaiser gewährte. Er wurde eine Veranstaltung der Superlative, wie sie Rom schon lange nicht mehr gesehen hatte.

Von Suetonius erfahren wir, dass sogar Claudius' Gattin Messalina dem Triumphwagen in einer Karosse folgte. Vor allem aber nahmen diejenigen Feldherrn teil, die den Kaiser nach Britannien begleitet und die Triumphabzeichen erhalten hatten. Sie hatten allerdings im gewöhnlichen Senatorengewand zu erscheinen. Nur Marcus Crassus Frugi ritt auf einem reich geschmückten Pferd und war in einen mit Palmen bestickten Umhang gehüllt. Er erfreute sich besonderer Verdienste, waren ihm doch die Triumphabzeichen bereits zum zweiten Mal verliehen worden.

Alle Siegesfeiern, und mochten sie auch noch so großartig sein, konnten jedoch nicht darüber hinweg täuschen, dass Britannien noch lange nicht befriedet, geschweige denn romanisiert war. Der Widerstand gegen die fremde Besatzung ging weiter, und erst im Jahr 51 gelang es den Römern, König Caratacus endgültig zu unterwerfen. Er wurde gefangen genommen und im Triumphzug mitgeführt. Doch ließ ihn Claudius entgegen den allgemeinen Gepflogenheiten nicht hinrichten, sondern auf ein Landgut verbringen, wo er sein Leben in Sicherheit und Ruhe zu Ende führen konnte – ein ungewöhnlich kluger Schachzug des Kaisers, der wesentlich dazu beitrug, die Britannier zu befrieden, und einmal mehr von Claudius' Weitsicht zeugte.

Von den Vorbereitungen für den Inselfeldzug profitierte auch Gallien. Es erlebte einen gewaltigen wirtschaftlichen Aufschwung. Straßen und Städte waren ausgebaut worden, was die ganze Provinz für den Handel besonders attraktiv machte und ihr, auch als Ausgangspunkt für die römischen Truppen, die über den Kanal setzten, eine blühende Entwicklung und die besondere Aufmerksamkeit der römischen Staatsführung sicherten. So wurde Gallien schließlich zur römischen Provinz schlechthin, besonders in seinem südlichen Teil, der noch heute den Namen Provence trägt.

Claudius und die Frauen – Messalina

Es wurde bereits erwähnt, dass Claudius' Liebesleben für einen Römer der Oberschicht als höchst ungewöhnlich galt. Unter den ersten fünfzehn Kaisern war er der Einzige, dessen Geschmack „völlig korrekt" war, wie der Althistoriker Edward Gibbon feststellte. Was die ersten zwölf Caesaren betraf, so orientierte er sich an der Aussage des Suetonius, Claudius sei weder der Päderastie noch der Homosexualität verfallen gewesen, was offensichtlich nicht auf die anderen Herrscher zutraf und deshalb einer besonderen Erwähnung bedurfte.[1]

Wie so vieles galt auch in sexueller Hinsicht die griechische Kultur als Schatztruhe aller menschlichen Erfahrungen. Homosexualität war im alten Griechenland nicht verpönt, und auch aus der Knabenliebe machte man keinen Hehl. Wenn man in Rom seine sexuellen Vorlieben auch nicht an die große Glocke hängte, so war die Zuneigung zu Gleichgeschlechtlichen oder Kindern gesellschaftlich kaum geächtet. Doch im Gegensatz zu den Griechen liebte man in Rom eher im Verborgenen und gab mit seiner Andersartigkeit allenfalls Anlass zu Spott und zu Gerüchten. So hieß es beispielsweise, Caesar habe Gaius Octavius, den späteren Augustus, auch aus Dankbarkeit für „gewisse Gefälligkeiten" an Sohnes Statt angenommen.

Trotz seiner vielfachen Behinderungen empfand Claudius eine große Leidenschaft für das weibliche Geschlecht. Und manche Frauen erwiderten nur allzu gern seine Gefühle, besonders, als er Kaiser geworden war. Daraus ist ersichtlich, dass deren Zuneigung nicht dem Menschen Claudius galt, sondern dem Würdenträger, an dessen Macht viele Frauen teilhaben wollten. Claudius galt als schwach und Einflüsterungen zugänglich, und so mochte sich die eine oder andere erhofft haben, den alternden Mann ihrem Willen gefügig zu machen, wie es den beiden letzten Ehefrauen des Kaisers ja tatsächlich auch gelang. Mit einer gewissen Berechtigung bemerkten deshalb antike Historiker, Claudius habe sich in seiner Regentschaft zu sehr von Frauen und Freigelassenen beherrschen lassen.

Wie es in seinen Kreisen üblich war, wurde er schon in jungen Jahren verlobt, zunächst mit seiner Cousine Aemilia Lepida, Augustus' Urenkelin, die erst zwölf Jahre alt war. Dann mit Livia Medullina, die auch den Beinamen Camilla trug. In beiden Fällen kam eine Heirat nicht zustande. Das erste Eheversprechen wurde zurückgenommen, da die Brauteltern Augustus beleidigt hatten. Das zweite endete mit dem plötzlichen Tod der Braut an dem Tag, auf den die Hochzeit angesetzt war.[2] Ob Camilla einer Krankheit erlag oder jemand, dem diese Hochzeit nicht gefiel, beim Sterben nachgeholfen hatte, ist nicht bekannt. Suetonius spricht von einer Krankheit des Mädchens, ohne näher darauf einzugehen. Doch hatte man es in Rom schon immer verstanden, Probleme auf die endgültige Art zu lösen. Denkbar wäre sogar, dass – wieder einmal – Augustus' Ehefrau Livia Drusilla, die spätere Iulia Augusta ihre Hände im Spiel hatte. Wie Claudius auf den Vorfall reagierte, ist nicht bekannt. Da Heiraten in den meisten Fällen von den Familien arrangiert wurden, ohne Gefühle zu berücksichtigen, hielt sich seine Trauer wahrscheinlich in Grenzen.

Von Claudius' vier Ehefrauen hieß die erste Plautia Urgulanilla. Die Ehe dürfte von Iulia Augusta gestiftet worden sein – daher auch der Verdacht, sie habe die Hochzeit mit Camilla verhindert –, denn die Großmutter der Braut, Urgulania, war die beste Freundin der Kaiserin. Die Braut entstammte einer angesehenen Familie. Ihr Vater war sogar mit den Triumphabzeichen geehrt worden. Doch die Ehe scheiterte, obwohl ihr zwei Kinder entsprossen: Drusus und Claudia. Der Junge verunglückte beim Spielen tödlich. Claudia, die erst nach der Scheidung geboren wurde, erkannte Claudius nicht als sein Kind an. Er behauptete, ihr Vater wäre einer seiner Freigelassenen. Urgulanilla warf er einen ausschweifenden Lebenswandel vor, und als sie auch noch unter Mordverdacht geriet, trennte er sich von ihr.

Kaum wieder auf dem Heiratsmarkt zu haben, vermählte er sich erneut. Die Wahl fiel auf Aelia Paetina, die Tochter eines ehemaligen Konsuls. Auch sie kam also aus der römischen Oberschicht. Doch auch diese Ehe sollte nicht von Dauer sein. Angeblich waren es kleine Zwistigkeiten, die die Gatten entzweiten. Wahrscheinlicher ist jedoch, dass die Trennung von Aelia Paetina mit dem Sturz des Prätorianerpräfekten Seianus durch Kaiser Tiberius im Jahr 31 n. Chr. zusammenhing, mit dem die Frau verwandt war.

Mehrere Jahre hielt es Claudius daraufhin ohne Ehefrau aus, bis er noch vor seiner Thronbesteigung, vermutlich 39 oder 40 n. Chr., die 14jährige Valeria Messalina zur Frau nahm, der er, folgen wir den antiken Quellen, nahezu verfallen war. Messalina gebar ihm zwei Kinder, Claudia Octavia, die im Jahr 40 zur Welt kam, und unmittelbar nach seinem Herrschaftsantritt Tiberius Claudius Germanicus, der nach dem Britannienfeldzug seines Vaters Britannicus genannt wurde. Von beiden Kindern, mit denen es das Schicksal (oder eine böse Stiefmutter) nicht gut meinte, wird zu gegebener Zeit zu berichten sein.

Im Laufe der vergangenen Jahrzehnte hatte sich im Bewusstsein der Frauen der römischen Oberschicht ein tiefgreifender Wandel vollzogen. Hatten sie zu Zeiten der untergehenden *res publica* noch widerspruchslos die männliche Dominanz toleriert, so mochten sie jetzt immer weniger einsehen, dass ihr Platz nur noch an Spinnrad und Webstuhl sein sollte. War denn die Herrschaft eines Einzigen, der zudem noch mit ihnen verwandt war, nicht auch ihre Sache? Die Regierung von Livia und Augustus hatte doch allen gezeigt, dass sich der Einfluss einer klugen Frau auf die Staatsgeschäfte nicht unbedingt negativ auswirken musste. Im Gegenteil. Frauen konnten mäßigend und beruhigend auf die Regierenden einwirken und so der Gesellschaft von großem Nutzen sein. Die auf Livia folgenden „Herrscher-Ehefrauen" übersahen dabei allerdings etwas ganz Wesentliches: Sie besaßen nicht Livias Format und missbrauchten den Einfluss auf ihre Männer allenfalls für ihre eigenen Zwecke. So beschleunigten sie den Untergang des julisch-claudischen Geschlechts, das vor nur zwei Generationen so vielversprechend zur Erneuerung des Staates angetreten war.

Augustus hatte sich einst dagegen verwahrt, seine ehrgeizige Ehefrau an seiner Göttlichkeit teilhaben zu lassen. Klugerweise hatte er ihr erst testamentarisch den Titel Augusta verliehen. Und sein Nachfolger Tiberius war sogar so weit gegangen, eine Frau nie besonders auszuzeichnen. Und das wahrscheinlich weniger aus Verbitterung über die gescheiterte Ehe mit der Kaisertochter Iulia als aus staatsmännischer Besonnenheit. Caligula, der ihn auf dem Thron beerbte, übte solche Zurückhaltung nicht. Unkontrolliert ließ er sich von Emotionen treiben, die im politischen Alltag bekanntlich die schlechtesten Ratgeber sind.

Offensichtlich war der junge Mann in seine drei Schwestern Agrippina, Livilla und Drusilla vernarrt. Vom Senat abgesegnet, ließ er sie in die ihm ausgesprochenen Heilswünsche mit einbeziehen. Münzen erschienen, die sie den alten römischen Staatsgöttern Securitas, Fortuna und Concordia gleichstellten. Ehrenplätze bei den Spielen waren für sie reserviert. „Ich werde mich und meine Kinder nicht lieber halten als Gaius und seine Schwestern" wurde die ab Jahresbeginn 38 verbindliche Eidesformel.

Der Klatsch sagte ihm inzestuöse Beziehungen zu ihnen nach, wobei er allerdings Livia Drusilla besonders leidenschaftlich begehrte. Es hieß, schon der Knabe sei ihr verfallen gewesen, und sein absonderliches Benehmen gab dem Gerede Recht. Er setzte sie nicht nur als Erbin und Nachfolgerin ein, er behandelte sie selbst in der Öffentlichkeit wie eine rechtmäßige Gattin.[3] Als sie schon in jungen Jahren starb, ordnete er Staatstrauer an. In seinem Schmerz floh er aus Rom und irrte ziellos durch Süditalien, wo er bis Syrakus gelangte. Aber er kehrte bald wieder nach Rom zurück, da er auch auf seiner Flucht keine Ruhe gefunden hatte. Als sichtbares Zeichen seiner Trauer ließ er Bart und Haupthaar ungeschoren, wie es in Rom Sitte war. Und nie mehr legte er vor Volk oder Senat einen Eid ab, ohne bei der Göttlichkeit Drusillas zu schwören …

Messalina, die Claudius, wie gesagt, ein oder zwei Jahre vor der Thronbesteigung geheiratet hatte, hütete eifersüchtig die Stellung, die ihr mit dem Tod Caligulas und der Erhöhung ihres Gemahls so unerwartet in den Schoß gefallen war. Sie hatte sich schließlich nicht einem Kaiser hingegeben, sondern einem Trottel, über den sich am Hof seines Neffen jedermann ungestraft hatte lustig machen dürfen. Zudem hatte dieser Schwachkopf bereits zwei gescheiterte Ehen hinter sich. So erschien ihr das kürzlich erlangte Glück nur als gerechter Ausgleich für die früher erlittene Schmach. Und sie genoss und missbrauchte ihre erhabene Stellung. Sie verkaufte beispielsweise wahllos Ämter, besonders an Männer, die bereit waren, ihr sexuell zu Diensten zu sein.

Angeblich, so ist überliefert, hasste sie die beiden Nichten ihres Mannes, besonders Iulia Livilla, die, unvorsichtiger als die klügere Agrippina, angeblich versucht hatte, Claudius zu verführen und Messalina zu beseitigen, um deren Stelle einzunehmen. Oft verwickelte Livilla den Onkel in lange Gespräche, die in trauter Zweisamkeit stattfanden. Und ein jeder wusste, dass Claudius der Anziehungskraft einer Frau nie lange widerstehen konnte. Da schlug Messalina zu.

Sie ließ die lästige Nebenbuhlerin anklagen, ihren Mann vergiftet und zu dem Philosophen Seneca eine anstößige, da nicht standesgemäße Liebesbeziehung unterhalten zu haben. Zuletzt war Claudius von Livillas Schuld überzeugt und verbannte sie aus Rom. Und nur kurze Zeit später, 43 n. Chr., wurde sie auf Veranlassung des Kaisers hingerichtet.[4]

Man ist geneigt, für die perversen Anlagen Messalinas wenigstens teilweise ihre Abstammung verantwortlich zu machen, denn auch sie gehörte der julisch-claudischen Nachkommenschaft an. Sie war väterlicher- wie mütterlicherseits eine Urenkelin von Augustus' Schwester Octavia. Leider hatte sich keine der günstigen Eigenschaften der berühmten Ahnin auf sie vererbt. Als lasziv, grausam und herrschsüchtig wird sie beschrieben, dazu von einer geradezu hemmungslosen Leidenschaft besessen und einem krankhaften sexuellen Verlangen. Der alternde Kaiser genügte ihr nicht. Sie gab ihren Trieben unbekümmert nach, sodass sie noch heute als die Verkörperung vollkommener Amoral gilt. In der Stadt kursierten über sie die wildesten Geschichten.

Sobald im kaiserlichen Haushalt auf dem Palatin die Lichter erloschen und der Kaiser eingeschlafen war, so erzählte der Dichter Juvenal, stahl sie sich, von einer einzigen Dienerin begleitet, aus dem Palast. „Eine blonde Perücke bedeckte ihr schwarzes Haar; so betrat sie das Bordell, das durch einen alten Lumpenvorhang warm gehalten wurde. Eine leere Zelle war für sie reserviert. Dort stellte sie sich nackt auf, die Brustwarzen vergoldet, unter dem falschen Namen Lysisca, und zeigte dar ihren Leib … Liebreich empfing sie die Hereinkommenden, verlangte Geld und ließ sich rücklings hingestreckt von vielen durchziehen. Wenn dann der Bordellwirt die Mädchen nach Hause schickte, schloss sie als letzte ihr Kämmerchen, noch immer heiß von der Brunst ihrer Scheide, und ging fort, zwar ganz matt, doch nimmer satt nach Männern. Mit verschmuddelten Backen und schmutzig vom Ruß der Lampe trug sie den Gestank des Bordells ins kaiserliche Bett.“[5] Es erscheint zwar zweifelhaft, dass die verwöhnte Frau den Luxus ihres Palastes mit dem Schmutz eines billigen Lupanars tauschte, doch verbürgen sich auch andere Historiker dafür, dass Messalina von einer sexuellen Triebhaftigkeit besessen war, die man bislang nicht einmal in Rom gekannt hatte. Dio Cassius berichtet, sie habe in einem Teil des Palastes ein Freudenhaus unterhalten, in dem Damen aus der höchsten Gesellschaftsschicht zum Liebesdienst verpflichtet gewesen seien, wobei deren Ehemänner als Kuppler auftreten mussten.

Doch sind, wie gesagt, Zweifel an der Überlieferung angebracht. Denn die uns als so verderbt Beschriebene war keine zwanzig Jahre alt, als sie, von den Dämonen des Fleisches gehetzt, die abscheulichsten Verbrechen begangen haben soll.

Als man das blutjunge Ding mit Claudius vermählte, ging dieser bereits auf die 50 zu. Obwohl ihr schon bald nach der Eheschließung ein ausschweifender Lebenswandel nachgesagt wurde, zweifelte Claudius offenbar nie an seiner Vaterschaft. Und doch steht fest, dass Messalina immer leidenschaftlich, wenn auch nie besonders ausdauernd liebte. Ihr war zudem jedes Mittel recht, jeden, der sich ihren Wünschen widersetzte oder dessen sie überdrüssig geworden war, gnadenlos zu vernichten. Schließlich soll sogar der Kaiser selbst ihre Opfer angehalten haben, ihr zu Willen zu sein, so etwa den Schauspieler Mnester, den anfangs ihre großen goldbemalten Brüste abgestoßen hatten.

Doch nicht nur in Liebesdingen kannte die junge Frau offenbar keine Grenzen. Sie soll auch den Tod zahlreicher hochgestellter Römer verschuldet haben, um Hass- und Rachegelüste, Eifersucht und Habgier zu befriedigen. Und doch sollte man auch diese antiken Berichte mit Vorsicht lesen. Denn die unerfahrene Messalina dürfte kaum all der Verbrechen schuldig gewesen sein, deren man sie bezichtigte. Möglicherweise hatten sich um die Frau des Kaisers allerlei Intriganten, vornehmlich Freigelassene, geschart, die Messalinas Unerfahrenheit und ihren Einfluss auf den Kaiser geschickt für eigene Zwecke ausnutzten. Denn trotz aller ihr nachgesagten Laster liebte der alte Mann die junge Frau, die ihm zwei Kinder geboren und sein altes Herz mit Vaterstolz erfüllt hatte, geradezu abgöttisch.

Zu den scheußlichsten Verbrechen, an denen sie zumindest eine Mitschuld traf, gehörte zweifellos die Beseitigung des Valerius Asiaticus, über den Tacitus in seinen Annalen zu Beginn des elften Buches berichtet. Die Tatsache, dass der Valerier die Avancen der Kaiserin nicht erwiderte und ihre Habgier scheinen den edlen Römer zu Fall gebracht zu haben.

Sein größtes Pech war, dass er die schönsten Gärten Roms besaß, die einst von Lucullus angelegt, von ihm, Asiaticus, aber zu einem der prächtigsten Wohnsitze der Stadt ausgeschmückt worden waren. Dieses herrliche Anwesen wollte Messalina unbedingt haben. So ließ sie Asiaticus als Verführer der verheirateten Poppaea Sabina anklagen, und entledigte sich damit gleichzeitig eines weiteren Problems: Poppaea Sabina galt als schönste Frau Roms, und das, obwohl sie nicht mehr die jüngste war. Doch hätte, zumindest was Asiaticus betraf, die Beschuldigung für eine Verurteilung zum Tode womöglich nicht ausgereicht. Deshalb wurde er auch noch der Teilnahme an der Verschwörung gegen Claudius' Vorgänger Caligula bezichtigt. Es hieß sogar, er sei der Anstifter des Attentats gewesen und habe sich der Tat auch noch öffentlich gerühmt. Vergessen war die Dankbarkeit, die man dem Königsmörder anfangs entgegengebracht hatte. Vergessen auch die Tatsache, dass er Rom von einem der schlimmsten Tyrannen befreit und die Thronerhebung des jetzigen Kaisers damit erst ermöglicht hatte.

Es mag sein, dass Asiaticus kein unbeschriebenes Blatt war und auch nicht so unschuldig, wie ihn Tacitus darstellte. Doch Messalinas Wut war wahrscheinlich nicht der einzige Grund, der den Römer zu Fall brachte, sein gewaltsamer Tod nicht allein das Werk der Schamlosigkeit und Habgier dieser unberechenbaren Frau. Auch bei Claudius war er in Ungnade gefallen, fürchtete dieser doch in ihm den heimlichen Vertreter jener republikanischen Oberschicht, die immer noch auf Mittel und Wege sann, sich die Privilegien ihres Standes zurückzuholen. Während des Verhörs vor Gericht schwankte Claudius und schien sogar geneigt, den Angeklagten freizusprechen, und auch Messalina konnte, als sich Asiaticus verteidigte, die Tränen nicht zurückhalten. Vor allem das könnte darauf hinweisen, dass ihr Charakter doch noch nicht ganz verdorben war. Doch gelang es ihr bald, ihre Gefühlsregungen zu überwinden, sodass sie schließlich ihr Ziel erreichte: Poppaea Sabina wurde zum Selbstmord gezwungen, was sicherlich Messalinas größter Triumph war. Und

Asiaticus gewährte man die Gnade, die Todesart selbst wählen zu können. Als ihm hierauf einige zum Hungertod rieten, lehnte er ab. Er bedauerte nur sein Schicksal, es wäre gewiss ehrenhafter gewesen, meinte er, „durch des Tiberius' List oder des Gaius Caesar Ungestüm zu fallen als durch Weibertücke".[6] Dann badete er, speiste heiteren Sinnes und öffnete sich die Adern. Seine große Widersacherin aber nahm seine prachtvollen Gärten in Besitz, nicht ahnend, dass auch die Tage ihres Genusses gezählt waren.

„Ohne den Beistand der kaiserlichen Freigelassenen", mutmaßt der englische Althistoriker Dacre Balsdon, „hätte sie sich nicht auf der triumphalen Höhe ihres Fiebertaumels halten können … Wieviel Claudius selbst von ihrem Treiben wusste, bleibt ein Geheimnis."[7]

Doch ist es eher unwahrscheinlich, dass ihm alles entging. Jene Freigelassenen, die sich jahrelang Messalinas bedienten, um eigene Ziele zu verfolgen, werden auch dafür gesorgt haben, ihren Brotherrn in die Machenschaften seiner Frau einzuweihen. Denn sie wurde langsam auch ihnen gefährlich, nachdem ihre Macht über den Kaiser derart gestiegen war.

In jenen Tagen hatte sich die Kaiserin in einen jungen Mann edelster Herkunft verliebt, Gaius Silius, der Tacitus zufolge auch der schönste Jüngling Roms gewesen sein soll.[8] Er verfügte darüber hinaus über weitere sehr positive Eigenschaften, war gewandt und redebegabt. Seine Familie hatte in nur einem halben Jahrhundert dem Staat fünf Konsuln gestellt, und er selbst sollte 48 n. Chr. dank der Fürsprache der Kaiserin diese noch immer begehrte Würde erhalten. Da er mit der Patrizierin Iunia Silana verheiratet war, hätte er ohnehin eine glänzende Karriere vor sich gehabt. Doch witterte er in Messalinas blinder Leidenschaft die Chance, auf der Leiter des Erfolgs schnell ganz nach ganz oben zu steigen. Er mag auch daran gedacht haben, dass es für ihn keine Wahl gab, nachdem Messalina ihn einmal entdeckt hatte. Denn es war bekannt, dass es die launische Frau bestens verstand, den, der es wagte, sich ihrem Verlangen zu verschließen, unschädlich zu machen. Warum also sollte er sich zieren, wenn ihm das Schicksal doch keine andere Möglichkeit ließ? Claudius war nach römischem Verständnis ein alter Mann. Musste man das Ende seiner Tage geduldig abwarten? Und war nicht er, Gaius Silius, als designierter Konsul eine der wichtigsten Persönlichkeiten der Stadt? Er hatte in Rom eine treue Anhängerschaft, die sicherlich seine Thronbesteigung begrüßen und ihn unterstützen würde. Also ließ er sich von seiner vornehmen Gattin scheiden und bot seiner Geliebten an, sein Verhältnis zu ihr zu legitimieren, sobald auch sie frei sei.

Hocherfreut stimmte Messalina seinen Plänen zu. Es musste eine seltsame Veränderung in ihr vorgegangen sein. Sie, die bislang jede Bindung vermieden hatte, um die Qualitäten anderer Männer zu erproben, hatte sich offenbar zum ersten Mal in ihrem Leben richtig verliebt. Doch sie blieb misstrauisch. Hatte ihr Geliebter etwa vor, sich ihrer als williges Werkzeug zu bedienen, um seinen Ehrgeiz zu befriedigen, und sich hernach, am Ziel seiner Wünsche angelangt, von der Ehebrecherin zu distanzieren? Von der Beseitigung ihres Ehemannes wollte sie daher zunächst nichts wissen. Nur eines interessierte sie: Würde ihr Liebhaber sie auch heiraten?

Tacitus hält Messalina für die treibende Kraft des unseligen Vorhabens. Sie habe, so vermutete er, nachdem sie Iunia Silana aus der Ehe gedrängt habe, den jungen Mann mit allen Mitteln weiblicher Raffinesse an sich zu binden gewusst: So habe sie ihn mit kostbaren Geschenken und hohen Belohnungen überhäuft, bis er beschlossen habe, sich nicht länger zu verschließen, sondern zu genießen, was ihm die Gegenwart so unverhofft bot, die Zukunft jedoch geduldig abzuwarten. „Niemals heimlich, sondern mit großem Gefolge besuchte sie sein Haus, hängte sich an ihn, wenn er ausging, verwöhnte ihn mit Reichtum und Ehren. Zuletzt sah man, als wäre die Herrschaft schon auf ihn übergegangen, Sklaven, Freigelassene und das ganze Gepränge des Fürsten bei dem Ehebrecher."[9] Die Frechheit erreichte ihren Höhepunkt, als sogar eine richtige Hochzeit gefeiert wurde, bei der alle traditionellen Riten beachtet wurden. Wahrsager wurden befragt, Opfer dargebracht. Es wurde ein Ehevertrag geschlossen, der Bestimmungen über die Mitgift der Braut enthielt. Und nach der Zeremonie zogen sich die Neuvermählten zurück, um nach altem Brauch die Hochzeitsnacht miteinander zu verbringen. Das Ganze spielte sich hinter dem Rücken des Kaisers ab, der zu Opferhandlungen nach Ostia aufgebrochen war. Selbst für Rom, das an die wildesten Perversitäten seiner Führungsschicht gewohnt war, war das zu viel. „Ich bin mir wohl bewusst", meldet sich wieder Tacitus, „es klingt wie ein Märchen, dass irgendjemand, vor allem ein designierter Konsul, in einer Stadt, die alles weiß und nichts verschweigt, gewagt hat, mit der Frau des Princeps an einem vorbestimmten Tag unter Zuziehung von Zeugen zusammenzukommen, um mit ihr die Ehe zu schließen … Dennoch ist nichts von dem erfunden, um etwas Wundersames zu berichten. Ich gebe nur wieder, was von älteren Leuten gehört und niedergeschrieben worden ist …"[10]

Suetonius, der andere Berichterstatter, will gehört haben (wobei er allerdings an der Wahrscheinlichkeit dessen, was ihm da zu Ohren gekommen war, zweifelt), Claudius habe selbst den Ehevertrag unterzeichnet, um eine ihm nach gewissen Vorzeichen drohende Gefahr abzuwenden und auf jemand anderen zu übertragen.[11] Danach konnte er beruhigt nach Ostia fahren.

Dio Cassius geht sogar noch einen Schritt weiter. Die ganze Zeremonie sei nichts als eine Farce gewesen, die Laune einer verwöhnten Frau, die doch verheiratet war, ein perverses Spiel, sodass ihre neue Ehe jeglicher rechtlichen Grundlage entbehrte. Silius und Messalina dürften sich dessen bewusst gewesen sein.

Entsetzen hatte indes das Kaiserhaus gepackt. Jeder, der eine gewisse Stellung innehatte, fürchtete nun um deren Bestand, wenn Claudius tatsächlich entthront würde. Es war sicherlich eine Schande für ganz Rom, wenn ein Schauspieler das Bett der Kaiserin teilte, doch drohte damit dem Leben und der Stellung des Kaisers keine Gefahr. Ließ sich ein Mann von Adel allerdings auf dieses Abenteuer ein, sah die Sache schon anders aus. Silius war jung, er war schön. Es gab kaum eine Eigenschaft, die er dem vergreisenden Princeps nicht voraushatte. Und es gab so manchen in Rom, der ihn gern an der Stelle des dümmlichen Alten gesehen hätte. Es musste etwas geschehen, wobei Eile geboten war, zumal sich, wie erwähnt, Silius gerierte, als säße er bereits auf dem Thron.

Es war Narcissus, einer der Freigelassenen, der dem Kaiser die Augen öffnete. Claudius scheint das neuerliche Abenteuer seiner Frau nicht anders bewertet zu haben als alle vorangegangenen Affären, von denen jedermann wusste. Es kümmerte ihn nicht. So gab er sich in Ostia ganz seinen religiösen Pflichten hin. Doch Narcissus wusste, wie sehr sein Dienstherr dem Charme seiner jungen Frau verfallen war, und dass es für sie ein Leichtes sein würde, ihren Mann von ihrer „Unschuld“ zu überzeugen. Er musste also besonders behutsam vorgehen, wenn die Sache auch noch so eilte. Schließlich könnte er selbst auf der Strecke bleiben. Vor allem durfte Messalina nichts von seinen Unternehmungen erfahren. Er hätte möglicherweise leichteres Spiel gehabt, wäre der Plan, den Kaiser zu stürzen, an die Öffentlichkeit gelangt. Doch die beiden Verliebten wussten zumindest dieses Geheimnis zu wahren. So blieb nur die skandalöse Hochzeit, die die treulose Kaiserin vor aller Welt mit ihrem Liebhaber gefeiert hatte.

Claudius hatte zwei Lieblingsmätressen, Calpurnia und Kleopatra. Sie weihte Narcissus in seine Pläne ein. Er überzeugte sie mit reichen Geschenken und flüsterte ihnen ein, ihr Einfluss auf Claudius werde umso größer sein, wenn dessen Ehefrau erst einmal unschädlich gemacht worden sei. So warf sich endlich Calpurnia dem Kaiser zu Füßen, und Kleopatra sprang ihr sofort bei. Sie berichteten, was in Rom vorgefallen war. Dann erschien auch Narcissus, der die Anschuldigungen der beiden Frauen bestätigte. „Das ehebrecherische Verhältnis will ich ihr nicht vorwerfen", begann er unter vielerlei Entschuldigungen. Silius möge sich der vielen Aufmerksamkeiten erfreuen, die er Messalina zu verdanken habe. Aber die Frau solle er ihrem rechtmäßigen Gatten zurückgeben. „Weißt du nicht", fuhr er fort, „dass du ein geschiedener Mann bist? Das Volk, der Senat und die Armee waren Zeugen von Silius' Vermählung. Handelst du nicht schnell, ist Messallinas neuer Mann Herr über Rom."[12]

Claudius konnte sich das Ausmaß des Verrats zunächst nicht vorstellen. Und so schleppte ihn Narcissus in das Lager der Prätorianer, die behaupteten, die Senatoren unter Silius' Führung daran gehindert zu haben, wieder die *res publica* auszurufen. Nur aus Treue zu ihm, dem Bruder des noch immer verehrten Germanicus, hätten sie so gehandelt. Da fiel Claudius aus allen Wolken. „Bin ich noch Kaiser? Hat Silius schon die Herrschaft übernommen?", wollte er immer wieder wissen.

Unterdessen genossen Messalina und Silius ihr junges Glück. Es war Herbst, und die Weinlese hatte gerade begonnen. Keltern und Bottiche waren mit Most gefüllt. Die Menschen erfreuten sich des Lebens. Frauen hatten sich als Bacchantinnen verkleidet und waren nur mit einem knappen Pantherfell bedeckt. Sie gaben sich ausgelassenen Tänzen zu Ehren des Gottes Dionysos hin. Mit flatternden Haaren flog Messalina umher. Silius war als Bacchus verkleidet und mit Efeu bekränzt. Vittius Valens, Messalinas Leibarzt, kletterte übermütig auf einen Baum. „Was siehst du dort oben?", wollte die fröhliche Menge wissen. „Ein schweres Unwetter zieht von Ostia auf", antwortete er. Und er hatte sich nicht getäuscht. Doch erst im Rückblick der Ereignisse nahmen seine Worte den Charakter einer schicksalhaften Prophezeiung an.

In der alten Hafenstadt hatte Claudius gerade einen Wagen bestiegen, um nach Rom zurückzukehren. Narcissus hatte ihn überredet, vorzeitig aufzubrechen, um sich der leidigen Angelegenheit selbst anzunehmen. Claudius war völlig verunsichert. Sollte er eher das Verhalten seiner Frau missbilligen oder um seiner beiden Kinder willen an Versöhnung denken? Der Freigelassene wusste, auf welch schwachen Beinen sein Plan stand, und dass nicht jeder von Claudius' Vertrauten sein Vorhaben teilte, Messalina ein für alle Mal unschädlich zu machen. Listig verschaffte er sich einen Platz im kaiserlichen Reisewagen, damit er auf Claudius entsprechend einreden könnte und nicht ein anderer den Sinn des Kaisers wandelte.

Trotz der Aufregung, die in Rom herrschte, als bekannt geworden war, Claudius nähere sich wutentbrannt der Stadt, verlor Messalina nicht die Fassung. Sie war noch immer von ihrer Macht über den alten Mann überzeugt. Nach einem Gespräch unter vier Augen und einer gemeinsam verbrachten Nacht würde er schon wieder einlenken. Aber eine solche Unterredung, die möglicherweise ihr Leben gerettet hätte, sollte es nicht geben. Der vorausschauende Narcissus wusste sie zu verhindern.

Endlich schien Messalina zu begreifen, wie es um sie stand. Sie war allein. Alle Freundinnen hatten sie in ihrem Unglück verlassen, und so schickte sie nach ihren Kindern, die sich dem Vater in die Arme werfen und für ihre Mutter um Verzeihung bitten sollten. Auch die alte Vibidia, Priesterin der Vesta, wurde um Hilfe gebeten. Gemeinsam zogen sie in einem schmutzigen Fuhrwerk, in dem man sonst Gartenabfälle beförderte (ein anderes Gefährt war in der Eile nicht aufzutreiben gewesen), laut jammernd dem Kaiser entgegen. Und beinahe wäre Claudius seinen Kindern begegnet, und das Wiedersehen mit der Ehebrecherin hätte ihn vermutlich besänftigt. Aber Claudius hörte seine Frau nicht. Ihr Klagen wurde von ihren Gegnern niedergeschrien. Und Narcissus lenkte den Kaiser geschickt ab. Er zeigte ihm Dokumente, die die Schuld Messalinas bestätigten. Nur die alte Vestalin ließ sich nicht so leicht abwimmeln. Der Kaiser dürfe, so meinte sie, keinesfalls seine Frau hinrichten lassen, ohne ihr Gelegenheit gegeben zu haben, sich gegen alle gegen sie erhobenen Vorwürfe zu verteidigen. Aber auch sie wusste Narcissus zu beruhigen. Zu gegebener Zeit werde der Kaiser seine Frau schon anhören. Und sie, die Priesterin, möge sich um das kümmern, was ihres Amtes sei …

In Rom eingetroffen, suchten Claudius und seine Begleiter zunächst das Haus des Ehebrechers auf. Als Claudius dort die vielen Schätze aus seinem Palast sah, geriet er in Wut. Silius, der auf dem Forum nichts ahnend seinen Geschäften nachgegangen war, wurde vor Ort verhaftet und sofort vor Gericht gestellt. Er machte nicht einmal den Versuch, sich zu verteidigen. Alles, worum er bat, war ein schneller Tod.

Mit ihm verfielen auch andere Verschwörer dem Henker. Es fand – wie immer bei vereitelten Umsturzplänen – eine regelrechte Säuberung des Senats statt. Das Strafgericht traf die aktivsten Vertreter der Senatspartei, deren Angst so groß war, dass sie Narcissus die Ehrenzeichen der Quästur anboten und ihre Niederlage eingestanden – in der Hoffnung, weitestgehend ungeschoren davon zu kommen. Aber es gab keine Gnade. Sogar Mnester, der Schauspieler, der doch sein Schicksal nicht selbst verschuldet hatte, sondern nur einer Weisung des Kaisers nachgekommen war – er habe sich doch nicht aus Geld- oder Machtgier der Kaiserin hingegeben, meinte er –,wurde ein Jahr nach Messalinas Fall hingerichtet. Verbrecher sei Verbrecher, entschieden Claudius' Freigelassene. Da mache es keinen Unterschied, ob die Straftat aus freien Stücken oder unter Zwang verübt worden sei.

Wie ein weidwundes Tier hatte sich die große Übeltäterin nach ihrem missglückten Rettungsversuch in die Lucullischen Gärten zurückgezogen. Doch noch immer weigerte sie sich einzusehen, dass ihre Lage hoffnungslos war. Ihre Mutter Aemilia Lepida war zu ihr gestoßen. Mochte sie mit ihrer exzentrischen Tochter auch nie auf gutem Fuß gestanden haben, empfand sie jetzt doch Mitleid. Anders als Messalina hatte sie begriffen, dass deren Leben verwirkt war.

Jetzt half auch die Bittschrift nicht mehr, zu der sich die Kaiserin noch aufraffte. Schon hörte man dumpf in der Ferne die Soldaten marschieren, die sich auf den Weg gemacht hatten, Messalina ihrer gerechten Bestrafung zuzuführen. Lepida beschwor ihre Tochter, den Mördern zuvorzukommen und wenigstens auf ehrenvolle Weise aus dem Leben zu scheiden. Aber Messalinas von Leidenschaft verdorbene Seele hegte nicht mehr das geringste Ehrgefühl. Sie erging sich weiterhin in Weinen und nutzlosem Klagen. Schon wurden die Tore aufgebrochen, und vor ihr stand der Tribun. Jetzt erst wurde sie sich der Aussichtslosigkeit ihrer Lage bewusst und griff nach dem Dolch. Aber ihre Hand zitterte so sehr, dass sie ihn vergeblich an Brust und Hals setzte. Da nahm ihr der Mann die Arbeit ab ...

„Hätte nicht Narcissus ihre Hinrichtung beschleunigt", so wieder Tacitus, „würde sich der Spieß gewendet und das Verderben ihre Ankläger getroffen haben." Als nämlich im heimischen Palast bei einem zeitig eingenommenen Mahl der Zorn des Kaisers verflog und der Wein sein Übriges dazu tat, befahl er, „die Unglückliche" aufzusuchen und ihr auszurichten, das sie sich anderntags zu ihrer Verteidigung einfinden solle. Es stand also zu befürchten, dass Claudius' Liebe zu ihr wieder erwachen und die Freuden der Nacht seinen Sinn ändern könnten. Deshalb stürzte „Narcissus hinaus und befahl den Centurionen und dem Tribun im Namen des Kaisers, Messalina sofort hinzurichten".[13]

Claudius saß noch immer beim Essen, als ihn die Nachricht vom Tod seiner Frau erreichte. Niemand sagte ihm, ob sie von eigener oder von fremder Hand gefallen war. Und es schien ihn auch nicht zu interessieren. Ruhig fuhr er mit dem Tafeln fort, als sei nichts geschehen. Erst anderntags gab er zerstreut seiner Verwunderung darüber Ausdruck, dass seine Gattin nicht bei Tisch erschienen sei. (Andere Historiker beziehen seine Frage nach dem Verbleib der Frau allerdings auf Poppaea Sabina, die auf Messalinas Wunsch zum Selbstmord gezwungen worden war. Als Claudius sie bei einem von ihm gegebenen Gastmahl vermisste, wollte er von ihrem Gatten Scipio wissen, warum er sie nicht mitgebracht habe. Geistesgegenwärtig meinte dieser, er bedaure, aber seine Frau sei gestorben.) Was Messalina betraf, zeigte Claudius keinerlei Gefühlsregungen. Er teilte weder die Freude der Freigelassenen, die die unliebsame Frau nun endlich los waren, noch tröstete er die Kinder, die über den Verlust der Mutter trauerten. Er hatte schon begonnen, Messalina zu vergessen. Und der Senat half ihm dabei. Sie war der *damnatio memoriae* verfallen. Ihr Name wurde aus allen Inschriften getilgt, ihre Standbilder wurden von allen öffentlichen Plätzen entfernt. Claudius aber trat vor seine Soldaten: „Da ich mit meinen Ehen kein Glück habe, will ich künftig ehelos bleiben", versprach er. „Sollte ich das nicht einhalten, werde ich nichts dagegen haben, wenn ihr mich mit eigener Hand tötet."[14]

Er hätte gut daran getan, sich an diesen Vorsatz zu halten.

Iulia Agrippina

Als Nero Claudius Caesar Augustus Germanicus den nackten Leichnam Agrippinas sah, soll er bemerkt haben: Ich habe nicht gewusst, dass ich eine so schöne Mutter hatte.“ So jedenfalls hat es der griechische Historiker Dio Cassius berichtet.[1] Und gefundene Porträtbüsten, vor allem die aus dem Liciniergrab an der Porta Pia in Rom, beweisen, wie Recht der Sohn damit hatte. Agrippina war in der Tat eine Frau von erlesener Schönheit. So ist es kein Wunder, dass sich der greise Onkel bald in sie verliebte.

Nur allzu schnell hatte Claudius sein den Prätorianern gegebenes Versprechen, er werde künftig ehelos bleiben, vergessen. Es hatte sich herausgestellt, dass er, lüstern bis ins hohe Alter, ohne eheliche Bettgenossin nicht leben konnte. Und auch für Repräsentationszwecke war eine rechtmäßig angetraute Gefährtin unerlässlich. Also trug er sich erneut mit Heiratsgedanken. Mehrere Kandidatinnen standen zur Wahl, und jeder der drei einflussreichsten Freigelassenen bei Hofe favorisierte eine andere Frau.

Da war Paetina, mit der Claudius bereits einmal verheiratet gewesen war. Für sie sprach sich Narcissus aus. Es bliebe im kaiserlichen Haushalt alles beim Alten, wenn sie gewissermaßen in ihre gewohnte Umgebung zurückkehrte, versuchte er den Kaiser zu überzeugen. Auch sei da die gemeinsame Tochter Antonia. Und es stehe nicht zu befürchten, dass sie den jüngeren Kindern des Princeps, Britannicus und Octavia, mit stiefmütterlichem Hass entgegenträte, da sie ja selbst Mutter eines der kaiserlichen Kinder sei. Narcissus hatte ansonsten größten Einfluss auf den Kaiser, bekleidete er doch das Amt des Geheimschreibers, weshalb er auch einen Griffel im Gürtel trug. Doch diesmal folgte Claudius seinen Empfehlungen nicht.

Der Freigelassene Callistus hingegen meinte, Paetina sei schon zu lange geschieden und habe deshalb ihre Eignung als Ehefrau des Princeps eingebüßt. Die gnädige Wiederaufnahme in die Kaiserfamilie würde nur ihren Hochmut stärken. Er bevorzuge Lollia Paulina, einst die Frau des Gaius Caesar (Caligula), die wegen ihres unermesslichen Reichtums vielen als beste Partie der Stadt galt. Sie werde, so ließ Callistus durchblicken, niemandem im Wege stehen, denn sie sei kinderlos und deshalb von keinerlei Ehrgeiz getrieben. Lollia Paulina werde an den Halbwaisen gern die Mutterstelle vertreten. Doch zuletzt vermochten nur die Verführungskünste Agrippinas, der Tochter seines Bruders Germanicus, die ihn ungeniert küssen und herzen durfte, Claudius' Sinnlichkeit zu reizen. Sie hatte den Vorteil, als Nichte jederzeit Zutritt zu den

Gemächern des Onkels zu haben, von dem es hieß, er habe den Zärtlichkeiten einer attraktiven Frau nie lange widerstehen können.[2] Es gab da nur ein Ehehindernis: Agrippina war seine Nichte, und Ehen zwischen so nahen Verwandten galten in Rom bislang als Inzest. Also musste etwas geändert werden. Und Claudius wusste auch schon was.

Es ist nicht überliefert, ob sich Agrippina bereits zu Lebzeiten Messalinas bemüht hatte, deren Platz an der Seite ihres Onkels einzunehmen. Sie hatte eine lebhafte Biografie und zwei Ehen hinter sich, als es ihr mit Hilfe des Freigelassenen Pallas gelang, den Kaiser und den Thron zu erobern. Tatsächlich sollte sie sich als zweite Livia erweisen, der dazu entgegenkam, dass ihr Mann noch leichter zu beherrschen war als seinerzeit Augustus. Pallas war der nahezu allmächtige „Finanzminister" am kaiserlichen Hof und der – wahrscheinlich einzige – Liebhaber, den Agrippina als Kaiserin hatte. Er hatte Claudius davon überzeugt, dass Agrippina die beste Wahl war. Sie bringe, so flüsterte er dem Kaiser ein, einen Enkel des Germanicus mit in die Ehe, einen Spross aus höchstem Adelsgeschlecht, der dem julisch-claudischen Haus zur Ehre gereiche.

Es scheint, als habe auch Claudius selbst seine Nichte schon früh in die engere Wahl gezogen. Denn lange vor der Entscheidung des Senats hatte das Paar einen Ehevertrag geschlossen, wie Tacitus berichtet. Er war bereits Stadtgespräch, und auch das unerlaubte Liebesverhältnis machte schon die Runde. „Aber sie wagten noch nicht, die Hochzeitsfeier abzuhalten, da es ohne Beispiel war, dass die Tochter des Bruders in das Haus des Onkels heimgeführt wird."[3] Es war sogar von Blutschande die Rede, die nach allgemeiner Ansicht die Strafe der Götter heraufbeschwor. Da bot sich in vorauseilendem Gehorsam der Censor Lucius Vitellius an, die Sache „mit dem ihm eigenen Geschick" zu regeln. Er trat vor den Senat, um diesem den Wunsch des Volkes nach einer Wiederverheiratung des Princeps vorzutragen. Ein Kaiser, so meinte er, habe sich unvorstellbar mühevollen Aufgaben zu widmen, Aufgaben, die nicht nur das römische Gemeinwesen, sondern die ganze Welt beträfen. Schon um dieser Verpflichtung nachkommen zu können, bedürfe es einer treuen Gattin, die das Hauswesen besorge, ihm also wenigstens in dieser Hinsicht den Rücken frei halte. Er brauche auch in guten wie in schlechten Tagen eine verlässliche Gefährtin, der er seine geheimsten Gedanken anvertrauen könne, und, was Claudius beträfe, zudem eine liebende Mutter für seine kleinen Kinder. Es war nicht allzu schwer, die versammelten Väter von der Notwendigkeit der Neuvermählung des Staatsoberhaupts zu überzeugen. Aber es sollte doch, so Vitellius weiter, eine Frau sein, die sich durch Adel, Sittenreinheit und den Glanz ihres Geschlechts auszeichne. Unter diesen Gesichtspunkten sei Agrippina die richtige Partnerin. Als Witwe sei sie über jeden Zweifel erhaben, fruchtbar (was sie mit der Geburt ihres Sohnes Nero bewiesen habe) und von hoher Sittlichkeit. Im Übrigen sei nur in Rom die Heirat von Onkel und Nichte etwas Neues. Andere Völker übten derartige Beziehungen schon lange, und dort seien sie durch kein Gesetz verwehrt. Auch Ehen zwischen Vettern und Basen, die in Rom lange unbekannt gewesen seien, seien im Laufe der Zeit häufig geworden. Die Sitte richte sich eben nach den Bedürfnissen des jeweiligen Staates. Ein entsprechender Senatserlass gestattete fortan allen Römern, sich mit so nahen Verwandten straflos zu verbinden. „Doch fand sich als einziger, der eine solche Ehe befürwortete, Alledius Severus, ein römischer Ritter, von dem es allgemein hieß, Agrippina zuliebe habe er sich dazu herbeigelassen."[4]

An dieser Stelle soll ein wenig auf Vitellius' erstaunliche Karriere eingegangen werden. Bereits unter Tiberius und Caligula hatte er in Rom eine beachtliche Rolle gespielt. Er war im Jahr 35 n. Chr. Statthalter in Syrien gewesen und hatte in dieser Eigenschaft aktiv in die Thronstreitigkeiten in Armenien eingegriffen. Auf kaiserlichen Befehl setzte er im Winter 36/37 n. Chr. wegen Ausschreitungen am Berge Garizim den Prokurator von Judaea, Pontius Pilatus, ab und führte einen Feldzug gegen Aretas, den armenischen König, den er wegen Tiberius' Tod ergebnislos abbrach. Zwei Jahre später sah man ihn wieder in Rom, wo er bei Caligula und später bei Claudius in hoher Gunst stand. Er scheint besonders von Messalina eingenommen gewesen zu sein. Denn es heißt, er habe einen ihrer Schuhe ständig zwischen Tunika und Toga getragen und öfter hervorgeholt, um ihn in aller Öffentlichkeit inbrünstig zu küssen. Beim Tod der Kaiserin verhielt er sich allerdings neutral. Bald lief er zu Agrippina über und diente ihr, wie er ihrer Vorgängerin gedient hatte: als öffentlicher Ankläger all jener Leute, derer sich die Kaiserin entledigen wollte. So wurde er auch zum Ankläger des Silanus, des Verlobten der Kaisertochter Octavia.

Claudius' vierte und letzte Ehefrau war 15 n. Chr. am fernen Rhein geboren worden, in einer Stadt, die einst ihren Namen tragen sollte, Colonia Agrippinensis. Ihre Eltern waren Germanicus, Enkel der Iulia Augusta, und Agrippina Maior, Enkelin des Princeps Augustus. Agrippina Minor war also die Urenkelin des ersten Kaisers und seiner Ehefrau Livia Drusilla, und sie war sich ihrer zweifach rühmlichen Herkunft stets bewusst. Als Schwester des Kaisers Caligula war sie zudem schon oft öffentlich in Erscheinung getreten, den Römern also nicht unbekannt.

Bereits im Alter von knapp dreizehn Jahren hatte man sie mit Gnaeus Domitius Ahenobarbus verheiratet, einem stadtbekannten Wüstling, der um seine Charakterschwächen wohl selbst wusste. Dem römischen Hochadel angehörend, war er über seine Vorfahren mit der jungen Frau sogar weitläufig verwandt. Die Ehe scheint, wohl wegen der Jugend der Braut, nicht gleich vollzogen worden zu sein, denn erst neun Jahre später wurde Agrippina schwanger. Als man Domitius Ahenobarbus zu seiner bevorstehenden Vaterschaft Glück wünschte, meinte er nur: „Unmöglich kann von mir und der ein gutes Früchtchen kommen."[5] Als dann das Kind geboren war, 37 n. Chr., ließ Agrippina die für den Adel üblichen Anfragen über die Zukunft des Neugeborenen bei den Astrologen einholen. Und sie erhielt die Antwort: „Nero wird Kaiser sein und seine Mutter umbringen." Darauf soll sie erwidert haben: „Mag er mich töten, wenn er nur herrscht."[6] Von da an ordnete sie alles einem einzigen Zweck unter: ihrem nichtswürdigen Sohn den Thron zu sichern (und dabei später selbst die Macht auszuüben). Und in der Tradition ihrer Familie schreckte sie dabei nicht einmal vor Mord zurück.

Gnaeus Domitius Ahenobarbus hatte 32 n. Chr. das Konsulat inne (*consul ordinarius*). Er gehörte schon seit 27 n. Chr. den Arvalbrüdern an, die in einem Hain an der Via Campana vor den Toren Roms den von Augustus wieder belebten Kult der Göttin Dea Dia feierten. Ihm waren weitere wichtige öffentliche Aufgaben übertragen. So fungierte er als Mitglied der Brandschadenskommission und erbaute an der Via Sacra im kaiserlichen Auftrag öffentliche Thermen. Einer Verurteilung wegen Majestätsbeleidigung und Blutschande mit seiner Schwester Lepida unter Tiberius entging er knapp, da der Kaiser rechtzeitig starb. Auch eine Anklage wegen Ehebruchs mit Albucilla ging für ihn ohne schwerwiegende Folgen aus. Doch gehörte er ab 37 n. Chr. nicht mehr der Arvalbruderschaft an, was möglicherweise mit den Anschuldigungen zusammenhing. Die ebenfalls vor Gericht gezerrte Frau unternahm einen Selbstmordversuch, der jedoch missglückte. Der Senat ließ sie daraufhin trotz der Verletzungen, die sie sich zugefügt hatte, ins Gefängnis werfen.

Suetonius Tranquillus lässt in seiner Biografie Neros kein gutes Haar an dessen Vater. Er habe seinerzeit den jungen Gaius, Augustus' Enkel und Adoptivsohn, in den Orient begleitet und dort einen seiner Freigelassenen getötet, nur weil sich dieser weigerte, soviel zu trinken, wie ihm von seinem Herrn befohlen worden war. Gaius entließ ihn daraufhin aus seinem Gefolge, und Domitius kehrte nach Rom zurück. Doch benahm er sich dort keineswegs gesitteter. So sei er mit seinem Gespann derart schnell auf der Appischen Straße gerast, dass er absichtlich einen Knaben überfuhr. Auf dem Forum schlug er einem Ritter, der es gewagt hatte, ihn zu kritisieren, ein Auge aus, und Bankiers und sogar Rennfahrer betrog er um ihren wohlverdienten Lohn. 39 oder 40 n.

Chr. – der genaue Todeszeitpunkt wird unterschiedlich angegeben – starb er in Pyrgi an Wassersucht.[7]

Die Witwe sah sich 44 n. Chr. nach einem anderen Partner um. Der Auserwählte, der Redner Crispus Passienus, war ein schwerreicher Mann, der zuvor mit Neros Tante Domitia Lepida verheiratet gewesen war. Wie nahezu alle Ehen in Rom handelte es sich auch hier um eine Zweckheirat. Und so hatte Agrippina auch keine Bedenken, ihren Gatten nur vier Jahre später mit Gift zu ermorden und sein immenses Vermögen in Besitz zu nehmen. Sie wurde damit zu einer der reichsten Frauen Roms.

Ihr Bruder Caligula hatte sie und ihrer beider Schwester Livilla des verbotenen Umgangs mit Lepidus, dem Ehemann seiner Lieblingsschwester Drusilla, bezichtigt und 39 n. Chr. auf die Pontinischen Inseln verbannt. Beim Senat beklagte er sich über ihre Verworfenheit. Den angeblichen Liebhaber, mit dem er früher selbst Unzucht getrieben hatte, ließ er ermorden, obwohl er einst Lepidus gestattet hatte, sich fünf Jahre vor dem gesetzlich festgelegten Mindestalter um Staatsämter zu bewerben. Auch hatte er ihn einst zu seinem Nachfolger bestimmt. Die Soldaten, die den Mord ausführten, wurden für ihre „Heldentat" reich beschenkt. Den verbannten Schwestern aber drohte er, er besitze nicht nur Inseln, sondern auch Schwerter. Erst unter Claudius durften die Unglücklichen nach Rom zurückkehren.[8]

Der wahre Grund für die harte Bestrafung war aber die Teilnahme der jungen Frauen an einer Verschwörung, die allerdings erfolglos geblieben war. Agrippina, die später an der Seite ihres dritten Gatten einen erstaunlichen politischen Sachverstand zeigte, mag erkannt haben, dass ihr Bruder dem Wahnsinn verfallen war und für die Herrschaft nicht mehr taugte. Die Umsturzpläne wurden aufgedeckt und die beiden Schwestern wegen Hochverrats verurteilt.

Schon bald nach der Hochzeit mit Claudius begann Agrippina, eigene politische Ziele zu verfolgen. Sie versuchte zunächst, den Senat auf ihre Seite zu bringen. Sie ließ durchblicken, dass sie dem Reich einen Kaiser schenken werde, der die senatorischen Privilegien mehr achten würde als ihr Ehemann. Dass dabei ihr Einfluss auf die Regierungsgeschäfte ein günstiger war, steht zweifelsfrei fest. Prozesse, Skandale, ja sogar Selbstmorde aus politischen Gründen gingen merklich zurück. Sie verlor jedoch nie aus den Augen, dass sie Nero zum Kaiser machen wollte. Durch eine Verlobung mit Claudius' Tochter Octavia versuchte sie, ihren Sohn noch stärker ihrem Gatten zu verbinden. Als sich dann Claudius 50 n. Chr. tatsächlich entschloss, Nero an Sohnes Statt anzunehmen – ungeachtet der Tatsache, dass er von Messalina einen eigenen Sohn, Britannicus, hatte –, muss sie erleichtert gewesen sein. Es war ihr gelungen, den Kaiser davon zu überzeugen, Nero werde dem Jahre jüngeren Stiefbruder dereinst hilfreich zur Seite stehen. Sie konnte sich auf ein gelungenes historisches Beispiel berufen: Hatte nicht auch Augustus seinen Stiefsohn Tiberius adoptiert? Allerdings musste Octavia, um die unter Adoptivkindern verbotene Geschwisterehe zu vermeiden, in eine andere Familie aufgenommen werden. Drei Jahre später fand Neros Hochzeit mit der ungeliebten und unglücklichen Kaisertochter statt.

Die Einbindung in das Kaiserhaus machte Nero zum ältesten Sohn des Princeps und brachte seiner Mutter den Titel „Augusta" ein, ein wichtiger Schritt auf ihrem unaufhaltsamen Weg an die Macht. Sie war nun die zweite Frau in der Geschichte Roms, die diesen Ehrennamen trug, die erste sogar, der er schon zu Lebzeiten ihres Mannes zugefallen war. Doch hatte man Livia stets nur als mütterlich-göttliche Idealgestalt abgebildet. Ihre Urenkelin hingegen erschien vor allem auf Münzprägungen als durchaus selbstbewusstes menschliches Wesen. Als erste Frau wurde sie mit Schleier und Diadem dargestellt. Ihr wurde gestattet, auf einem goldenen Wagen hinauf zum Kapitol zu fahren, für einen normalen Sterblichen ein besonderes Privileg, das bisher nur den obersten Priestern und Götterstatuen vorbehalten gewesen war. Auch bei den öffentlichen Spielen gab es eine Neuerung: Agrippinas Vorgängerinnen hatten noch mit einem Platz unter den Vestalinnen vorlieb nehmen müssen. Ihr wurde gestattet, neben Claudius und oft gleichberechtigt mit ihm auf einem erhöhten Platz zu sitzen, damit alle Römer sie sehen konnten. Das galt auch bei Empfängen für ausländische Fürsten und Gesandte, die der römischen Staatsführung ihre Aufwartung machten.

„Umgewandelt war von nun an der Staat", stellte Tacitus fest, „und alles war einer Frau hörig, die nicht mutwillig wie Messalina mit Rom ihr Spiel trieb. Stark und gleichsam männlich war die Knechtschaft. Nach außen hin gab sie sich streng, häufig auch hochmütig; in ihrem Privatleben aber verstieß sie nur dann gegen Sitte und Moral, wenn es dem Erhalt ihrer Herrschaft diente."[9] Sie umgab sich mit den fähigsten Leuten, die sie schamlos ausnutzte, um sie hernach nicht weniger schamlos zu verachten. Seneca gehörte zu ihnen, auch Burrus, der Militärtribun, der schon unter Tiberius gedient hatte und nun zum Prätorianerpräfekten ernannt wurde.

Die Thronbesteigung Agrippinas hätte, da sie mit kraftvoller Hand regierte und wieder Ordnung und Sparsamkeit in den kaiserlichen Haushalt einführte, Stadt und Land zum Segen gereichen können. Doch auch sie sollte zuletzt ihrer Habgier und ihrer Rachsucht erliegen.

Endgültig verschwinden musste zunächst Lollia Paulina. Der einzige Grund für den Hass der Kaiserin war die Tatsache, dass diese einst mit Agrippina um die Ehe mit dem Fürsten gewetteifert hatte. So geschickt trug Agrippina die Anschuldigungen ihrem Gemahl vor, dass dieser bald selbst von Lollias Schuld überzeugt war und vor dem Senat von ihren „staatsgefährdenden Plänen“ sprach. Ihr müssten die Mittel zum Verbrechen genommen werden. Zunächst ließ er ihre Güter in Italien einziehen, sodass ihr nur fünf Millionen Sesterzen blieben – ein dennoch stattlicher Betrag, der ihr in der Verbannung fern von Rom einen beschaulichen Lebensabend gesichert hätte, zumal sie kinderlos war. Doch Agrippina wollte sie auch physisch vernichten, und der Kaiser stimmte der Ermordung Lollias zu. Vergessen war die Tatsache, dass die Unglückliche noch vor kurzem als Nachfolgerin Messalinas im Gespräch gewesen war. Selbst ihrer Asche verweigerte man die Heimkehr nach Rom. Erst 59 n. Chr., als Agrippinas Macht längst gebrochen war, durfte sie nach Hause geholt werden.[10]

Weit glimpflicher kam Calpurnia davon, ebenfalls eine Frau aus den vornehmsten Kreisen, die wenigstens ihr Leben behielt. In einem unbedachten Augenblick, möglicherweise sogar im Rausch, hatte Claudius Calpurnias Schönheit gepriesen, feststellend nur, nicht aus sinnlicher Lust, weshalb sich der Zorn seiner Frau auch in Grenzen hielt.

So artete Agrippinas Herrschaft, die sich so vielversprechend angelassen hatte, zu einem Schreckensregiment aus. In Claudius' dreizehnjähriger Regierung wurden 35 Senatoren und 300 Ritter zum Tode verurteilt. Sicherlich waren die meisten dieser Hinrichtungen durch Verschwörungen oder andere Verbrechen nach römischem Recht erfolgt, doch hat Nero später behauptet, er habe alle Aufzeichnungen aus der Zeit seines Vorgängers durchgesehen und festgestellt, dass keine einzige Verfolgung auf Befehl des Kaisers unternommen worden sei. Es waren immer seine Frauen, die entschieden, wer in der römischen Gesellschaft unbehelligt leben durfte und wer aus dem Weg zu schaffen war. Doch waren nicht alle Todesurteile Agrippina anzulasten. Viele waren, wenn auch aus anderen Motiven, Messalinas Verbrechen.

Claudius selbst war älter geworden, müde, und von ständiger Überarbeitung, unmäßiger Ess- und Trinklust und einem anstrengenden Liebesleben war seine ohnehin labile Gesundheit geschwächt. Weit größere Freiheiten als der Mutter seiner Kinder Octavia und Britannicus gestand er deshalb Agrippina zu, die zudem ihre Vorgängerin an Klugheit weit übertraf. Er konnte sich über sie nicht beklagen. Sie war ein Vorbild an Tugend, und wenn sie denn Liebhaber hatte, verstand sie es, dies vor den Augen einer kritischen Öffentlichkeit geschickt zu verbergen. Warum also sollte er sie nicht gewähren lassen? So hielt schließlich sie die Zügel fester in der Hand als ihr Mann, „der bei seiner ausgesprochenen Vorliebe für alle das Rechtswesen betreffenden Fragen immer mehr die Funktion des kaiserlichen Prätors ausübte".[11]

Und doch unternahm Claudius noch einen letzten verzweifelten Versuch, Agrippinas Macht zu brechen und ihre Pläne mit Nero zu vereiteln. Ihm war schmerzlich bewusst geworden, dass er mit der Adoption Neros seinen eigenen Sohn auf den zweiten Platz verdrängt hatte. Niemand konnte gewährleisten, dass Nero das von seiner Mutter gegebene Versprechen, den Jungen später bei der Durchsetzung seiner Ansprüche auf den Thron zu unterstützen, auch halten werde. So setzte er Britannicus als Erben und Nachfolger ein, nicht ahnend, dass er damit dem armen Jungen das Todesurteil verkündet hatte.

Längst hatte nämlich Agrippina beschlossen, sich auch ihres müden, überflüssigen Mannes zu entledigen. Ihr war zu Ohren gekommen, dass sich Claudius, wenn auch im Zustand völliger Trunkenheit, geäußert habe, er habe mit seinen Ehefrauen offensichtlich kein Glück. Es sei wohl sein Schicksal, deren Schandtaten zu ertragen und zu bestrafen.[12] Es erschien ihr daher notwendig, einer möglichen Bestrafung zuvorzukommen und Claudius unschädlich zu machen, ehe er etwas gegen sie unternehmen konnte. War sie doch durch das Schicksal ihrer Vorgängerin gewarnt. So dauerte es nicht lange, bis sie sich entschloss, ihren Gatten ums Leben zu bringen. Welcher Mittel sie sich dabei bediente – darüber wird zu gegebener Zeit zu berichten sein. Doch sollte man wissen, wie es mit Claudius' letzter Ehefrau, der „trauernden" Witwe, weiterging. Denn auch von ihr wandte sich das Glück allmählich ab, und was sie ihrem einfältigen Gatten zugedacht hatte, richtete sich bald gegen sie selbst.

Wie sie es von Anfang an geplant hatte, bestieg Nero den Thron, noch ehe der Tod seines Adoptivvaters öffentlich verkündet worden war. Niemand sollte der Kaiserin bei der Durchsetzung ihrer Pläne in die Quere kommen. Anfangs erwies sich der erst 17jährige dank der Unterstützung seiner Mutter als besonnener Herrscher. Doch mit der Zeit wurde für ihn die Last der Verantwortung für Rom und sein riesiges Reich immer drückender. Dazu kam der Ehrgeiz seiner Mutter, die sich zunehmend in die Regierungsgeschäfte einmischte, zumal sie sah, dass Nero ihnen immer weniger gewachsen war. Als ein Abweichen von der früher „eingeschlagenen Richtung", beurteilt der Althistoriker Kornemann diese Entwicklung, „Der Principat ist nach dem elenden Zwischenspiel des Gemanicus-Sohnes zum ersten Mal in die Hände einer Frau von dem Format der Agrippina geraten … Von Gaius (Caligula) schon einmal beschworen, ist der Geist der hellenistischen Monarchie durch seine Schwester Agrippina abermals lebendig geworden und hat in Gestalt ihres Sohnes Nero den Römern das Schandregiment eines zweiten jugendlichen Staatszerstörers beschert. Der junge Mann war in allem ein Sohn seiner Mutter, der nur fortzusetzen brauchte, was diese angefangen hatte …“[13]

Die Lage in Rom nach dem Tod des Augustus schien sich nun zu wiederholen: Der an die Spitze der Staatsführung gelangte Adoptivsohn, daneben die Mutter, deren Einfluss allerdings, da der jetzige Herrscher ein 17jähriger Jüngling war, Wachs in den Händen einer dominierenden Frau, ein ganz anderes Gewicht bekam als seinerzeit der der Livia. Die Münzprägung vor allem („Mutter des Augustus“) beweist, dass Agrippina mit der Thronbesteigung Neros die eigentliche Regentin Roms geworden war, und genau wie damals in der Person des Agrippa Postumus war auch jetzt ein leiblicher Erbe vorhanden, der dem Throninhaber hätte gefährlich werden können.

Nun duldete die römische Gesellschaft zwar seit langem, dass Frauen auf die Politik ihrer Männer einwirkten, verwehrte ihnen aber beharrlich, in der Öffentlichkeit in Erscheinung zu treten. Wäre es nach Agrippina gegangen, hätte sich auch das geändert. Als eines Tages einer Gesandtschaft aus Armenien eine Audienz beim Kaiser gewährt wurde, schickte sie sich an, sich neben ihren Sohn zu setzen. Die Zuschauer der Szene hielten den Atem an. Niemand wagte, die Kaiserin aufzuhalten, als Seneca, Neros Lehrer und Erzieher, diesem einen Wink gab, seiner Mutter entgegen zu gehen, um einen Skandal zu vermeiden. Dieser Zwischenfall war der Beginn einer langen Krise, die schließlich mit der Ermordung der Kaiserin endete. Agrippina begriff, dass sie noch lange nicht gewonnen hatte.

Vor allem bemerkte sie, dass nicht der Sohn ihr eigentlicher Widerpart war. Mit dem unreifen, von ihr selbst geformten „Früchtchen“ wäre sie womöglich noch fertig geworden. Doch hinter Nero standen Männer mit gesundem Menschenverstand, keine Freigelassenen diesmal, sondern ernste Leute, die den höchsten Kreisen der Stadt entstammten. Es waren allen voran Seneca und Burrus, die sich nun daran machten, die Regierung zu übernehmen, während Augustus und Augusta ihre Kräfte langsam im Familienzwist aufrieben. Das anfangs noch innige Verhältnis – Nero hatte noch kürzlich von der *optima mater* gesprochen – erkaltete, um schließlich in völlige Entfremdung überzugehen.

Oft drohte Agrippina, die Königsmacherin, ihrem widerspenstigen Sohn nun an, sie werde ihn ebenso schnell stürzen, wie sie ihn erhoben habe. Und da sei schließlich noch der leibliche Sohn ihres Gatten, den sie dann als wahren

Erben auf den Thron setzen könne – eine Drohung, die den Tod des unschuldigen Jünglings sicherlich beschleunigte. Ausführlich schildert Suetonius, wie Nero den unglücklichen Britannicus aus Eifersucht heimtückisch ermordete.

Jetzt schwang sich Agrippina auch zur Beschützerin der bequemen, da völlig unpolitischen Octavia auf, der lediglich der Rang einer kaiserlichen Gemahlin belassen wurde. Nero hatte sich in die Freigelassene Acte verliebt, die seine Zuneigung erwiderte. Seiner Mutter drohte er, Acte zu heiraten, auf den Thron zu verzichten und sich mit seiner Frau als Privatmann auf die Insel Rhodos zurückzuziehen. Zu diesem Zeitpunkt, so berichten mehrere Quellen, habe sich die Mutter mit dem Gedanken getragen, sich ihrem Sohn hinzugeben. Wie er darauf reagiert hätte, ist schwer zu sagen. Hätte er der starken, erotisch anziehenden Frau lange widerstehen können? Doch blieb das Verbrechen beiden erspart, da Seneca eingriff. Er veranlasste Acte, dem Kaiser mitzuteilen, die beabsichtigte Blutschande sei schon Stadtgespräch, und die Truppen seien nicht länger bereit, einem solchen Oberbefehlshaber wie Nero zu gehorchen.

Um der ständigen Versuchung zu entgehen, sah Nero seine Mutter am liebsten fern von Rom, auf ihren Gütern in Tusculum oder Antium oder doch in ihren Gärten am Rande der Hauptstadt, wo sie für ihn keine unmittelbare Gefahr darstellte. Mit der Zeit aber wurde ihm immer deutlicher, dass er sich der unbequemen Frau schnellstmöglich entledigen müsse, hatte sie ihm nun den Thron verschafft oder nicht. Nur eine Tote konnte ihm nichts mehr antun, so dachte er.

Unhaltbar erwiesen sich die Anschuldigungen zweier gedungener Zeuginnen, die Agrippina des Hochverrats bezichtigten. Iunia Silana und Domitia, die Schwester von Domitia Lepida, versuchten, Nero einzureden, seine Mutter habe den Rubellius Rufus (Plautus), einen Urenkel des Tiberius, zu ihrem vierten Gatten ausersehen und beabsichtige, mit diesem dem Reich einen neuen Princeps zu geben. Obwohl sie jeglichen Beweis schuldig blieben, und Agrippina glaubhaft ihre Unschuld beteuerte, schlug der junge Kaiser zu.

Unter dem Vorwand, sich mit ihr versöhnen zu wollen, lockte er sie auf ein Fest, das er in Baiae, den am Golf von Neapel gelegenen Nobelbadeort der römischen Aristokratie, ausrichtete. Einer seiner Freigelassenen, Anicetus mit Namen, Flottenkommandant von Misenum, hatte einen perfiden Plan ausgeheckt. Die Ermordung Agrippinas sollte wie ein Unfall aussehen. Würde sie das Schicksal auf hoher See ereilen, käme niemand auf den Gedanken, ihren Tod einem Verbrechen zuzuschreiben. Nero könne ja danach den trauernden Sohn spielen und Tempel und Altäre errichten, um jedem Verdacht entgegen zu wirken. Er schlug vor, ein Schiff zu bauen, das durch eine künstliche Vorrichtung mitten auf dem Meer auseinander bräche und die Nichtsahnende in die Tiefe zöge.

Der Kaiser war begeistert, und wieder einmal bot er sein ganzes schauspielerisches Talent auf, auf das er so stolz war. Ein wenig misstrauisch geworden, zögerte die Mutter, ließ sich dann aber auf eine entsprechende Einladung ein. Als das Fest beendet war, begleitete der „liebende" Sohn seine Mutter zu dem Schiff, das bereits auf sie wartete, um sie angeblich nach Hause zu bringen.

Die Götter aber waren dem geplanten Muttermord nicht gewogen. Als wollten sie das Verbrechen enthüllen, hatten sie der frühen Jahreszeit eine sternenklare Nacht beschert. Mit nur wenigen Vertrauten bestieg Agrippina das wankende Gefährt. Es hatte erst eine kurze Strecke zurückgelegt, als auf ein verabredetes Zeichen hin das mit Blei beschwerte Verdeck krachend einstürzte und die meisten Menschen unter sich begrub. Die Kaisermutter hatte Glück. Die Seiten ihres Ruhebetts hatten sie geschützt, sodass sie nur leicht an der Schulter verletzt war. Schwimmend rettete sie sich zum Ufer, wo sie ein Fischerboot aufnahm. Man brachte sie in ihr nahe gelegenes Landhaus.

Die hochintelligente Frau hatte sofort begriffen, wem sie diesen „Unfall" zu verdanken hatte. Ein Schiffsunglück in unmittelbarer Nähe der Küste bei völliger Windstille und ohne dass Felsen oder andere Hindernisse beteiligt gewesen wären! Das mochten Dümmere glauben. Aber es wäre unklug gewesen, ihren Sohn wissen zu lassen, dass er durchschaut war. Also schickte sie einen ihrer Freigelassenen, um Nero mitzuteilen, dass er sich keine Sorgen machen müsse, da sie gerettet sei. Sie sei nur geringfügig verletzt, bedürfe jetzt aber absoluter Ruhe. Er möge deshalb von einem Besuch bei ihr absehen.

Doch Nero hatte längst die Nachricht erreicht, dass seine Mutter nur leicht verletzt davongekommen war. Er kannte sie gut und geriet außer sich vor Angst. Gleich würde sie kommen und sich furchtbar an ihm rächen, jammerte er. Sie werde, so befürchtete er, ihre Sklaven bewaffnen, die Soldaten gegen ihn aufhetzen und sich direkt an Senat und Volk wenden. Und sie war die Tochter des noch immer beliebten und unvergessenen Germanicus! Verzweifelt wandte er sich an Seneca und Burrus und verlangte von ihnen, ihm einen Ausweg zu nennen.

Vor allem Seneca soll die treibende Kraft bei der Ermordung der Kaiserin gewesen sein. Konnte man, so wollte er wissen, den Soldaten den Mord befehlen? Auf wen unter ihnen konnte man sich verlassen? Die Wahl fiel auf Anicetus, der für den missglückten Anschlag auf See verantwortlich war. Er möge doch, so beschied man ihn, vollenden, was er begonnen habe. Und der skrupellose Mann zögerte nicht.

Inzwischen hatte sich die Kunde von Unfall und Rettung der Kaiserin herumgesprochen, und eine gewaltige Menschenmenge war mit brennenden Fackeln vor ihrem Landsitz erschienen, um ihr Glück und baldige Genesung zu wünschen. Doch schnell zerstreuten sich die Besucher, als sie die anrückenden bewaffneten Soldaten erblickten. Anicetus stürmte durch das aufgebrochene Tor; schwaches Licht drang dem Mörder entgegen. Die Augusta war allein. Alle Diener hatten die Flucht ergriffen. Eine einzige Frau hatte bei Agrippina ausgeharrt. Doch auch sie suchte jetzt in aller Eile das Weite. „Auch du verlässt mich?" rief die Kaiserin der Flüchtenden nach. Aber sie fürchtete sich nicht. „Wenn du gekommen bist, um mich zu besuchen", wandte sie sich mutig an den gedungenen Mörder, „dann melde, ich habe mich erholt. Bist du aber gekommen, um mich zu töten, dann weigere ich mich zu glauben, mein Sohn habe den Muttermord befohlen." Da schlug ihr einer von Anicetus' Begleitern mit einem Knüppel auf den Kopf. Einem anderen, der schon sein Schwert gezückt hat, streckte sie ihren Schoß entgegen. „Triff den Leib, der einst Nero getragen hat!" Doch zäh wie im Leben erwies sie sich auch im Sterben. Es bedurfte mancher Hiebe, ehe sie tot war. Noch in derselben Nacht wurde der Leichnam auf einem Speisesofa vor Ort verbrannt.

Fürsorgliche Diener bestatteten ihre Asche an der Straße nach Misenum neben dem Landhaus Iulius Caesars. Solange ihr Sohn herrschte, wurde ihr kein standesgemäßes Grab in Rom zuteil. Der junge Kaiser aber sollte keine Ruhe mehr finden. Erst am Morgen nach der schrecklichen Tat wurde er sich der ganzen Schwere seines Verbrechens bewusst. Aber er spielte vor der Welt den trauernden Sohn, der den Tod seiner Mutter beweint und das eigene Überleben bedauert. „Weil sich jedoch nicht", bemerkte wieder Tacitus, „wie die Gesichter der Menschen das Aussehen einer Landschaft verändert, manche sogar behaupten, man höre sogar Trompetenschlag von den nahen Bergen und Wehklagen vom Grabhügel der Mutter, ging er fort nach Neapel ..." Und er gestand oft, „dass er vom Geist seiner Mutter und den Geißeln und brennenden Fackeln der Furien umgetrieben werde".[14] Einmal soll er, ein Orest der Kaiserzeit, sogar versucht haben, durch ein von Magiern vollzogenes Opfer Agrippinas Geist heraufzubeschwören und zu versöhnen.

Doch alle Bemühungen waren vergeblich.

Die Kinder des Kaisers

Von den leiblichen Nachkommen des Princeps haben drei den Vater überlebt: Antonia, die aus seiner kurzen Ehe mit Aelia Paetina hervorgegangen war, und die Geschwister Octavia und Britannicus, die seine dritte Ehefrau Valeria Messalina geboren hatte. Keiner seiner Nachkommen sollte eines natürlichen Todes sterben. Es scheint fast, als habe das Schicksal die letzten Vertreter des julisch-claudischen Kaiserhauses verflucht.

Ein kleiner Sohn, Drusus, aus Claudius' erster Ehe mit Urgulanilla, war, wie berichtet, schon im Kindesalter beim Spielen an einer Birne erstickt, und seine Schwester, die den Namen des späteren Princeps trug, hatte Claudius nicht als seine Tochter anerkannt. Angeblich sei sie das Kind des Freigelassenen Boter gewesen.

Antonia war seine ältere Tochter. Sie dürfte, als Messalina starb und der Kaiser seine Nichte zur Frau nahm, bereits aus dem Haus gewesen sein. Denn ihr Vater hatte sie bald nach seiner Thronbesteigung mit Gnaeus Pompeius Magnus vermählt, wie uns Suetonius wissen lässt.[1] Beinahe hätte der Schwiegersohn des Kaisers unter dessen Vorgänger sein Leben verloren. Caligula hatte ihm den Beinamen Magnus abgesprochen, und nur seine Jugend hatte ihn vor einem vorzeitigen unrühmlichen Ende bewahrt. Denn der unbeherrschte Kaiser war der Auffassung gewesen, es vertrüge sich nicht mit der Sicherheit des Staates, wenn einer „Magnus" hieße. Claudius hatte diese Schmähung wieder gut gemacht und Pompeius nicht nur seinen angestammten Namen zurückgegeben, sondern ihn auch noch mit der Vermählung seiner Tochter in die kaiserliche Familie aufgenommen.

Um das Jahr 47 wurde Pompeius allerdings auf Claudius' Befehl hin ermordet. Man hatte ihn in den Armen eines von ihm geliebten Knaben gefunden, was wohl kaum ein todeswürdiges Verbrechen gewesen sein kann. Doch wird von Suetonius der wahre Grund, aus dem Pompeius bei der Staatsführung so plötzlich in Ungnade gefallen war, nicht genannt. Dio Cassius vermutet, Messalina habe Claudius eingeredet, „dass dessen Abstammung vom großen Pompeius dem kaiserlichen Hause gefährlich werden könnte".[2] Wahrscheinlich war der junge Mann der Kaiserin nicht gefällig gewesen, was ja bei ihr bekanntlich als todeswürdiges Verbrechen galt.

Umso gewisser ist, dass die Freigelassenen Pallas und Burrus die nächste Hochzeit Antonias einfädelten. Der Auserwählte war Faustus Cornelius Sulla Felix, ein Bruder Messalinas, dem Tacitus ein „harmloses Wesen" bescheinigt, das jedoch vom misstrauischen Kaiser Nero als Gerissenheit und Heuchelei gedeutet worden sei. Er wurde 55 n. Chr. verdächtigt, einen Anschlag auf Nero geplant zu haben. Der Kaiser verbannte ihn daraufhin nach Massilia und ließ ihn 62 n. Chr. hinrichten. Tacitus hält die Anschuldigung für erfunden. Denn der „zu keinem Wagnis fähige" Sulla „war mit einem Verbrechen gänzlich unvereinbar".[3]

Zum zweiten Mal musste also Claudius' unglückliche Tochter den gewaltsamen Tod eines Gatten hinnehmen, und es ist kein Wunder, wenn sie allmählich auf Rache sann. Die Gelegenheit ergab sich im Jahr 65, indem sie sich der Pisonischen Verschwörung anschloss. Der Plan wurde jedoch verraten, und viele bedeutende Persönlichkeiten des öffentlichen Lebens fielen der Tobsucht Neros anheim, darunter auch seine Stiefschwester Antonia.

Womöglich noch tragischer endete das Leben Octavias, die sich keinerlei Widerstand gegen Nero bewusst war und nur das Pech hatte, in Agrippinas Plänen mit ihrem Sohn eine entscheidende Rolle zu spielen.

Sie war, wie gesagt, im Jahr 40 geboren worden. Einige Historiker geben allerdings an, dass der genaue Zeitpunkt ihrer Geburt nicht überliefert ist. Ihre Mutter war Messalina, Claudius' treulose dritte Ehefrau. Schon das Mädchen, so berichten die alten Quellen, sei kalt und gefühllos, wenn auch streng tugendsam gewesen. Niemals habe sie auch nur Spuren von Freude an ihrem zugegeben trostlosen Leben gezeigt.

Doch wie soll sich ein Kind entwickeln, dem man schon im Alter von sieben Jahren gewaltsam die Mutter entreißt, auch wenn diese eine stadtbekannte Hure ist? Was kann man von einem Menschen erwarten, der von der Wiege an als Spielball fremder Interessen und einer zweifelhaften Staatsräson missbraucht wird? Octavia war ein solcher Mensch. Sie war gerade zwei, als sie ihr Vater mit Iunius Silanus verlobte – einige Historiker sprechen sogar davon, Silanus sei später Claudius' Schwiegersohn gewesen – einem Urenkel des Princeps Augustus. Der Kaiser, der kurz zuvor auf den Thron gelangt war, wollte mit dem Stiften dieser Verbindung einmal mehr darauf hinweisen, dass er sich Augustus zum Vorbild seines Handelns erkoren hatte – und damit allen Forderungen nach Wiederherstellung der *res publica* den Wind aus den Segeln nehmen.

Silanus war also mit seiner kindlichen Braut weitläufig verwandt. Er war ein gut aussehender Mann, und Octavia hätte mit ihm womöglich eines Tages für ihre traurige Kindheit ein wenig entschädigt und vielleicht sogar glücklich werden können. Aber das Schicksal hatte es anders bestimmt.

Es gehörte nach dem Sturz Messalinas zu Agrippinas ersten Amtshandlungen, den Verlobten ihrer Stieftochter ins Verderben zu stürzen. Er habe, so versuchte sie ihrem künftigen Gatten einzuflüstern, mit seiner wegen ihrer Schönheit bekannten und „Venus“ genannten Schwester, einer Frau namens Iunia Calvina, inzestuösen Umgang gepflogen, ein absurder Vorwurf, den nicht einmal der einfältige Claudius glauben konnte. Aber er war seiner vierten Frau von Anfang an verfallen und geradezu Wachs in ihren Händen. Vergessen war, dass er Silanus vorübergehend in sein Zwanzigmänner-Kollegium aufgenommen und für das Latinerfest zum Stadtpräfekten ernannt hatte. Vergessen auch, dass ihn Silanus auf seinem Britannien-Feldzug begleitet und sich dort große Verdienste erworben hatte. Auch hatte er 44 n. Chr. am Triumph des Kaisers teilgenommen und sogar selbst die *ornamenta triumphalia* erhalten.[4]

Claudius hatte auch nicht beachtet, dass er dadurch, dass er Silanus der Blutschande bezichtigte, den Göttervater Jupiter verärgerte. Denn der Götterfürst war ja auch mit seiner eigenen Schwester Juno verheiratet. Was also der obersten Gottheit gestattet war, wurde nun auch Silanus unterstellt. Er habe Iunia Calvina gewissermaßen zur Juno gemacht. Ein Paar, das in inzestuöser Liebe miteinander verbunden war, bezeichnete der Volksmund als „Jupiter und Juno“.

Und was Claudius auch nicht bedacht hatte: Im Bewusstsein seiner Römer war auch er ein Blutschänder, da er ja seine Nichte zu heiraten beabsichtigte, mochte er nun das Gesetz ändern lassen oder auch nicht. Wie bekannt ist, entschloss sich ja auch nur ein einziges Paar, seinem Herrscher in dieser Hinsicht zu folgen.

Dennoch wurde der junge Mann am 29. Dez. des Jahres 48 angeklagt, aus dem Senat gestoßen und seines Amtes als Prätor enthoben. Um den leicht durchschaubaren Absichten der hohen Herrschaften zuvorzukommen, nahm er sich am Tag der Hochzeit von Claudius und Agrippina das Leben.[5]

Nachdem Agrippina den Verlobten ihrer Stieftochter in den Selbstmord getrieben hatte, stand ihren weiteren Plänen, was ihren Sohn und Octavia betraf, nichts mehr im Wege. Sie bearbeitete ihren Mann – wobei sie sich aller Waffen bediente, die einer Frau zur Durchsetzung ihres Willens zur Verfügung stehen –, seine Tochter mit ihrem Sohn zu vermählen, nicht etwa, weil die Kinder Gefallen an einander gefunden hätten, sondern weil Nero damit dem Thron wieder ein gutes Stück näher rückte. Da es ihr inzwischen auch gelungen war, ihren tumben Mann von der Notwendigkeit zu überzeugen, Nero an Sohnes Statt anzunehmen, musste Octavia zuvor von einer anderen Familie adoptiert werden. Denn Geschwisterehen waren und blieben in Rom verboten, auch wenn sie etwa in Ägypten noch wenige Generationen zuvor zumindest im Herrscherhaus üblich gewesen waren, damit, wie es hieß, das königliche Blut nicht durch fremdes verunreinigt würde. Und Athen kannte zumindest die Ehe unter Halbgeschwistern. Ein Zeichen der Natur, das die wundergläubigen Römer wohl besser beachtet hätten, deutete übrigens darauf hin, dass das Schicksal der Verbindung des jungen Paares nicht gewogen war. Der Himmel schien nämlich just am Tag der Adoption „in Feuer zu stehen".[6]

Auch Claudius und Agrippina kann kaum entgangen sein, wie wenig Nero und Octavia zu einander passten. Der leidenschaftliche Jüngling und die stille, in sich gekehrte junge Frau, in den Augen ihres Gatten langweilig und nutzlos, waren kaum für ein einträchtiges Leben miteinander geeignet. Doch ahnte niemand, in welcher Katastrophe die ganze Geschichte nur wenige Jahre später für Octavia enden sollte. Es ging einigermaßen gut, solange Claudius noch lebte. Und auch Agrippina bot der ungeliebten Schwiegertochter einen gewissen Schutz. Doch nach deren Tod zügelte Nero nichts mehr.

Es ist kaum anzunehmen, dass das Mädchen alles verstand, was da vor sich ging. Denn als der für sie ursprünglich vorgesehene Gatte starb, war Octavia etwa neun Jahre alt. Und dennoch gibt es mittlerweile Geschichtenerzähler, die genau wissen wollen, dass es Silanus gelungen war, aus Rom zu entfliehen, und auch Octavia sei mit dem Leben davon gekommen, da eine Sklavin, die ihr ähnlich sah, den Tod ihrer Herrin auf sich genommen habe. Später, so mutmaßen sie, habe Silanus seine ehemalige Braut zu sich geholt, und das Paar habe fern von Rom glücklich bis an sein natürliches Ende gelebt. Aber es sind, wie gesagt, nur Geschichtenerzähler, die in solchen Erzählungen ihrer Fantasie freien Lauf lassen und ihre romantischen Vorstellungen verbreiten, wenn man ihnen auch nur allzu gern folgen würde. Die antiken Historiker berichten nahezu übereinstimmend vom tatsächlichen Geschehen, das die beiden unglücklichen jungen Menschen traf.

Claudius' Verhalten lässt keinen Zweifel daran, dass er auch über viele andere Persönlichkeiten seine Meinung von heute auf morgen ändern konnte, indem er Gunstbezeugungen widerrief, Urteilssprüche annullierte und Ernennungsurkunden insgeheim oder auch öffentlich einkassierte. So hatte er bereits Appius Silanus, dem Vater seines künftigen Schwiegersohnes, auf Grund „ganz unbestimmter Anklagen und ohne ihm die Gelegenheit zu einer Verteidigung zu geben" hinrichten lassen, und auch zwei Mädchen aus der engeren Verwandtschaft – beide hießen Iulia – hatten auf diese Weise ihr Leben verloren.[7] Doch wenden wir uns wieder Octavia zu!

Solange Agrippina lebte, bot sie, wie gesagt, der unglücklichen Schwiegertochter gegen den launischen Sohn einen gewissen Schutz. Doch nachdem der Vater gestorben und die Stiefmutter ermordet worden war, distanzierte sich Nero immer offensichtlicher von der jungen Frau, um sie schließlich nicht nur seelisch, sondern auch physisch zu vernichten.

Denn Nero hatte sich unsterblich in Poppaea Sabina verliebt, eine Frau aus höchsten Adelskreisen, die mit dem späteren Kaiser Otho verheiratet war. Dieser trat die Ehefrau 62 n. Chr. an den Kaiser ab, der sie zu sich an den Hof nahm. Poppaea war einige Jahre älter als Nero, eine reife, erfahrene Frau, die auf den Kaiser größten Einfluss ausübte. Ehrgeizig und zielstrebig trachtete sie danach, die ungeliebte Kaisergattin nicht nur im Bett zu ersetzen, sie wollte von Nero geheiratet und zur Mitregentin erhoben werden. Octavia war ihr also in jeder Hinsicht ein Dorn im Auge.

Mit Schmeicheleien und Spott brachte sie Nero bald so weit, Octavia den Scheidebrief zu schicken und sie aus Rom zu verbannen. Aber Claudius' Tochter war – und damit hatte ihre Rivalin nicht gerechnet – beim Volk äußerst beliebt. Menschenmengen forderten vor dem Palast, die junge Frau nach Rom zurückzuholen, und auch sie selbst konnte nicht verstehen, weshalb sich Nero ihrer entledigen wollte. Aber Nero blieb unbeeindruckt. Er bezichtigte sie der Unfruchtbarkeit und bald danach des Ehebruchs. „Aber diese Anklage war so schamlos und unbegründet, dass bei der gerichtlichen Untersuchung alle Zeugen eine Schuld Octavias bestritten" – eine ihrer Sklavinnen beteuerte sogar ihrem Folterknecht, Octavias Geschlechtsteile seien reiner als sein Mund – „und Nero seinen früheren Erzieher Anicetus als Angeber dingen musste, der eine Geschichte erfand und behauptete, sie sei von ihm auf hinterlistige Weise entehrt worden."[8] Dieser Mensch, Flottenkommandant in Misenum, war ihm schon bei der Ermordung von Mutter Agrippina zu Diensten gewesen.

Tacitus kennt eine etwas andere Version der Vorgänge. Nero habe verbreiten lassen, Octavia habe versucht, die Flotte hinter sich zu bringen und dafür den Präfekten verführt. Der Beischlaf sei nicht ohne Folgen geblieben, aber die Frau „habe im Bewusstsein ihrer sinnlichen Ausschweifungen" die Leibesfrucht abgetrieben.[9] Nero bemerkte nicht, dass er sich mit diesem Gerücht selbst widersprach. Hatte er doch seiner Frau gerade noch Unfruchtbarkeit vorgeworfen. Er ließ die Unglückliche auf die Insel Pandateria im Golf von Neapel bringen, wo schon Augustus' Tochter Iulia und die ältere Agrippina ein freudloses Dasein in der Verbannung gefristet hatten. „Nie hat der Anblick einer verbannten Frau tieferes Mitleid erweckt", fährt Tacitus fort. Denn die früher auf diese Weise Bestraften „haben in der Vollkraft ihres Lebens gestanden. Auch hatten sie manche frohe Zeiten erlebt, und über die harte Gegenwart half ihnen die Erinnerung an ihr einstiges Lebensglück hinweg. Für Octavia bedeutete der Tag ihrer Hochzeit zugleich ihr Leichenbegängnis; sie wurde in ein Haus geleitet, in dem sie nichts als Leid finden sollte ...“[10]

Poppaea Sabina, Neros neue Favoritin, gab noch immer keine Ruhe. Nur wenige Tage waren auf der abgelegenen Insel vergangen, da erreichte Octavia das Todesurteil. Sie mochte es längst geahnt haben, aber sie hatte mit dem Leben noch nicht abgeschlossen. Es ist erstaunlich, wie sehr sie daran hing, wo es ihr doch hoffnungslos und ohne günstige Zukunft erscheinen musste. Sie sei ja schon Witwe und nur noch die Schwester des Princeps, jammerte sie. Aber Nero zeigte sich unbarmherzig und noch gnadenloser die hinter ihm stehende Frau. Die Schergen des Kaisers fesselten die sich heftig Wehrende und öffneten ihr an allen Gliedern die Adern. „Da das Blut infolge ihrer Angst stockte und zu langsam floss, wurde sie im Dampf eines überheißen Bades erstickt.“ Dem Leichnam wurde der Kopf abgeschlagen, den man der triumphierenden Poppaea Sabina brachte.[11] Sie war inzwischen Neros rechtmäßige Gattin geworden und ahnte nicht, dass die Götter längst auch die Tage ihres Lebens gezählt hatten ...

Sein voller Name war Tiberius Claudius Caesar Germanicus, wie Suetonius berichtet, doch sein Vater nannte, nachdem er siegreich aus Britannien heimgekehrt war, den Zweijährigen Britannicus, und unter diesem Namen hat die Geschichte sein Andenken bewahrt.[12] Der Namenszusatz Caesar besagt, dass er eigentlich als Nachfolger im Principat vorgesehen war, denn seit Augustus wurden die Anwärter auf die höchste Würde, die Rom zu vergeben hatte, Caesar genannt. Schon Gaius Iulius Caesar hatte eine Nachfolgeregelung getroffen und nach ihm Augustus, obwohl die ungeschriebene römische Verfassung eine solche nicht vorsah. Seltsamerweise hatte der Titel bereits für die Enkel des ersten Princeps nichts Gutes verheißen, und auch für Britannicus sollte alles anders als von Claudius ursprünglich geplant kommen.

Er wurde am 12. Februar 41 n. Chr. geboren, als zweites Kind der Ehe von Claudius und Valeria Messalina und später in die Obhut des Erziehers Sosibios gegeben, eines zwielichtigen Mannes, der 47 n. Chr. als Ankläger des Valerius Asiaticus auftrat und dafür mit einer Million Sesterzen belohnt wurde. Von Agrippina wurde er vom Hof entfernt und auf ihre Veranlassung hingerichtet, da er angeblich dem jungen Nero nach dem Leben getrachtet hatte.[13] Schon im zarten Alter von sechs Jahren nahm Britannicus am Trojaspiel teil, während sein Vater von der Kaiserloge im Zirkus aus die Vorführungen aufmerksam verfolgte. Auch Domitius, wie der spätere Nero damals noch genannt wurde, war beteiligt, und als die Zuschauer diesem stürmischer als dem Sohn des Princeps zujubelten, wurde dies als Vorbedeutung auf Domitius' künftige Rolle angesehen.[14]

Bald nach Claudius' Hochzeit mit Agrippina wurde der Halbwaise dem von Claudius adoptierten Nero hintangesetzt, obwohl Britannicus sowohl von seiner Mutter als auch von seinem Vater früher zärtlich geliebt worden war. Bei den Spielen, die 51 n. Chr. anlässlich der Anlegung der *toga virilis* von Nero stattfanden, erschien er in der Knabentoga, Nero hingegen im Triumphal-Gewand. Agrippina unterließ nichts, den von ihr nicht geliebten Stiefsohn als blödsinnigen Epileptiker hinzustellen, und Britannicus scheint tatsächlich an diesen Krampfanfällen gelitten zu haben, die, wie man sich erinnern mag, ein gewisses Familienerbe darstellten. Denn schon der große Caesar, einer der Stammväter des julischen Geschlechts, war bekanntlich daran erkrankt. In diesen Tagen, in denen Claudius seinen Stiefsohn adoptierte und sich damit von seinem leiblichen Sohn entfernte, wechselte Agrippina die gesamte Umgebung des Jungen aus. Auch der Erzieher Sosibios wurde damals entlassen.

Claudius muss sich der Zurücksetzung seines Sohnes bewusst gewesen sein. Doch war er anfangs von seiner vierten Gattin derart beeinflusst, dass ihm Britannicus tatsächlich fremd wurde. Erst in seinem Todesjahr, 54 n. Chr., stellte er sich seiner Verantwortung als Vater und näherte sich dem Dreizehnjährigen wieder an. Er umarmte, so heißt es, Britannicus fest „und ermahnte ihn, groß zu werden, damit der Kaiser ihm später Rechenschaft über all seine Taten ablegen könne; dazu fügte er noch auf Griechisch die Worte hinzu: ‚Der, der dich verwundet hat, wird dich auch heilen.' Als Claudius einmal den Wunsch äußerte, dem noch ganz jungen, unerwachsenen Britannicus die Männertoga zu verleihen, fügte er hinzu: Damit das römische Volk endlich einen richtigen Kaiser bekommt"[15] Diese Worte lassen darauf schließen, dass er sich seines Fehlverhaltens gegenüber seinem Sohn bewusst geworden war.

Am Todestag seines Vaters hielt die Stiefmutter den 13jährigen im Palast fest. Sie wollte verhindern, dass er vom Volk als Nachfolger begrüßt und bejubelt wurde. Fortan schürte Agrippina Neros Hass auf den jüngeren Verwandten. Sie tat das sehr geschickt. Wenn ihr das „Früchtchen" nicht zu Willen war, drohte sie ihm mit der Absetzung, denn schließlich sei noch ein Erbe da, der womöglich mit größerem Recht Anspruch auf eine Führungsrolle im römischen Staate hätte erheben können als ein adoptierter Nero. Der Erfolg solcher Drohungen ließ nicht lange auf sich warten. An Britannicus' Geburtstag, der auf den Tod seines Vaters folgte, ließ Nero Roms berüchtigtste Giftmischerin Locusta in den Palast holen. Sie und der Tribun Iulius Pollio sorgten, von Nero angestiftet, dafür, dass Britannicus angeblich einem epileptischen Anfall erlag.

Dass der neue Kaiser ausgerechnet jetzt zuschlug, hatte einen guten Grund. Britannicus, 14 Jahre alt, war gerade dabei, sich „weit und breit Sympathie“ zu erwerben. „An den Saturnalien hatten seine Altersgenossen unter anderem im Spiel darum gelost, wer König sein solle, und dabei war das Los auf Nero gefallen …“ In dieser Eigenschaft „befahl er dem Britannicus, er solle aufstehen, in die Mitte vortreten und irgendein Lied anstimmen, wobei er hoffte, der Knabe werde sich dabei lächerlich machen. Doch jener begann ganz unbefangen ein Lied, das darauf anspielte, dass er vom väterlichen Herrschersitz verdrängt worden war“[16] Das erregte bei den Anwesenden Mitleid und verschärfte den Hass des jungen Kaisers. Zudem war er auf Britannicus' schöne Stimme eifersüchtig, glaubte er doch von sich selbst, in dieser Hinsicht der größte Künstler seines Zeitalters zu sein.[17]

Ein erster Giftanschlag auf Britannicus misslang und löste nur Übelkeit und heftigen Durchfall aus. Nero ließ daraufhin Locusta erneut rufen, schlug ihr mit eigener Hand ins Gesicht und beschuldigte sie, ihm statt Gift eine Arznei geliefert zu haben. Locusta verteidigte sich und versuchte, sich herauszureden. Sie habe eine geringere Dosis verabreicht, da man auf diese Weise das Verbrechen vor der Öffentlichkeit besser hätte vertuschen können. Nero zwang sie daraufhin, in seiner Anwesenheit ein tödliches Gift zu brauen, das er sogleich an einem Bock ausprobieren ließ. Da dieser erst nach fünf Stunden verendete, wurde der Sud noch einmal verschärft und einem Ferkel verabreicht. „Als dieses sofort starb, befahl er, das Gift in den Speisesaal zu bringen und es dem mit ihm zusammen speisenden Britannicuis zu geben.“[18] Schon nach dem ersten Schluck Wasser brach der Junge zusammen. Es folgte das wahrscheinlich widerwärtigste Schmierentheater dieser ganzen Tragödie. Nero log seinen Gästen vor, Britannicus habe einen seiner üblichen epileptischen Anfälle erlitten, und ließ den bereits Toten aus dem Saal schaffen und sofort verbrennen. Schon am nächsten Morgen wurden die nicht verbrannten Reste bei strömendem Regen ohne jede Feierlichkeit beigesetzt.

Locusta wurde für ihre Mithilfe reich belohnt. Ihr wurde nicht nur Straflosigkeit zugesichert. Sie erhielt auch ein großes Stück Land und das Recht, Schüler in ihrer makabren Kunst auszubilden.

Mit Entsetzen hatten Schwester Octavia und Stiefmutter Agrippina das Geschehen verfolgt, schweigend und mit versteinerter Miene die eine, um ihr eigenes Leben zu schützen. Mit heftiger Kritik die andere, die erkannt hatte, wozu ihr missratener Sohn fähig war, und an die alte Weissagung denken mochte: ‚Er wird Kaiser sein und seine Mutter umbringen' ...

Nebenbei hatte sich, von den Anwesenden unbemerkt, noch etwas zugetragen. Britannicus hatte nicht allein an dem Gastmahl teilgenommen, bei dem man ihm nach dem Leben trachtete. Er hatte einen engen Freund, der mit ihm zusammen aufgewachsen war, die gleichen Lehrer und die gleichen Pädagogen gehabt hatte, jedoch einer ganz anderen Gesellschaftsschicht entstammte: Titus Flavius Vespasianus, dessen gleichnamiger Vater, ein einfacher Landedelmann, es unter Claudius' Herrschaft vom einfachen Centurio bis zum Legionstribunen gebracht hatte. Er war als verantwortungsbewusster und fähiger Offizier dem Kaiser so unentbehrlich geworden, dass seinem älteren Sohn, eben Titus, das Privileg zuteilwurde, gemeinsam mit dem Sohn des Kaisers erzogen zu werden. Die innige Freundschaft, die die beinahe Gleichaltrigen bald verband, hätte auch Titus fast das Leben gekostet. Denn auch er nahm einen Schluck des Giftgetränks, das man für Britannicus gebraut hatte, allerdings nicht so viel, dass es tödlich gewesen wäre. Als Titus, der später Kaiser geworden war, nach nur knapp zweijähriger Herrschaft im Jahr 81 n. Chr. im Alter von nur 41 Jahren einem heftigen Fieber erlag, kamen Gerüchte auf: Die einen wollten wissen, sein ehrgeiziger Bruder Domitian habe mit einer dem Kaiser verordneten Schneepackung vorgeblich das Fieber senken wollen, damit aber nur, wie er beabsichtigt habe, Titus' Tod beschleunigt, um selbst zur Herrschaft zu gelangen. Andere waren fest davon überzeugt, Titus sei an den Spätfolgen des seinerzeit an Neros Tafel gereichten Giftes gestorben, von dem er versehentlich gekostet habe.

Nero war nur Claudius' Stiefsohn, bis Agrippina den ihr hörigen Gatten davon überzeugt hatte, ihn an Sohnes Statt anzunehmen. Das geschah im Jahr 50. Von da an galt er als legitimes Kind des Kaisers, denn das Gesetz machte zwischen leiblicher und fingierter Abstammung keinen Unterschied. Im zweiten Jahrhundert sollten die römischen Kaiser sogar die Auffassung vertreten, adoptierte seien den eigenen Kindern vorzuziehen. Denn es sei leicht, positive Eigenschaften zu erkennen, aber unmöglich, solche zu vererben. Ihre Erkenntnis gründete in der Tatsache, dass sie kinderlos waren, Trajan, Hadrian und auch Antoninus Pius. Erst Marc Aurel rückte von der längst bewährten Adoptionspraxis wieder ab, da er seinen eigenen Sohn, den verruchten Commodus, auf dem Thron sehen wollte.

Es war aber ungewöhnlich, dass ein Kaiser an Sohnes Statt annahm, wenn er einen eigenen männlichen Erben vorzuweisen hatte. Dass sich Claudius dazu überreden ließ, zeigt einmal mehr, wie sehr er dem Einfluss seiner Frau unterstand.

Im Jahr 37 geboren, gelangte Nero, wie erwähnt, mithilfe seiner Mutter auf den Thron. Abgesehen von der Ermordung seines Stiefbruders ließ sich seine Regierung zunächst günstig an. Er sorgte dafür, auch um die Öffentlichkeit zu täuschen, dass seinem Stief- und Adoptivvater Claudius göttliche Ehren zuteilwurden. Wie er mit seiner ersten Ehefrau und seiner Mutter verfuhr, wurde bereits berichtet. Poppaea Sabina, die er nach der Scheidung von Claudius' Tochter geheiratet hatte, starb ebenfalls durch seine Schuld. Im Jähzorn hatte er die Schwangere in den Bauch getreten, eine Misshandlung, der sie erlag.

Ob Nero tatsächlich der Anstifter des Brandes war, der 64 n. Chr. große Teile Roms in Schutt und Asche legte, ist ungewiss. Doch dürften von ihm tatsächlich die Christen Roms als Sündenböcke dafür zur Verantwortung gezogen worden sein. Schon deshalb ging er als eines der größten Ungeheuer in die Geschichte ein, und erst in jüngster Zeit wird das negative Urteil vorsichtig revidiert.

Bis zum Jahr 65 unterstand Nero dem Einfluss des Erziehers, den ihm einst die Mutter verordnet hatte: Lucius Annaeus Seneca, der wahrscheinlich auch bei der Beseitigung Agrippinas die Hände im Spiel gehabt hatte. Aber auch Seneca fiel bei Nero in Ungnade. Er hatte sich an der – erfolglosen – Pisonischen Verschwörung beteiligt, die den Sturz des Kaisers zum Ziel hatte. Seneca beging auf dessen Befehl Selbstmord. Drei Jahre später bereitete der Senat Neros Treiben ein Ende. Er wurde zum Staatsfeind erklärt und sollte „nach der Vorfahren Brauch", also in öffentlicher Hinrichtung, bestraft werden. In aussichtsloser Lage zog er es jedoch vor, selbst Hand an sich zu legen. Es fiel ihm aber schwer, sich von dieser Welt zu verabschieden und er jammerte, welch großer Künstler mit seinem Tod der Menschheit verloren ginge.

Beim Volk blieb er über seinen Tod hinaus beliebt. Claudia Acte, die Freigelassene, die bereits den Jüngling Nero geliebt hatte, bestattete seine Asche an der Via Flaminia an der Stelle, über der sich heute die Kirche Santa Maria del Popolo erhebt. Angeblich sollen dort bis zum Mittelalter die bösen Geister Neros gehaust haben ... Die Standbilder des Staatfeindes wurden gestürzt, sein Name aus den Inschriften getilgt.

Mit Neros Tod erlosch das julisch-claudische Kaiserhaus.

Das geistige Leben in claudischer Zeit – Lucius Annaeus Seneca

Es war bereits davon die Rede, dass Claudius, selbst als er schon das Kaiserdiadem mit vielen damit verbundenen Verpflichtungen trug, ein begeisterter Philologe und Historiker war. Von seinem umfangriechen Werk ist nichts erhalten geblieben, doch fand er zu seiner Zeit sogar bei den Gelehrten für seine Arbeit durchaus Anerkennung. Er legte unter anderem ein 20bändiges Werk der etruskischen Geschichte vor, dessen Verlust besonders bedauerlich ist, daneben, auf Griechisch verfasst, eine achtbändige Arbeit über die Karthager, eine Autobiografie sowie eine Verteidigungsschrift Ciceros. Zu dieser Tätigkeit dürfte er von Titus Livius, dem berühmten Geschichtsschreiber und Erzieher seiner frühen Jugend, angespornt worden sein. Claudius drückte sich oft in griechischer Sprache aus, die er in Wort und Schrift beherrschte, Merkmal des gebildeten und gelehrten Römers.

Zu den wichtigsten Persönlichkeiten des kulturellen Lebens in claudischer Zeit, wenn nicht in der gesamten römischen Geschichte, gehörte zweifellos Lucius Annaeus Seneca, dessen kometenhafter Aufstieg als Philosoph, Dramatiker, Naturforscher und Politiker in Claudius' letzten Regierungsjahren einen Höhepunkt erreichte. Er wurde um die Zeitenwende – die Forschung geht mittlerweile von 4 bis 1 v. Chr. aus – im spanischen Corduba als Sohn des gleichnamigen Ritters geboren. Seine Mutter hieß Helvia und entstammte einem angesehenen plebejischen Geschlecht, das in der spanischen Provinz Baetica zu Hause war. Ihre Schwester war die Gattin des Gaius Galerius Maximus, mit dem sie in Rom und in Ägypten lebte. Die Familie des später im ganzen Imperium berühmten Lucius war sehr wohlhabend und zudem um eine hervorragende Ausbildung ihrer Kinder bemüht.

Wahrscheinlich weil ihn sein Vater, Seneca d. Ä., wie er zur Unterscheidung von seinem Sohn genannt wird, im Herzen der Weltmacht aufwachsen sehen wollte und der Junge darüber hinaus korrektes Latein lernen sollte, schickte er bereits den Knaben nach Rom, wo ihn der angeheiratete Onkel unter seine Fittiche nahm. Vielleicht, so mochte der Vater gedacht haben, könnte aus dem Kind etwas werden, zumal es von Anfang an vielfache Begabungen erkennen ließ.

Der Abschied mag ihm nicht allzu schwer gefallen sein. Denn er hatte mit Helvia zwei weitere Söhne, Novatus, älter als unser Philosoph, und Mela, der Jüngste, Vater des Historikers und Dichters Marcus Annaeus Lucanus. Mela sollte einmal die Verwaltung des Familienbetriebs in Corduba übernehmen.

Der älteste der drei Brüder war vom Schicksal für eine politische Karriere bestimmt. Unter seinen Adoptivnamen Gallio – der Senator Iunius Gallio hatte ihn an Sohnes Statt angenommen und ihm damit den Aufstieg in den Senatorenstand ermöglicht – wurde er in den Jahren 51/52 n. Chr. von Kaiser Claudius zum Proconsul der Provinz Achaia ernannt. In dieser Eigenschaft hat er eine gewisse Bekanntheit erlangt, denn er wies eine Klage der Juden gegen den Apostel Paulus ab.[1] Zwei Jahre nach Claudius' Tod, 56 n. Chr., bekleidete er das Amt des Konsuls, allerdings war er nur *consul suffectus*, nachgewählter Konsul, was weit weniger als der erstgewählte galt. Wie sein jüngerer Bruder, der Philosoph, und ihrer beider Neffe, Marcus, war auch er in die Pisonische Verschwörung des Jahres 65 verstrickt und beging Selbstmord, da ihm die Hinrichtung drohte.

Seneca scheint diesen Bruder besonders geliebt zu haben. Er widmete ihm drei seiner Schriften, darunter „Über den Zorn" und „Vom glücklichen Leben".

Bereits Seneca d. Ä. betrieb intensiv rhetorische Studien und verfasste darüber ein Werk, in dem er sich kritisch zur gekünstelten zeitgenössischen Rhetorik äußerte. Der spätere Tätigkeitsbereich seines begnadeten Sohnes war damit vorgezeichnet: Er sollte einmal in Rom die Rechte studieren und den Anwaltsberuf ergreifen. Dafür aber war eine fundierte Ausbildung in der Redekunst unerlässlich. Tatsächlich wurde Seneca ein hervorragender Redner, doch ist keine seiner Reden erhalten geblieben.

Umso mehr ist von seinen anderen Werken und seiner Biografie bekannt. Die Redekunst und seine rhetorischen Stilübungen scheinen dabei eine eher geringe Rolle gespielt zu haben. Zum Mittelpunkt seines literarischen Schaffens wurde die Philosophie, insbesondere die Lehre der Stoa, die, so heißt es, unter ihm in Rom zu höchster Vollendung reifte. Senecas Lehrer waren Sotion und Attalos. Ersterer gehörte der pythagoreischen Richtung an. Er war es wohl, der seinem Zögling verordnete, der pythagoreischen Tradition folgend zeitweise auf fleischliche Nahrung zu verzichten. Auch empfahl er, auf einer harten Matratze zu schlafen, eine Angewohnheit, die Seneca bis ins hohe Alter nicht aufgab. Abends vor dem Einschlafen rekapitulierte er, wie er es bei Sotion gelernt hatte, den gesamten Tagesablauf, um sich selbst zu prüfen und sein Gewissen zu erforschen.

„Sobald sich das Licht meinem Blick entfernt“, so schrieb er, „und meine Gattin schweigt, da sie meine Gewohnheit kennt, überprüfe ich meinen ganzen Tag und gehe meine Taten und Worte erneut durch; dabei verberge ich nichts vor mir selbst und übergehe nichts.“

Die Selbstreflexion war sicherlich nötig, denn sie dürfte Seneca dabei geholfen haben, die vielen unterschiedlichen Lebenssituationen zu meistern. Oft sah er sich auch heftiger Kritik ausgesetzt, vor allem, nachdem er von seinem Zögling Nero mit märchenhaften Reichtümern geradezu überschüttet worden war. Man würde ihn heute für einen leidenschaftlichen Sammler halten. Besonders wertvolle Tische hatten es ihm angetan, die er hauptsächlich als Antiquitäten aus Griechenland importierte, um seine Paläste und Güter zu schmücken. Dabei blieb er für seine Person immer bescheiden. Musste denn, so fragte er, ein Stoiker unbedingt arm sein, wenn ihm das Leben so viel Schönes bot? Zwischen seiner Leidenschaft, materielle Werte anzuhäufen und der Lehre der Stoa, die in jeder Hinsicht Mäßigung verlangte, sah er keinen Widerspruch.

Schon als Kind war er auffällig oft krank, und niemand hätte ihm ein langes Leben vorausgesagt, das dann doch 65 Jahre dauerte. Er wäre ja noch älter geworden, hätte ihn Nero nicht zum Selbstmord gezwungen. Von Kindesbeinen an litt er an Asthmaanfällen und einer chronischen Bronchitis. Atemnöte und heftige Fieberattacken setzten ihm zu, und er trug sich bereits in jungen Jahren öfter mit dem Gedanken, sich das Leben zu nehmen. Sein Zustand stabilisierte sich ein wenig, als er sich für längere Zeit im bekömmlichen Klima Ägyptens aufhielt, wo er seine Tante besuchte, deren Mann der Präfekt der kaiserlichen Provinz war. Seneca zufolge der beste, der das alte Land am Nil je für Rom verwaltet hatte, weshalb er das Amt auch 16 Jahre lang ausüben durfte.

Gelegentlich rettete ihm seine labile Gesundheit das Leben. Caligula trug sich mit dem Gedanken, Seneca hinrichten zu lassen. Doch konnten Freunde und die offenbar einflussreiche Tante den Kaiser überzeugen, davon abzusehen. Er könne sich, so machten sie dem Caligula vor, die Mühe sparen und auch den Ärger mit dem Senat. Seneca sei so krank, dass er ohnehin bald sterben werde. Das Motiv für Caligulas Wut auf den Philosophen war banale Eifersucht. Der junge Mann hatte in der Kurie feststellen müssen, dass Seneca von ihnen beiden der bessere Redner war und sich als solcher schon in weiten Teilen des Reiches einen Namen gemacht hatte. Das war in Rom zwar kein todeswürdiges Verbrechen, aber brauchte das Böse für sein Tun je einen Grund? Also begnügte sich der launische Kaiser damit, Senecas Stil zu diskreditieren. Als *harena sine calce*, Sand ohne Kalk, bezeichnete er ihn. Seneca verfasse nur „bare Prunkrederei".[2] In neuer Zeit gibt man dieser Meinung bis zu einem gewissen Grad Recht. Die Rhetorik, so heißt es, sei für den „Schwulst der Sprache Senecas" verantwortlich. Und doch ließ ihn die Fähigkeit, seinen Gedanken nuancierten Ausdruck zu verleihen, zu Roms geistig führender Persönlichkeit der frühen Kaiserzeit werden.

Oder war der Grund dafür, dass Caligula den Redner aus dem Weg räumen wollte, nicht nur die Eifersucht auf einen begnadeten Rivalen? War nicht Seneca für den Kaiser die ständige Mahnung an eines seiner schwersten Verbrechen? Einige Jahre zuvor hatte Kaiser Tiberius den Philosophen zu einer Unterredung gerufen, um ihn zum Erzieher seines Enkels Tiberius Gemellus zu verpflichten. Der Junge war Tiberius' einziger leiblicher männlicher Nachkomme, nachdem sein Sohn Drusus einem Giftanschlag seiner Ehefrau und ihres Geliebten Seianus zum Opfer gefallen war. Der alte Kaiser hatte sich entschlossen, Gemellus zum Thronfolger aufzubauen, ein Plan, der Gaius Caligula nicht gefallen konnte. Denn es existierte ein Testament oder eine entsprechende Verfügung des Kaisers, dass ihn die beiden Jünglinge, der etwas ältere Caligula und der Knabe Tiberius Gemellus, gemeinsam beerben sollten. Doch war nirgendwo erwähnt, wen sich Tiberius als Nachfolger im Prinzipat wünschte. Vielleicht hatte er zunächst beabsichtigt, darüber den Zufall entscheiden zu lassen.

Als nun Caligula nach dunklen Machenschaften auf den Thron gelangt war, gehörte es zu seinen ersten Amtshandlungen, sich des unliebsamen jungen Verwandten zu entledigen. Gemellus wurde ermordet, und Seneca, der sich dem Jüngling wohl ebenso verbunden fühlte wie später seinem Schützling Nero, blieb als permanente Anklage des ungeheuren Verbrechens zurück.

Der bekennende Stoiker verkroch sich auf eines seiner Landgüter, vorwiegend in seine Villa am vierten Meilenstein an der Via Appia, einen seiner Lieblingsaufenthalte, und versuchte, keinerlei Aufmerksamkeit mehr zu erregen. Dies gelang ihm, bis sich Valeria Messalina seiner erinnerte.

Seneca wurde oft gefragt, wie er all das Böse, das um ihn herum geschah, so anscheinend unbeteiligt hinnehmen könne. Er meinte, er müsse es zulassen, damit wenigstens auch ein wenig Gutes geschähe.

Nachdem er von Ägypten nach Rom zurückgekehrt war, setzte sich seine einflussreiche Tante dafür ein, dass er, der sich bei den Gerichten als Anwalt bereits einen Namen gemacht hatte, zum Quästor ernannt wurde und damit in die römische Ämterlaufbahn einstieg. Aber an beidem scheint ihm nicht allzu viel gelegen zu haben. Denn stärker als die in Rom so hoch gepriesene Redekunst zog ihn, wie gesagt, die Philosophie an, von der er sich später, nachdem er an Claudius' Hof aufgenommen worden war, auf Agrippinas Befehl hin weitgehend fernhalten musste.

Als er die kurulische Ämterlaufbahn antrat, begann er, seine ersten philosophischen Schriften zu verfassen, eine Trostschrift an Marcia, die Tochter des Historikers Cremutius Cordus, deren Sohn im Jugendalter verstorben war. Er sprach davon, was man ja heute noch glaubt, die Zeit werde die Trauer beenden und alles heilen. Man tue gut daran, so meinte er, sich durch Beschäftigung abzulenken.

Herausragend ist sein dreiteiliges Werk „Über den Zorn", das er, wie erwähnt, seinem Bruder Novatus widmete. Es geht darin um den obersten Grundsatz der stoischen Lehre, Affekte zu kontrollieren. Man müsse dem Zorn schon in seinen Anfängen wehren, denn es sei schwierig, zu seelischer Gelassenheit zurückzufinden, wenn man ihm erst einmal nachgegeben habe. Zur Aufgabe eines Erziehers gehöre es, auf seinen Schützling entsprechend einzuwirken. Er wisse auch, dass nicht jeder Schüler gleich zu behandeln sei. Man müsse genau beobachten und unterscheiden. So könnte beispielsweise mit den Mitteln des Lobes bei dem einen das Selbstbewusstsein gestärkt werden, bei anderen hingegen könnten sie Überheblichkeit und Jähzorn fördern.

Seneca wurde unter der Herrschaft des Augustus geboren. Er verbrachte seine Jugend unter den ersten Regierungsjahren des Tiberius und kam unter Caligula als Anwalt und Senatsmitglied am Ziel seiner Möglichkeiten an. Die ersten vier Jahrzehnte seines Lebens verbrachte er also mit der Festigung des Prinzipats, das in der Gestalt des julisch-claudischen Herrscherhauses auch seinen weiteren Lebensweg bestimmte. Anders als später der Historiker Tacitus haderte er nie mit dem Verlust der Republik.

Unter Caligula knapp der Hinrichtung entkommen, wurde er von Claudius gleich nach dessen Regierungsantritt auf die Insel Korsika verbannt. Dies geschah auf Betreiben Valeria Messalinas, Claudius' dritter Ehefrau. Da war nämlich die Nichte des Kaisers, Iulia Livilla, die Schwester Caligulas und der jüngeren Agrippina. Und mit ihr, so behauptete Messalina, habe Seneca Ehebruch begangen – ein unentschuldbares Verbrechen gegen das Kaiserhaus, denn trotz allen Ruhms durfte sich auch ein Seneca nicht anmaßen, sich einer Angehörigen der julisch-claudischen Sippe zu nähern. Doch war die angebliche Beziehung wieder nur ein Vorwand für die Hinrichtung der Frau und die Bestrafung des Philosophen. In Wirklichkeit fürchtete Messalina die vornehme Rivalin.

Eigentlich sollte auch Seneca auf Betreiben des Senats hingerichtet werden, doch gelang es Claudius, das hohe Haus davon zu überzeugen, dass die Verbannung als Strafe genügte. Es handelte sich dabei um eine weniger einschneidende *relegatio*, keine *deportatio*, weshalb Seneca auch sein Vermögen und seine Rechte als römischer Bürger erhalten blieben. Doch warum musste Iulia Livilla sterben?

War es nicht so, dass Claudius jeder Frau zugetan war, die schön war und ihm schön tat? Messalina behauptete jedenfalls, die Nichte ihres Mannes erweise ihr, der Kaiserin, nicht die gebotene Ehre. Livilla war zudem eine ausnehmend attraktive Frau, die ihren kaiserlichen Onkel oft besuchte und dabei stundenlang mit ihm allein blieb. Ein jeder wusste, dass der ältliche Mann schönen Frauen nie lange widerstehen konnte. Livillas Besuche im Kaiserhaus erregten deshalb Messalinas Misstrauen und schließlich ihre Eifersucht. Nicht, dass sie befürchtet hätte, Claudius' Zuneigung zu verlieren. An der lag ihr nichts. Aber die Zuwendung ihres tumben Mannes zu einer anderen Frau hätte sie womöglich ihre Stellung als erste Dame des Reiches gekostet. Also musste Livilla weg. Und da kam ihr eine unerlaubte Beziehung der Verwandten gerade recht.

Es ist denkbar, dass die beiden Menschen nur eine innige Freundschaft verband. Sie mochten einander als gleichwertige Gesprächs- und Gesinnungsgenossen erkannt haben. Livilla war die Tochter des Germanicus, und sie dürfte als solche eine umfassende Bildung genossen haben. Aber Freundschaft war, selbst unter Personen, die verschiedenen Gesellschaftsschichten angehörten, kein todeswürdiges Verbrechen. So musste eine unerlaubte Beziehung herhalten. Jedenfalls behauptete Messalina ihrem Gatten gegenüber, dass ein solches Verhältnis bestünde. Auch Livilla wurde zunächst nur der Stadt verwiesen. Doch bald ließ Claudius sie ums Leben bringen …

Ähnlich wie eine Generation zuvor der Dichter Ovid konnte sich auch Seneca mit der Entfernung von Rom auf Dauer nicht abfinden. Anfangs gelang es ihm, sich mit seiner neuen Lage zu arrangieren. Er verfasste, ganz dem Schicksal ergebener Stoiker, eine Trostschrift für seine Mutter Helvia, die die Nachricht von der Verbannung ihres hoffnungsvollen Sohnes beinahe um den Verstand brachte. (Sein Vater war bereits im Jahr 40 in hohem Alter verstorben.) Alles stehe zum Besten, ließ er die Verzweifelte wissen. Er sei froh und dankbar, von jeder mühevollen Verpflichtung frei zu sein und sich endlich einmal ganz seinen eigenen Interessen zuwenden zu können. Doch seine Gelassenheit hielt nicht lange an. Ein weiterer Brief richtete sich an Polybios, den Freigelassenen an Claudius' Hof, der für die Bittschriften zuständig war (*a li-*

bellis). Ihn bat er flehentlich, sich beim Kaiser dafür einzusetzen, die Verbannung zu lösen. Er schmeichelte dem offensichtlich mächtigen Mann schamlos und meinte, dass sein verordneter Aufenthaltsort nur von primitiven Barbaren bewohnt würde, deren unverständliches Gebrabbel ihm auf die Nerven ginge, ja selbst für einen völlig bildungsfernen Römer eine Zumutung sei. Er hatte sich längst auf eine kleine Nebeninsel zurückgezogen und dort ein bescheidenes Haus bauen lassen. Denn er fürchtete auf Korsika auch um seine Sicherheit. Das kleine Eiland hielt nicht nur die lästigen einheimischen Korsen fern. Es bot auch Ausblick nach allen Seiten, und sollte ihm Claudius doch noch den Henker schicken, so meinte er, könne er sich wenigstens auf seinen Tod entsprechend vorbereiten. Ein wenig Trost in seiner Einsamkeit boten ihm die letzten jener Juden, die Tiberius von Rom nach Korsika hatte deportieren lassen, damit sie dort das Räuberunwesen bekämpften. Unter ihnen fanden sich durchaus gebildete Leute.

Ob Polybios die von Selbstmitleid triefende Bittschrift je seinem Dienstherrn vorlegte, ist ungewiss. Tatsche ist, dass Seneca erst nach acht Jahren nach Rom zurückgerufen wurde. Aber das war nicht das Verdienst des Freigelassenen. Im Jahr vor Senecas Rückkehr fiel Polybios, wohl einer von Messalinas zahlreichen Liebhabern, einer ihrer Intrigen zum Opfer. Sie beschuldigte ihn des geplanten Hochverrats und ließ ihn hinrichten. Wahrscheinlich hatte auch er sich geweigert, ihre Liebesspielchen länger mitzumachen.

Als „unwürdig" bezeichnete der Althistoriker Ludwig Friedländer Senecas Überhäufung eines Freigelassenen mit Schmeichelei.[3] Und auch der neuzeitliche Historiker Manfred Fuhrmann stellt fest: „Die Nachwelt hat Seneca diesen Kotau, das Erzeugnis einer Depression, ziemlich übel genommen. Sein Tun habe aufs Schärfste seinen philosophischen Lehren widersprochen, schreibt Cassius Dio …"[4] Doch wer könnte sich nicht in völliger Verzweiflung zu Taten hinreißen lassen, die ihm im normalen Leben undenkbar erschienen? Jedenfalls soll sich Seneca später seiner Schwäche geschämt und die Bittschrift vernichtet haben.

Die Beendigung der Verbannung kam für ihn überraschend. Agrippina hatte die Regierungsgeschäfte in die Hand genommen und herrschte über Rom als „Princeps im Weiberrock". Keinen Wimpernschlag lang hatte sie ihr eigentliches Ziel aus den Augen verloren, ihren Sohn zum Kaiser zu machen. Dafür war, wie sie wusste, eine umfassende Bildung des Knaben unerlässlich. Und wer hätte diese besser vermitteln können als eben jener Seneca, den alle Welt trotz seines langen Exils noch immer bewunderte und der fern von Rom ein für die Gesellschaft nutzloses Leben fristete? Auch wenn Seneca dem Kaiser vermutlich nie wieder begegnen wollte, konnte er sich Agrippinas Angebot nicht verschließen. Es war zweifelhaft, ob sich überhaupt je wieder eine Gelegenheit ergeben würde, der Inseleinsamkeit zu entfliehen. Auch konnte er der neuen Kaiserin nichts nachtragen. Sie traf an seinem harten Schicksal keine Schuld. Und sie wusste um das Los von Verbannten, hatte sie es doch unter ihrem Bruder Caligula selbst einmal getroffen. Er kehrte also nach Rom zurück, erbat sich jedoch noch eine kleine Auszeit, die er in Athen verbrachte.

Mit Hingabe begann er, sich seiner neuen Aufgabe zu widmen. Agrippina hatte ihn, wie gesagt, angewiesen, Nero in die für einen Herrscher unabdingbare Redekunst einzuführen, nicht aber in die Philosophie, die sie für einen Regierenden für verderblich hielt.

In den Jahren seiner Abwesenheit hatte sich Rom stark verändert. Er traf auf Menschen, die nur noch nach Macht, Besitz und Vermögen strebten, sich aber keinerlei Gedanken um ihr begrenztes Leben machten. Großzügig verschwendete jeder seine Zeit, als hätte er unendlich viel davon, geizig jedoch hielt man seine Güter zusammen. Er war gerade ein Jahr mit seiner neuen Aufgabe beschäftigt, als ihn die dankbare Kaiserin zur Prätur verhalf, 50 n. Chr. Wie sich sein Verhältnis zu Claudius gestaltete, verraten die alten Quellen nicht. Es darf jedoch angenommen werden, dass man sich aus dem Weg ging. Die Abrechnung des Philosophen mit dem Kaiser, der ihm acht kostbare Jahre seines Lebens gestohlen hatte, erfolgte erst nach dessen Tod in der boshaften Spottschrift *Apocolocyntosis Claudii,* in der sich Seneca über Claudius in einer Weise lustig machte, die einem Lehrer der Weisheit schlecht anstand.

Etwa fünf Jahre lang war Seneca als Erzieher Neros tätig, bis Claudius 54 n. Chr. starb und der Jüngling im Alter von knapp 17 Jahren den Thron bestieg. Zu seinen ersten Amtshandlungen gehörte die Leichenrede, die er dem verstorbenen Stief- und Adoptivvater hielt und die Seneca vorbereitet hatte. Darin rühmte er auch Claudius' Umsicht und Weisheit, was allgemeine Heiterkeit auslöste, da dem Kaiser auch postum noch eine gewisse Beschränktheit nachgesagt wurde.[5] In der Apolococyntosis, der teils in Hexametern, teils in Prosa verfassten Satire, legt Seneca dem Kaiser als letzte Worte in den Mund: „Oh weh, ich fürchte, ich habe mich beschissen." Angeblich schämte sich der Philosoph später des hässlichen Pamphlets, das seiner stoischen Gelassenheit so offen widersprach, und versuchte, seine weitere Verbreitung zu verhindern.

Wenn das allgemeine Urteil über die ersten fünf Herrscherjahre Neros günstig ausfiel und noch immer ausfällt, so war das vor allem Seneca zu verdanken, der, in Zusammenarbeit mit dem Prätorianerpräfekten Sextus Afranius Burrus, auf Nero den denkbar besten Einfluss ausübte, ja, wenn man mancher alten Quelle glauben will, sogar der eigentliche Herrscher war. Den beiden in ihrem politischen Denken harmonierenden Männern gelang es sogar, den Ehrgeiz Agrippinas, die mit der Thronbesteigung ihres unerfahrenen Sohnes ihren eigenen endgültigen Aufstieg gekommen sah, zurückzudrängen. Welche Entscheidungen im Einzelnen auf Seneca zurückgehen, darüber allerdings schweigen die alten Quellen.

Im Jahr 62 n. Chr. bat Seneca, seinen inzwischen eigenständigen Schüler, der sich von ihm nichts mehr sagen ließ, sich ins Privatleben zurückziehen zu dürfen, wofür er gesundheitliche Gründe nannte. Mutter Agrippina war seit drei Jahren tot, und Nero machte sich gerade daran, seine Ehefrau Octavia zu vernichten. Obwohl der junge Kaiser Senecas Bitte um Rückzug aus den Regierungsgeschäften nicht nachkam, verbrachte der Philosoph, der inzwischen das 60. Lebensjahr weit überschritten hatte, seine Tage fortan auf einem seiner Landsitze, hauptsächlich in seiner Villa an der Via Appia.

Es liegt nahe, dass Seneca dem heranwachsenden Nero entgegen Agrippinas ausdrücklichem Wunsch auch seine philosophischen Vorstellungen vermittelte, wenn er den Jüngling auch hauptsächlich auf die Rolle als künftiger Kaiser vorbereitet haben dürfte. Nero selbst wurde kein Anhänger irgendeiner Philosophie. Er zeigte schon früh künstlerische Neigungen und scheint darin auch über ein gewisses Talent verfügt zu haben. Vor allem aber liebte er bis zu seiner Sterbestunde die Selbstinszenierung.

Ob sein Lehrer tatsächlich in die Verschwörung des Piso im Jahr 65 verwickelt war, steht dahin. Seine aktive Beteiligung konnte nicht nachgewiesen werden. Umso gewisser kann man ihn als geistigen Wegbereiter für den geplanten Umsturz betrachten. Er muss – schon wegen seiner Nähe zum Kaiser – derjenige gewesen sein, dem dessen Untaten am ehesten auffielen. Tatsache ist auch, dass er vom Kaiser zum Selbstmord gezwungen wurde. Er schied mit philosophischer Gelassenheit aus dem Leben. Seit frühen Jahren hatte er sich mit Sterben und Tod auseinander gesetzt und auch in seinen Werken darüber geschrieben.

Ein Centurio überbrachte Seneca den Todesbefehl. Mit der Würde, die dem Lehrer der Weisheit gut anstand, vernahm dieser die Nachricht, als hätte er schon lange darauf gewartet. Er zeigte keine Spur von Furcht oder auch nur Niedergeschlagenheit, sondern bat nur, ihm die Niederschrift seines Testaments zu bringen, damit er noch etwas hinzufügen könne. Doch das verweigerte ihm der unfreundliche Mann. Daraufhin wandte sich Seneca „an seine Freunde mit den Worten, da er ja verhindert werde, ihnen für ihre Verdienste den schuldigen Dank abzustatten, hinterlasse er ihnen das nunmehr einzige, jedoch das Schönste, das er besitze, das Bild seines Lebens". Wenn sie dieses im Gedächtnis behielten, so würden sie es „in dem Ruf einer edlen Bildung als Lohn für ihre so unerschütterliche Freundschaft davontragen".[6] Er tröstete die Weinenden und forderte sie zu fester Haltung auf. Wo seien denn, bitte schön, die Erkenntnisse ihrer philosophischen Lehre geblieben? Wen überrasche die Grausamkeit eines Nero? Wer leichtfertig Mutter und Bruder töte, der schrecke auch vor dem Mord an seinem Lehrer nicht zurück. Darauf tröstete er seine Gattin Pompeia Paulina, die es sich in den Kopf gesetzt hatte, ihren Mann auf seiner letzten Reise zu begleiten. Beide öffneten sich die Pulsadern. Da aber aus Senecas altem und schwachem Körper das Blut zu langsam floss, schnitt er sich auch die Adern an Kniekehlen und Schenkeln auf. Bis zuletzt behielt er seine Beredsamkeit.

Gegen Senecas Gattin hegte der Kaiser keinen Groll. Sie durfte nicht zur Märtyrerin seiner Grausamkeit werden. Also befahl er, ihre Schnittwunden zu verbinden und sie zu retten. Böse Zungen behaupteten später, sie sei nicht ungern zu den Wonnen des Lebens zurückgekehrt. Sie starb einige Jahre nach dem Tod ihres Mannes. Ihre bleiche und fahle Gesichtsfarbe machte deutlich, wie viel sie von ihrer Lebenskraft eingebüßt hatte, sie, die wandelnde Mahnung an die Grausamkeit des Tyrannen.

Senecas Sterben zog sich hin. Er bat seinen Arzt, die Sache zu beschleunigen und ihm das Gift zu bringen, das man auch Sokrates einst gereicht hatte und das längst vorbereitet war. Aber es wirkte nicht. Die ausgemergelten Glieder nahmen es nicht an. So bestieg er zuletzt ein Bassin mit heißem Wasser und besprengte die umstehenden Sklaven mit den Worten: Ein Opfer für Jupiter, den Befreier. Dann ließ er sich in ein Dampfbad bringen, in dem er schließlich erstickte. Ohne jegliche Feierlichkeit wurde er verbrannt – ganz wie er es in seinem Testament angeordnet hatte, als er noch ein angesehener und geachteter Mann gewesen war.

Die letzten Regierungsjahre

Als Caligula angeordnet hatte, sein kaiserliches Konterfei im Tempel von Jerusalem aufzuhängen, drohte ein Aufstand. Nur die Nachricht von Caligulas Ermordung bewahrte das Land vor einer blutigen Auseinandersetzung mit Rom. Aber die Angst der Juden blieb, denn sie befürchteten, es könne womöglich ein weiterer römischer Staatsführer den gleichen Befehl, der sich gegen ihre bilderfeindliche Religion richtete, geben. Diese Angst der Juden über die Provozierungen Roms kollidierte mit der Angst der römischen Staatsführung vor eventuellen Ausschreitungen. Deshalb verzichtete Claudius darauf, den von seinem Vorgänger gegebenen Befehl auszuführen.

Von Pallas, einem der einflussreichsten Freigelassenen am kaiserlichen Hof und dem wahrscheinlich einzigen Liebhaber der Agrippina, war bereits mehrfach die Rede. Er entstammte angeblich einem alten Königsgeschlecht, das in Arkadien beheimatet war, und durfte sich eines märchenhaften Reichtums rühmen – er war offensichtlich so wohlhabend, dass er es sich leisten konnte, auf öffentliche Ehrungen, die ihm mehrfach angeboten wurden, zu verzichten.

Sein Bruder Pallas Felix war weniger bescheiden. Die römische Staatsführung hatte ihn über Judäa gesetzt, und er glaubte, sich dort, gestützt auf seine erhabene Stellung, jede Schandtat erlauben zu können.

Judäa war damals geteilt. In Galiläa vertrat ein gewisser Ventidius Cumanus die römischen Interessen, in Galiläa Pallas Felix. Die ihnen unterstehenden Stämme überboten sich seit jeher geradezu in gegenseitigem Hass. Die Konflikte erforderten schließlich das Eingreifen Roms, das jedoch bei seinem Versuch, die Unstimmigkeiten zu schlichten, Verluste hinnehmen musste. Die Auseinandersetzungen drohten schließlich in einen Krieg auszuarten, und man musste Ummidius Quadratus, den Stattalter Syriens, zu Hilfe rufen. Quadratus war von Claudius ermächtigt worden, auch über die beiden Prokuratoren zu urteilen. Er wies daraufhin Felix einen Platz unter den Richtern zu. Cumanus hingegen wurde abgesetzt. Damit war die Ordnung in dieser Weltecke vorerst wiederhergestellt.

Doch kam damals der gesamte Osten des Reiches nicht zur Ruhe. Die Cilicier erhoben sich oft gegen die römische Besatzung, Tacitus nennt sie „unkultiviert“.[1] Sie unternahmen Beutezüge vor allem an die Küste, wo sie Städte, Kaufleute und Handelsschiffe ausplünderten. Nicht einmal die von Claudius ausgesandte Reiterei unter dem Oberbefehl des Curtius Severus von Syrien konnte sie aufhalten. Das unwegsame Gelände erwies sich als für einen Reiterkampf ungeeignet. Erst die innere Zwietracht unter den Aufständischen und die Ermordung des feindlichen Anführers brachten der Region wieder ein wenig Ruhe.

Mit latentem Tadel stellte Tacitus für jene Zeit fest, dass in Friedenszeiten „militärische Talente“ unerkannt bleiben. Ob einer tatkräftig oder schlaff ist, spiele im Frieden keine Rolle, meinte er. Er zollte C. Cassius Longinus, einem der Nachkommen des Cäsar-Mörders und *consul suffectus* des Jahres 30 n. Chr., großes Lob. Der berühmte Rechtsgelehrte und Gatte Iunia Lepidas, einer Urenkelin des Augustus, habe, soweit es ohne Krieg möglich war, die alte Disziplin der Truppen wiederbelebt und „umsichtige Maßregeln“ getroffen, als ob der Feind im Anrücken wäre. Man ist geneigt, dem weisen Mann eine gewisse Weitsicht zu bescheinigen. Denn mit seiner Vorsorge folgte Cassius nicht nur dem Vorbild seiner Vorfahren, sondern durfte auch bald erfahren, dass es für Rom nie einen wirklichen reichsweiten Frieden gab und man gut daran tat, für alle Eventualitäten gerüstet zu sein.[2]

Bald nach Claudius’ Hochzeit mit seiner vierten und letzten Frau und der Verlobung des jungen Nero mit Claudius’ Tochter Octavia erschienen Gesandte der Parther in Rom, um sich Meherdates (oder Mithridates, wie er ebenfalls genannt wird) als neuen König zu erbitten. Die Herrschaft des derzeitigen Regenten, Gotarzes, sei eine Tyrannei schlimmsten Ausmaßes und nicht länger erträglich. Er habe bereits alle seine nahen Verwandten ermordet und schicke sich nun an, sogar gegen schwangere Ehefrauen und kleine Kinder vorzugehen.

Claudius hielt daraufhin eine Rede vor dem heimischen Senat. Bereits der vergöttlichte Augustus habe den Parthern einen König gegeben. (Er unterschlug dabei, dass ihnen auch von Tiberius ein solcher zugewiesen worden war.) Dem Anliegen der Parther gab er nach diesem Hinweis statt, ermahnte aber gleichzeitig den anwesenden Meherdates, dass er als Führer seines Volkes Milde und Gerechtigkeit üben möge. C. Cassius Longinus erhielt den Auftrag, die Gesandtschaft bis an das Ufer des Euphrat zu begleiten. Dort allerdings erwartete die Römer eine herbe Enttäuschung. Der noch unerfahrene junge König von Roms Gnaden verwechselte die Pflichten, die seine nun hohe Stellung mit sich brachten, mit einem Freibrief für persönliches Wohlergehen. Acbarus mischte sich ein, der König der Araber, der, so Tacitus, im nördlichen Mesopotamien herrschte. Er hielt Meherdates in Edessa fest, einer Stadt, die Jahrzehnte zuvor unter Lucullus und Pompeius Magnus unter römische Herrschaft gelangt und in den zurückliegenden Partherkriegen wiederholt von Rom erobert worden war.

Mehrere Stammesfürsten jener Gegend fielen daraufhin von Meherdates ab. Zuletzt sah er sich sogar von seinen eigenen Truppen verlassen und witterte überall Verrat. Da entschloss er sich, sein Glück in einer Schlacht herauszufordern. Und auch sein Gegner Gotarzes war nicht abgeneigt, sich mit seinem jungen Rivalen im Kampf zu messen.

Nach verlustreichem Ringen wurde Meherdates besiegt und Gotarzes ausgeliefert, der ihn einen „Fremden und Römling" schalt, ihn aber mit abgeschnittenen Ohren weiterleben ließ – als, wie er meinte, lebenden Beweis seiner Gnade und zur Schande Roms. Doch sollte sich auch Gotarzes nicht mehr lange seines Sieges erfreuen. Er wurde bald schwer krank und starb.

In jenen Tagen irrte ein gewisser Mithridates – der Name ist für eine ganze Reihe von Herrschern Vorderasiens belegt –, der ehemalige König des Bosporanischen Reiches, nach Verlust seiner Macht ziel- und heimatlos umher. Er war 42 n. Chr. von Claudius eingesetzt und drei Jahre später zu Gunsten seines Bruders Cotys wieder abgesetzt worden. Als er erfahren hatte, dass der tüchtige römische Feldherr A. Didius Gallus mit seinen Kerntruppen abgezogen und nur der römische Ritter Iulius Aquila mit einigen Kohorten zum Schutz der Gegend zurückgeblieben war, rief er einige Volksstämme zu den Waffen. Zuletzt hatte er ein beachtliches Heer um sich gesammelt. Es gelang ihm, sich seines verlorenen Reiches vorübergehend wieder zu bemächtigen und den jetzigen Herrscher, seinen Bruder Cotys, ein unerfahrenes junges Bürschlein, herauszufordern. Gemeinsam mit dem Römer Aquila suchte dieser nun seinerseits Verbündete und berief sich dabei auf die hinter ihm stehende Weltmacht Rom. Da ihn Claudius, wie gesagt, selbst auf den Thron gesetzt hatte, musste Mithridates als Rebell und Aufwiegler gegen römische Interessen erscheinen. Ein wichtiger Verbündeter fand sich für Rom in Eumones, dem Stammesoberhaupt der Aorser, die östlich der Wolga und am Schwarzes Meer siedelten. Eumones sollte die Reiterei anführen, die Römer waren für die Belagerung der Städte vorgesehen.

Die schlecht gerüsteten Aufwiegler waren bald zur Aufgabe gezwungen. Die Römer hatten sich vor der Stadt Uspe (die bislang nicht lokalisiert werden konnte) eingerichtet und bereiteten die Eroberung vor. Uspe war zwar befestigt, aber nur mit einer „Mauer", die aus Reisig und Flechtwerk aufgeführt war und die die Römer deshalb mühelos überwanden. Noch am Tag des Belagerungsbeginns, so wieder Tacitus, wäre die Stadt gefallen, hätte nicht die Nacht dem Kampf ein vorzeitiges Ende bereitet.[3]

Die Bewohner waren jedenfalls gewarnt. Sie ahnten ihr Schicksal, wenn sie den Römern in die Hände fielen, und boten Verhandlungen an – 10000 Sklaven für die Schonung der Zivilbevölkerung. Doch Aquila ließ sich auf das Angebot nicht ein. Wie sollte er eine so große Menschenmenge nach Italien schaffen? Lieber sollten alle nach Kriegsrecht fallen. Uspe wurde also zur Plünderung, die Bevölkerung zur Vernichtung freigegeben, ein warnendes Beispiel für alle, die es wagten, sich römischen Interessen entgegen zu stellen.

Mithridates hatte das Morden unversehrt überstanden. Er überlegte nun, an wen er sich wenden und um Mitleid betteln sollte, nachdem seine Truppen aufgerieben worden waren. Schließlich erinnerte er sich an Eumones, der keinen persönlichen Hass gegen ihn hegte und ihn erst kürzlich seiner Freundschaft versichert hatte. Ihm warf er sich zu Füßen und jammerte: „Ich, Mithridates, den die Römer so viele Jahre zu Wasser und zu Lande gesucht haben, stehe hier freiwillig vor dir. Verfahre, wie du willst mit dem Nachkommen des großen Achaemenes! Dies ist das einzige, was mir die Feinde nicht genommen haben.“[4]

Eumones muss ein weiser und mildtätiger Mann gewesen sein. Er dachte an den Wandel des Schicksals, hob den kniefällig Bittenden auf und schickte Gesandte nach Rom, denen er einen persönlichen Brief an den Kaiser mitgab. Er erinnerte an den gemeinsam errungenen Sieg und meinte, wie schön doch der Ausgang von Kriegen wäre, wenn sie mit Verzeihen beendigt würden. Doch erbitte er für Mithridates nicht Macht und Thron, sondern appelliere an den Caesar, den geschlagenen Mann nicht im Triumphzug dem römischen Volk vorzuführen und ihn am Leben zu lassen.

Claudius schwankte lange, wie er sich entscheiden sollte. Sollte er dem Bittsteller körperliche Unversehrtheit und Leben zusichern? Oder sollte er ihn mit Waffengewalt nach Rom schleppen lassen? Er sprach mit seinen Beratern. Würde man Mithridates gewaltsam holen, so meinten diese, nähme man einen Krieg in unwegsamem Gelände in Kauf, träfe auf ein Meer ohne richtigen Hafen. Man reize unnötig ohnehin trotzige Stammesfürsten, es gäbe dort obendrein nur unfruchtbaren Boden, und damit drohe den römischen Soldaten Hunger. Vor allem aber sei ein Sieg in jener abgelegenen Gegend von nur bescheidenem Ruhm, eine immerhin mögliche Niederlage hingegen eine große Schande. Claudius möge doch das Angebot annehmen. Mithridates sei im Übrigen schwer genug bestraft, da er schon so lange ein Leben in Hilflosigkeit friste.

Mit großem diplomatischem Geschick antwortete Claudius dem Eumones: Zwar habe Mithridates schwerste Schuld auf sich geladen und dafür die entsprechende Strafe verdient. Es sei für Rom ein Leichtes, ihn dafür zur Verantwortung zu ziehen, notfalls auch mit Gewalt. Aber es sei schon guter Brauch der Vorfahren gewesen, demütig Bittenden gegenüber gnädig zu sein. Denn Rom triumphiere nur über starke und mächtige, nicht aber über gebrochene Feinde.

Also wurde Mithridates nach Rom überführt und zu Claudius gebracht. Doch zeigte er sich dort keineswegs als der Mann, der dem Caesar auf Gedeih und Verderb ausgeliefert war. Im Gegenteil. Stolz erhobenen Hauptes beschied er den Kaiser: „Ich bin zu dir nicht zurückgeschickt worden, ich bin zurückgekehrt. Falls du es nicht glaubst, entlasse und suche mich!"[5] Er habe, so Tacitus, seine unerschrockene Miene auch behalten, als er neben der Rednertribüne, von Wachen umgeben, dem Volk zur Schau gestellt wurde. Doch ließ ihn Claudius am Leben. Erst unter Kaiser Galba (68 n. Chr.) wurde er hingerichtet. Der siegreiche Aquila wurde indes mit den Insignien des Prätors geschmückt.

Es gab weitere wichtige Veränderungen innerhalb des Reichsverbands. So wurde den aus der Provinz Gallia Narbonensis stammenden Senatoren gestattet, in Privatangelegenheiten ohne die Genehmigung des Princeps heimzureisen, eine Ausnahme von der ansonsten gültigen Residenzpflicht. In Ituraea und Judaea waren die Könige gestorben. Beide Kleinreiche wurden nun von Claudius der Provinz Syrien zugeschlagen.

Das *augurium* für das Staatswohl, die offizielle Götterbefragung vor wichtigen Entscheidungen, die 25 Jahre lang ausgesetzt worden war, wurde wieder aufgenommen und sollte künftig beibehalten werden. „Auch den Stadtbereich erweiterte der Caesar nach der uralten Sitte, die denen, welche das Imperium vergrößerten, gestattete, auch die Grenzen der Stadt hinauszurücken …" Die Stadt erstreckte sich „bis zum Altar des Consus, dann bis zu den alten Kurien und weiter bis zu der Kapelle der Laren …" In den öffentlichen Dokumenten wurde festgehalten, was Claudius hinzufügte.[6] In diesem Zusammenhang erwähnt Tacitus auch, dass das Forum und das Capitol nicht auf den legendären Stadtgründer Romulus zurückgingen, sondern von Titus Tatius, nach der Überlieferung ein früher König der Sabiner, der Stadt beigefügt worden waren. (Consus war der Gott der eingebrachten Feldfrüchte. Er weist auf das anfangs bäuerliche Volk der Römer hin. Sein unterirdischer Altar befand sich an der Südspitze des Palatins. Unter Kaiser Claudius wurde hauptsächlich der Aventin in das *pomerium*, die geheiligte Stadtgrenze, einbezogen.)

Im Jahr 50 n. Chr. erhielt auch das heutige Köln seinen Namen, wie Tacitus bemerkt.[7] Der Großvater der Kaiserin, Marcus Vipsanius Agrippa, hatte den Volksstamm der Ubier im Jahr 38 v. Chr. auf das linke Rheinufer umgesiedelt. Die Hauptstadt des Stammes hatte ursprünglich Ara Ubiorum geheißen. Nun durfte sie sich Colonia Agrippinensis nennen, wurde also zur Militärkolonie erhoben. Einheimische und angesiedelte römische Veteranen brachten die Stadt zur Blüte. Sie besaß einen gut ausgebauten Hafen, entwickelte sich zum bedeutenden Handelszentrum und wurde Sitz des Statthalters von Untergermanien. 69 n. Chr. wurde dort Vitellius zum Kaiser ausgerufen. Die Wirren des dritten nahchristlichen Jahrhunderts erforderten eine sichere Befestigung. 436 n. Chr. wurde das heutige Köln schließlich von den Franken erobert.

Erst mehr als eine Generation nach Claudius gelang es Kaiser Domitian, die Chatten, einen mächtiges Volk, das nördlich des Mains im heutigen Hessen saß, einigermaßen zu befrieden. Unter Claudius verbreiteten ihre Raubzüge unter angrenzenden Völkerschaften Furcht und Schrecken, bis sich Rom zum Eingreifen gezwungen sah. Im Taunusgebirge wurden die Räuber von den Römern gestellt. Im Norden von den Cheruskern, mit denen sie „in ewiger Zwietracht lebten", und im Süden von den römischen Legionen umzingelt, sahen sie keinen anderen Ausweg, als Gesandte und Geiseln nach Rom zu schicken und um Frieden nachzusuchen.

Es brodelte auch bei den Sueben. Tiberius' Sohn Drusus hatte einen gewissen Vannius über sie gesetzt, der sich vom umsichtigen Herrscher zum wilden Tyrannen entwickelt hatte und deshalb vom Thron vertrieben wurde. Claudius wurde mehrmals gebeten, dort mit Waffengewalt die Ruhe wiederherzustellen, aber er beauftragte nur Palpellius Hister, den Statthalter von Pannonien, am Donauufer eine Legion ausgesuchter Hilfstruppen aufzustellen, um die Macht Roms zu demonstrieren. Viele Stämme der Region hatten sich, angelockt von den Schätzen, die Vannius durch Raubzüge und Steuerdruck angehäuft hatte, auf den Weg gemacht, um am Reichtum der Sueben teilzuhaben. Vannius, der sich nach langem Zögern nach einem Gefecht geschlagen geben musste – er hatte sogar persönlich in den Kampf eingegriffen und war verwundet worden, was Tacitus lobend erwähnt –, floh zur römischen Donauflotte, gefolgt von seinen Anhängern. Dort fand er gnädige Aufnahme. Claudius ließ allen Ländereien zuweisen und siedelte sie so in Pannonien an. In der Folgezeit hielten sie Rom fest die Treue.[8]

Auch in Britannien, auf dessen Eroberung Claudius so stolz war, da er sie sich selbst zuschrieb, brachen Unruhen aus. Der Kaiser beauftragte P. Ostorius Scapula, *consul suffectus* des Jahres 46, sich der Sache anzunehmen. Der Winter hatte auf der Insel gerade Einzug gehalten, und die Aufrührer fühlten sich sicher. Denn man wusste ja, dass Rom nie vor Mitte März Kriege führte und glaubte fest, auch Ostorius werde sich an diesen Grundsatz halten, zumal er das ihm anvertraute Heer noch nicht kannte. Aber die Aufständischen hatten sich getäuscht. Der römische Heerführer wusste, was von seinen ersten Erfolgen abhing, und machte „mit schnellen Kohorten“ alle, die sich ihm in den Weg stellten, erbarmungslos nieder. Um einer erneuten Zusammenrottung Unzufriedener vorzubeugen, entwaffnete er alle Verdächtigen und sicherte das Gebiet zwischen den Flüssen Avona und Sabrina (Cardiff und Bristol) durch feste Stützpunkte ab. Das jedoch rief die Icener auf den Plan, einen starken Volksstamm, der immerhin römischer Bundesgenosse war. Auch die Icener riefen nun zu den Waffen.

Es war für Ostorius nicht allzu schwierig, auch diese Empörer zu überwinden. Die Kunde von der Unbesiegbarkeit Roms machte die Runde und schreckte viele potenzielle Aufrührer ab. Ruhe und Ordnung waren wiederhergestellt, und nur ein Stamm, die Silurer, die im südwestlichen Wales siedelten, setzten den Krieg fort. Sie verfügten über einen weithin berühmten und gefürchteten Feldherrn namens Caratacus. Er stellte sich mutig der römischen Weltmacht entgegen und scheute kein Mittel, die Kampfbegeisterung seiner Gefährten zu wecken. Er erinnerte sie an Gaius Iulius Caesar, den die Vorfahren einst von der Insel vertrieben hatten; er sprach davon, dass die Schlacht komme, an der sich ihrer aller Schicksal entscheiden werde, Freiheit oder ewige Knechtschaft unter den römischen Herren.

Selbst Ostorius war verblüfft. Er trieb nun seine Truppen an, sich zum Angriff bereit zu machen. Er appellierte an ihre Ehre und wies sie auf die Überlegenheit der römischen Waffen hin. Und tatsächlich lösten sich die Reihen der Einheimischen langsam auf, da sie keinen Schutz durch Panzer oder Helme hatten, über die die Römer verfügten. Caratacus, seine Gattin und die Tochter wurden gefangen genommen.

Doch der Stolz des mutigen Barbaren war nicht einmal völlig gebrochen, als sie in Rom öffentlich zur Schau gestellt wurden. Weder mit unterwürfiger Miene noch mit entwürdigenden Bitten suchte Caratacus Mitleid zu erregen. Erhobenen Hauptes trat er vor den Kaiser. Wäre ihm das Schicksal gewogener gewesen, so stellte er trotzig fest, so würde er jetzt wegen seiner hohen Stellung und seiner vornehmen Herkunft nicht als Gefangener vor den Caesar treten. Was habe er schließlich Unrechtes getan? Er habe doch nur Pferde und Männer, Waffen und Wohlstand verteidigt, wie es jeder andere in vergleichbarer Lage ebenso getan hätte. Müsse sich denn ein jeder bereitwillig unter das römische Joch beugen? Hätte er sich nicht gegen Rom gewehrt und sich sofort ergeben, wäre doch weder sein Los bedauert noch Caesars Ruhm gepriesen worden. Ja, selbst seine Hinrichtung hätte die Welt bald vergessen. Sollte ihn Claudius Caesar allerdings das Leben schenken, werde er fortan Zeuge für Roms Milde und Gerechtigkeit sein.

Claudius war von dieser unerschrockenen Rede so gerührt, dass er Caratacus, seiner Gemahlin, der Tochter und seinen Brüdern die Fesseln abnehmen ließ. Dankbar erwiesen sie daraufhin ihm und auch Agrippina, die nicht weit entfernt auf einer anderen Tribüne saß, ihre Verehrung. „Das", so wieder Tacitus, „war allerdings etwas Neues und gegenüber den alten Sitten Fremdes … Sie selbst gab sich damals als Teilhaberin der Herrschaft aus, die ihre Vorfahren erworben hatten."[9] Diensteifrig ergingen sich daraufhin die versammelten Väter in weitläufigen und großspurigen Reden über die große Bedeutung der Gefangennahme des wilden Briten, die nicht weniger ruhmvoll als die Vorführung anderer feindlicher Heerführer sei. Caratacus und seiner Familie wurde gestattet, in Italien weiterzuleben. Als er dabei einmal in der Stadt Rom umherging, rief er beim Anblick ihres Glanzes und ihrer Pracht angeblich aus: „Wenn ihr all das euer Eigen nennt, wie kann es euch dann nach unseren armseligen Hütten gelüsten?"

Mit der Freilassung der vornehmen Gefangenen war der Krieg der Stämme Britanniens gegen Rom aber nicht beendet. Es kam sogar soweit, dass die Römer in Bedrängnis gerieten und belagert wurden. Doch eilten in den umliegenden Kastellen stationierte Soldaten den Eingeschlossenen zu Hilfe. Und dennoch waren die römischen Verluste schmerzhaft. Mit dem Befehlshaber waren acht Centurionen gefallen und die von ihnen befehligten Soldaten. Besonders widerstandfähig erwiesen sich die Silurer, die befürchteten, das gleiche Schicksal zu erleiden wie vor ihnen die Sugambrer, die nach Gallien umgesiedelt worden waren. Die Kämpfe und Rückschläge waren so niederschmetternd für Rom, dass Ostorius völlig erschöpft und des Lebens überdrüssig verstarb – zur Freude seiner britischen Feinde.

Ihm rückte A. Didius nach, der unverzüglich an die Unruheherde reiste. Er fand die Lage noch schlechter vor, als er erwartet hatte. Aber es ist auch möglich, dass er die tatsächliche Bedrohung bewusst übertrieb, um größeres Lob zu ernten. Doch ließen die Silurer auf ihren Raub- und Kriegszügen nicht nach. Der in seinem hohen Alter schwerfällige und bereits über eine Menge Ehren verfügende Didius habe sich aber begnügt, so wieder Tacitus, den Feind abzuwehren, und nicht versucht, auf der Insel neues Terrain zu gewinnen.[10]

Ebenfalls im Jahr 51 der neuen Zeitrechnung gerieten wieder einmal Armenier und Hiberer aneinander. Ihr Konflikt belastete auch die Beziehungen zwischen den Parthern und Rom. Über die Parther herrschte Vologaeses, die Hiberer regierte Pharasmanes und die Armenier schließlich dessen Bruder Mithridates, ein Verbündeter Roms.

Der Hiberer hatte einen ehrgeizigen Sohn, Radamistus, der nicht erwarten konnte, seinen greisen Vater abzulösen und selbst auf den Thron zu gelangen. Pharasmanes wusste um die Beliebtheit des jungen Mannes bei seinen Landsleuten und fürchtete um seine Stellung und sein Leben. Er lenkte daher die Aufmerksamkeit seines Sohnes auf Armenien, den Herrschaftsbereich seines Bruders, und Radamistus begab sich an den Hof des Onkels, der ihn wie einen Sohn aufnahm. Als Mithridates begriff, weshalb sein Neffe in Wirklichkeit zu ihm gekommen war, war es zu spät. Der junge Mann nahm den Onkel und dessen Familie gefangen und ließ alle hinrichten. Da er zugesagt hatte, er werde mit seinen Verwandten ein „Übereinkommen ohne Blutvergießen" treffen, befahl er, sie unter einer Schicht dicker Teppiche zu ersticken. Wie er dabei bei seinem Verrat gegen den Onkel vorgegangen war, spottet jeder Beschreibung. Er hatte vorgegeben, sich mit ihm nach Art seines Volkes aussöhnen zu wollen. Dafür mussten sich die Kontrahenten nach Landessitte bei den Händen fassen, die Daumen wurden aneinander gebunden und mit einem Knoten verschnürt. „Wenn dann das Blut in das Ende der Glieder geflossen ist, lassen sie es mit einem leichten Schnitt heraustreten und lecken es gegenseitig ab. Das galt als geheimnisvoller Bund, der gewissermaßen durch Blutrausch geheiligt ist."

Mit einem Trick hatte Radamistus während der Zeremonie die Knie seines Onkels umfasst und ihn zu Boden gerissen. Sogleich waren seine Schergen herbeigeeilt, um den Gefallenen in Fesseln zu legen und abzuführen. Mit ihm starb, wie gesagt, seine Frau, die tragischer Weise Pharasmanes' Tochter und Radamistus' Schwester war. Doch Vater und Sohn war der Thron wichtiger als das Leben der unglücklichen Frau. Auch die kleinen Söhne des Königspaares wurden ermordet. Ihre einzige Schuld hatte darin bestanden, dass sie um ihre gewaltsam ums Leben gekommenen Eltern geweint hatten.[11]

Mithridates war von Rom eingesetzt worden, und nun beriet man, was zu tun sei. Ummidius Quadratus, der Legat von Syrien, rief einen Kriegsrat ein und wollte wissen, ob er Rache an den beiden Usurpatoren nehmen solle. Aber die meisten seiner Berater waren dagegen. Man müsse auswärtige Feinde ihrer inneren Zweitacht überlassen und daraus gelegentlich Profit schlagen. *Divide et impera!* War Rom damit nicht immer gut gefahren? Dennoch dürfe man nicht einfach zur Tagesordnung übergehen, als wäre nichts geschehen. Gesandte wurden zu Pharasmanes geschickt, er solle Armenien unverzüglich räumen und seinen Sohn abberufen.

Im nahen Cappadokien war damals ein gewisser Iulius Paelignus Statthalter, ein offensichtlich unfähiger Mann, der Rom zur Schande gereichen sollte. Er verdankte seinen Posten wohl nur der Tatsache, dass er früher in einer Gesellschaft von Possenreißern Claudius zum Lachen gebracht und sich dafür die Freundschaft des Kaisers erworben hatte. Dieser Paelignus nahm nun von Radamistus Geschenke an – gegen das Versprechen, diesen als rechtmäßigen König zu bestätigen. Der ungeheure Vorfall löste in Rom Wellen der Entrüstung aus. Claudius schickte Helvidius Priscus mit einer Legion aus, in dieser Weltecke die Ruhe wiederherzustellen.

Doch so weit kam es nicht. Einmal mehr meldeten sich die Parther unter ihrem König Vologaeses, der glaubte, ein günstiger Zeitpunkt für einen Einfall in Armenien sei gekommen. Er beabsichtigte, seinen Bruder Tiridates auf den armenischen Thron zu setzen.

Inzwischen war Radamistus bei seinen Untertanen in Ungnade gefallen, sodass ihn nur noch die Schnelligkeit seiner Pferde vor deren Wut rettete. Er machte sich mit seiner hochschwangeren Frau Zenobia davon. Doch bald setzten bei ihr vorzeitig die Wehen ein, und sie bat ihren Mann, sie mit einem Dolch zu töten, damit sie nicht in ihrem Zustand in die Hände der Feinde fiele. Nur halbherzig stach er zu, schleppte die Bewusstlose an das Ufer des Flusses Araxes und stieß sie in die Fluten. Hirten entdeckten die verletzte Königin, pflegten sie gesund und brachten sie an den Hof des Tiridates, der inzwischen über Armenien herrschte. Dort wurde sie freundlich aufgenommen und empfing königliche Ehren.

Radamistus war unversehrt an den Hof seines Vaters gelangt. Dort aber wurde er des Verrats bezichtigt und hingerichtet.

Das Ende

Man sollte nicht der Vorstellung erliegen, Claudius sei nur der weltfremde Wissenschaftler und Gelehrte gewesen, der über dem vielen Studieren seine Umgebung vergaß. Schon bald, nachdem er Agrippinas Verführungskünsten nachgegeben und ihren Sohn adoptiert hatte, begann er zu begreifen, dass das ein Fehler gewesen war. „Claudius", bemerkt hierzu Dio Cassius, „aufgebracht über die Ränke Agrippinas, denen er anfing auf die Spur zu kommen, und seinem Sohn Britannicus, den sie ihm geflissentlich so weit wie möglich aus den Augen brachte, während sie ihrem Sohn Domitius Nero auf jede Weise die Herrschaft zu verschaffen strebte, mehr Aufmerksamkeit schenkend, fand ihr Benehmen nicht länger erträglich, sondern ging damit um, sich von ihr zu trennen und seinen Sohn zum Nachfolger auf dem Thron zu erklären."[1] Leider verrät der antike Geschichtsschreiber in diesem Zusammenhang nicht, wie die Trennung von seiner vierten Ehefrau ausgesehen hätte.

Agrippinas Machenschaften! „Bei dem circensischen Festspiel, das (nach der Adoption Neros, d.V.) veranstaltet wurde, um die Sympathien der Massen zu gewinnen, … wurden jene Centurionen und Tribunen entfernt, die Britannicus' Schicksal bedauerten, teils unter erdichteten Vorwänden, teils unter dem Schein einer Beförderung."[2] Claudius Caesar hatte dem Sohn seiner vierten Ehefrau hohe Ehren zugedacht. So sollte er bereits im zwanzigsten Lebensjahr das Konsulat antreten dürfen und bis dahin – er war gerade ‚mal 14 Jahre alt – „als designierter Konsul das prokonsularische Imperium außerhalb der Hauptstadt innehaben sowie den Titel ‚Führer der Jugend' erhalten".[3] Sicherlich alles Agrippinas „Verdienst".

Sie war es auch, die sich beständig bei ihrem Gatten über Britannicus beklagte. Dieser bringe dem vorgesehenen Thronfolger nicht den gebührenden Respekt entgegen. Und das, wo doch Senat und Volk von Rom die neue Regelung gutgeheißen hätten. Dadurch sei, so hetzte sie, der Familienfriede gefährdet. Sie erreichte sogar, dass Claudius daraufhin die besten Erzieher seines Sohnes verbannte oder hinrichten ließ und zu Britannicus' Bewachung nur Leute einsetzte, die ihm seine Frau empfohlen hatte.

Trotzdem, so der Geschichtsschreiber, habe Agrippina noch nicht gewagt, aufs Ganze zu gehen. Die beiden Prätorianerpräfekten Lusius Geta und Rufrius Crispinus waren ihr noch ein Dorn im Auge. Denn es hieß, sie hätten Messalina nicht vergessen und fühlten sich jetzt deren Kindern verpflichtet. So beklagte sie sich bei ihrem Gatten, jeder der beiden Präfekten buhle um die

Gunst der Prätorianerkohorten, was diese in zwei Lager spalte. Es wäre für die Disziplin der Truppe besser, wenn sie unter einem einheitlichen Kommando stünde, wofür Afranius Burrus der richtige Mann sei, der als Soldat einen ausgezeichneten Ruf genieße. Ohne die hinter dieser Klage stehende Absicht seiner Frau zu erkennen, gab Claudius ihrem Vorschlag nach.

Damals geriet auch Vitellius, der Vater des späteren Princeps, unter Verdacht. Ein Senator warf ihm Majestätsverbrechen und Streben nach der höchsten Macht vor. Aber Vitellius war ein Günstling Agrippinas, die sich bei ihrem Mann für ihn und gegen den Senator einsetzte. Der Anzeige wurde nicht stattgegeben und der Ankläger mit der Ächtung bestraft.

Die Machenschaften Agrippinas verführten, so wieder der antike Geschichtsschreiber, „Claudius auch dazu, allen seinen grausamen Neigungen freien Lauf zu lassen".[4]

So bekam auch Statilius Taurus, der immerhin Konsul des Jahres 44 n. Chr. gewesen war, den Zorn des Kaiserhauses zu spüren. Er war wegen seines Reichtums in der ganzen Stadt hoch angesehen und besaß einen der schönsten Gärten Roms, den die Kaiserin gern für sich gehabt hätte. Sie fand einen Ankläger, der Taurus der Erpressung und, da kaum etwas anderes gegen ihn vorgebracht werden konnte, der Zauberei bezichtigte. Doch der offensichtlich zu Unrecht Beschuldigte ertrug die entehrende Erniedrigung der Anklage nicht und schied freiwillig aus dem Leben, ohne den Senatsbeschluss über sein weiteres Schicksal abzuwarten. Die eingeschriebenen Väter hatten indes die Intrige durchschaut, und der Ankläger wurde aus der Kurie ausgestoßen.

Nicht viel besser erging es Lucius Arrentius Scribonianus, dem Sohn jenes Putschisten, der gleich nach Claudius' Thronbesteigung als Statthalter von Dalmatien einen Aufstand geplant hatte, von seinen Soldaten aber im Stich gelassen und bald darauf auf der Flucht ermordet worden war. Scribonianus d. J. hatte sich bei den Chaldäern nach dem Ende des Princeps erkundigt. Er wurde daraufhin aus Rom verbannt, und Claudius konnte sich rühmen, dem Sohn eines Verbrechers, den er damals verschont hatte, ein zweites Mal das Leben geschenkt zu haben. Aber Scribonianus überlebte das strenge Urteil nur kurze Zeit.

Offensichtlich war im Zusammenhang mit dem erfolglosen Umsturzversuch auch Scribonianus' Mutter Vibia in eine Anklage verwickelt und verbannt worden. Jetzt warf man ihr vor, sich nicht in die verhängte Bestrafung zu fügen. Sie war wohl unter Missachtung des Verbannungsedikts nach Rom zurückgekehrt. Kein Wunder, denn für viele Römer war die verordnete Entfernung von Rom schlimmer als der Tod.

Auch wenn Nero nach Claudius' Tod behauptete, er habe die Aufzeichnungen seines Adoptivvaters durchgesehen und feststellen müssen, dass keine einzige Verfolgung auf Befehl des Kaisers unternommen worden war, wird man dennoch nicht alle in seiner Regierungszeit begangenen Grausamkeiten allein seinen Frauen anlasten können. Vieles, was der Kaiser anderen antat, war möglicherweise die späte Reaktion auf die Missachtung, die er von Kind an bis zu seiner Thronbesteigung und noch darüber hinaus erfahren hatte. Er blieb sein ganzes Leben lang furchtsam, argwöhnisch und getrieben, seine vorherrschenden Charakterzüge, wie der Althistoriker Michael Grant vermutet.[5] Zwar hatten alle Kaiser Grund, sich vor Anschlägen zu fürchten, doch bereiteten bereits entsprechende Gerüchte Claudius so „hochgradige Angstzustände, dass alle guten Absichten zunichtewurden, und eigennützige Intriganten es nur allzu leicht hatten, ihn in panische Furcht zu versetzen".[6] Und deshalb schlug er oft auf den bloßen Verdacht hin unüberlegt zu, um eventuellen Umstürzlern zuvor zu kommen.

Die größte Angst wuchs in ihm allerdings vor seiner intriganten herrschsüchtigen Frau. „Gegen Ende seines Lebens", so Suetonius Tranquillus, „zeigten sich bei ihm deutliche Anzeichen von Reue über die Ehe mit Agrippina und die Adoption Neros."[7] Er hatte gerade eine Frau wegen Ehebruchs verurteilt, als ihm zu Ohren kam, dass sich seine Freigelassenen darüber äußerst lobend ausgelassen hatten. Auch ihm sei es vom Schicksal bestimmt, meinte er daraufhin, „dass alle seine Frauen unkeusch seien und von ihm bestraft werden müssten". Er müsse sich wohl damit abfinden, erst unter ihren Schandtaten zu leiden und sie danach zur Verantwortung zu ziehen.[8] Es blieb nicht aus, dass – in einem Palast, der alles wusste und nichts verschwieg – Agrippina von der Äußerung ihres Gatten erfuhr und heftig erschrak. Mochte Claudius diese Bemerkung auch im Zustand völliger Trunkenheit von sich gegeben haben, so war nach ihrer Auffassung doch Gefahr im Verzug. Man konnte nicht wissen, ob sich der alte Mann nüchtern nicht an seine Worte erinnerte.

Doch noch war sie mit Claudius nicht ganz fertig. Zu den letzten „Amtshandlungen" der Kaiserin zu Lebzeiten ihres Mannes gehörte die Beseitigung der Domitia Lepida, einer Tochter der jüngeren Antonia und damit einer Großnichte des Augustus. In mehrfacher Hinsicht mit dem Kaiserhaus verwandt, hielt sie sich für gleich hoch geboren wie die Kaiserin selbst. Sie galt als ebenso schön wie Agrippina, hatte das gleiche Alter und verfügte über ein ähnlich großes Vermögen. „Beide", klagt Tacitus, „waren zudem sittenlos und verrufen, gewalttätig und wetteiferten miteinander ebenso in ihren Lastern wie in der Ausnützung ihrer Vorteile, die ihnen jeweils ihre hohe Stellung bot."

Der eigentliche Streitpunkt war aber die Zuneigung Neros, dessen Tante Lepida ja war. Mit Zärtlichkeiten und Geschenken versuchte sie den jungen Mann für sich einzunehmen. Die Mutter aber trat mit brutalen Drohungen auf.[9]

Man kündigte Lepida den Tod an, obwohl sich Narcissus für sie eingesetzt hatte. Der früher nahezu allmächtige *ab epistulis* sah schon seit längerem seinen Stern sinken und meinte zu seiner Umgebung, das Verderben sei ihm gewiss, wenn erst einmal Nero nach Claudius die Macht übernähme. Er wurde nicht müde, auf seine Verdienste für das Kaiserhaus hinzuweisen. Es gehe ihm nur um das Wohlergehen des Princeps, für den er sogar sein Leben zu opfern bereit sei. Schon vor Messalinas Untreue habe er den Kaiser bewahrt. Aber was Agrippina treibe, sei noch schändlicher als das Verhalten ihrer Vorgängerin. Nicht nur sei Pallas ihr Geliebter, wovon die ganze Stadt wisse. Ehre, Scham und ihr eigener Körper seien ihr weniger wert als die königliche Macht. Durch ihre hinterlistigen Machenschaften würde sie noch das gesamte Kaiserhaus zugrunde richten.

Es erstaunt kaum, dass Narcissus mit solchen Reden die Rachsucht der Kaiserin herauf beschwor. Gleich nach Claudius' Ermordung ließ sie den einst so einflussreichen Freigelassenen, der sich als Geheimsekretär in ständiger Nähe des Kaisers aufgehalten hatte, am Grab Messalinas töten, so als ob diese für ihren von Narcissus betriebenen Fall eine späte Genugtuung bekommen sollte.

In den höchsten Tönen lobte Dio Cassius den Mann, der Agrippinas Hass auf sich gezogen hatte. Als Claudius starb, hielt er sich nicht in Rom auf. Die Kaiserin selbst hatte ihn zu einer Reise nach Campanien bewogen, wo er Bäder gegen seine Gicht aufsuchen sollte. Niemals hätte sie in seiner Gegenwart Vorbereitungen zur Beseitigung ihres Gemahls treffen können, da Narcissus wie ein Cerberus über die Sicherheit seines Herrn wachte. Unstreitig, so der Historiker, habe dieser Mann zu seiner Zeit über die größte Macht verfügt und ein immenses Vermögen besessen, und Städte und Könige hätten ihm den Hof gemacht. „Ehe er umgebracht wurde, vollbrachte er noch ein Werk, das ihm Ehre macht. Claudius' Briefe gegen Agrippina und andere, die er als Geheimschreiber in Händen hatte, ließ er verbrennen."[10]

Inzwischen häuften sich in Rom die für den Kaiser ungünstigen Vorzeichen, und er hätte als traditionsbewusster Römer sicherlich gut daran getan, sie zu beachten und zuzuschlagen, solange noch Zeit war. Bereits drei Jahre vor seinem Tod hatten sich Unglücksvögel auf dem Kapitol niedergelassen, Krähen und auch der als besonders gefährlich geltende Uhu. Häuser waren eingestürzt, denn wieder einmal hatte sich die Erde bewegt. In Todesangst hatten sich viele Menschen auf die Straßen begeben, wo die Schwächsten niedergetrampelt und getötet worden waren. Nach Missernten drohte eine Hungersnot. Man machte die Staatsführung dafür verantwortlich und beschimpfte Claudius, der auf dem Forum von einer aufgebrachten Menge in eine Ecke gedrängt wurde und von seinen Prätorianern vor dem Volkszorn in Sicherheit gebracht werden musste. Glücklicherweise wurde der Winter mild, sodass der äußersten Not begegnet werden konnte.

Doch im Todesjahr des Kaisers verschlimmerte sich die Lage wieder. „Feldzeichen und Zelte der Soldaten gingen durch Feuer vom Himmel in Flammen auf", berichtet Tacitus.[11] Ein Bienenschwarm besetzte den Giebel des Tempels auf dem Kapitol. Einige Menschen kamen als seltsame Zwitterwesen zur Welt, und ein Schwein bekam ein Junges, das Habichtsklauen hatte. Besonders beunruhigend aber waren mehrere Todesfälle innerhalb der Beamtenschaft. So starben binnen weniger Monate ein Quästor, ein Tribun, ein Prätor und sogar einer der beiden Konsuln. Am Himmel erschien ein Komet, der sich längere Zeit sehen ließ, was nach dem Glauben der Alten großes Unheil ankündigte. Ein Blitzstrahl traf das Grabmal von Claudius' Vater Drusus und die Feldzeichen der Leibwachen. Das schlimmste Vorzeichen von allen war jedoch, dass die Pforten des Tempels des Jupiter Victor von selbst aufsprangen, was als besonders unglückverheißend galt.

Agrippina scheint sich mehr gefürchtet zu haben als ihr tumber Gemahl. Ihre Angst wuchs. Die Bemerkung ihres Mannes, es sei wohl sein Schicksal, seine Ehefrauen bestrafen zu müssen, ging ihr nicht mehr aus dem Kopf. Es kam jetzt darauf an, Claudius' Absichten zuvorzukommen.

Möglicherweise hoffte sie noch, die Sache würde sich auf natürlichem Wege regeln. Denn Claudius wurde krank. Er fühlte sich so schwach und verbraucht, dass er sich entschloss, die Heilkraft der Bäder von Sinuessa in Anspruch zu nehmen, einer Stadt, die an der Grenze von Latium zu Campanien lag und von vielen Leidenden wegen ihrer heilkräftigen Quellen aufgesucht wurde. Claudius genas und kehrte bald nach Rom zurück.

Jetzt war Eile geboten. Agrippina hatte schon lange darüber nachgedacht, welche Art und Weise für die Beseitigung des Kaisers die beste und unauffälligste wäre. Und sie verfiel auf das Mittel, das Frauen für Morde bevorzugt anwenden, wie man weiß: Gift. Es fehlte ihr nicht an Helfershelfern. Vor allem eine Römerin machte sich um die Kaiserin verdient. Ihr Name war Locusta, und sie war die bekannteste Giftmischerin der Stadt. Tacitus nennt sie sogar eine „Meisterin ihres Fachs".[12] Sie hatte dem Kaiserhaus schon öfter mit ihrem

Wissen gedient und war auch schon wegen Giftmischerei verurteilt worden. Auf Schleichwegen, von den Wachen unbemerkt, gelangte sie in den Palast, wo ihr Agrippina das gewünschte Vorgehen darlegte.

Das Gift, das Claudius verabreicht werden sollte, durfte auf keinen Fall sofort wirken, damit nicht der Anschein eines gewaltsamen Todes entstünde. Aber es durfte auch nicht zu langsam zum Erfolg führen. Immerhin konnte es ja sein, dass Claudius die Heimtücke durchschaute und sich womöglich sogar wieder seinem leiblichen Sohn zuwandte. Also ein Mittel, das eine geistige Störung hervorrufen und nur langsam zum Tode führen sollte. Locusta wusste Bescheid. Sie verständigte sich mit dem Eunuchen Halotus, der Claudius gewöhnlich die Speisen auftrug und sie auch vorkostete.

Die überwiegende Meinung der Geschichtsforscher geht von einem Pilzgericht aus, dem eine geschmack- und geruchlose Substanz beigemischt war. Claudius ahnte nichts, was vielleicht auch daran lag, dass er wie so oft betrunken war, als er sich zum Essen niederließ. Auch könnte ein heftiger Durchfall die Wirkung zunichte gemacht haben. Wie nie zuvor, bekam es Agrippina jetzt mit der Angst zu tun. Sie rief Xenophon zu Hilfe, den Leibarzt, der von ihr vorsorglich eingeweiht und wohl auch fürstlich bezahlt worden war. Der erwies sich als treuer Erfüllungsgehilfe. Er führte dem röchelnden Kaiser eine mit Gift bestrichene Feder in den Hals, ganz so, als wollte er ihm beim Erbrechen behilflich sein, wie es ja bei den Römern üblich war, um nach allzu üppigem Gelage den Magen zu erleichtern. Unterschiedlich sind die Berichte, was danach geschah. Angeblich habe Claudius gleich nach dem Genuss des Giftes die Sprache verloren, habe während der ganzen Nacht Schmerzen gehabt und sei dann am Morgen schließlich verstorben.

Nach einer anderen Version sei er eingeschlummert und habe alles erbrochen, sodass man nochmals mit Gift nachgeholfen habe, das ihm in einem Brei, gleichsam um den Erschöpften zu stärken, und durch ein Klistier beigebracht worden sei. Agrippina soll ihn dabei selbst „gefüttert" haben.

Fest steht indes sein Todestag. Es war der 13. Oktober 54 n. Chr. unter dem Konsulat von Asinius Marcellus und Acilius Avida. Claudius stand in seinem 64. Lebensjahr und im 14. seiner Regierung.

Agrippina und Nero heuchelten Trauer um ihn, den sie ermordet und aus dem Speisesaal geschleppt hatten. Später sollte sich Senecas Bruder L. Iunius Gallio darüber lustig machen: Die im Staatsgefängnis Getöteten wurden von den Henkern an einem angelförmigen Haken auf das Forum geschleift und von dort in den Tiber gezerrt. Gallio meinte, Claudius sei am Haken in den Himmel gezogen worden. Nero, der Nutznießer der ganzen Aktion, sollte später bemerken, Pilze müssten eine Götterspeise sein, da sie seinen Vater zum Gott erhoben hätten. Denn Claudius war die Vergöttlichung, die bisher Caesar, Augustus und auch Livia Drusilla, der späteren Iulia Augusta, zuteil geworden war, gewiss.

Claudius mochte trotz allem geahnt haben, dass sich sein Leben allmählich neigte. Die wenigsten seiner Zeitgenossen konnten auf mehr als sechs Jahrzehnte zurückblicken. Als er Kind war, hätte ihm, schon wegen seiner vielfachen Behinderungen, kaum ein Mensch ein längeres Leben vorausgesagt. Er wusste, dass ihm mit seinen fast 64 Jahren das Schicksal in dieser Hinsicht durchaus gewogen war.

Wie jeder prominente und vermögende Mann seines Alters hatte auch er sein Testament gemacht und alle wichtigen Beamten unterschreiben lassen. Üblicherweise wurden die letztwilligen Verfügungen bedeutender Römer in die Obhut der Vestalischen Jungfrauen gegeben, deren Heiligtum und Wohnstätte sich auf dem Forum befanden, und sicherlich hätte sich auch Claudius an diesen Brauch gehalten, schon um sicherzugehen, dass das Dokument verlässlich verwahrt und nach seinem Tod auch eröffnet würde. Aber Agrippina war ihm mit ihrem Giftanschlag zuvorgekommen.

Er hatte im Jahr vor seinem Tod die beiden Konsuln bestimmt – nicht über seinen Todesmonat hinaus, wie Suetonius bemerkt.[13] Und als er zum letzten Mal in den Senat kam, hatte er dort seine Kinder zur Eintracht ermahnt und die Jugendlichen den versammelten Vätern empfohlen. Auch bemerkte er während seiner letzten Gerichtssitzung öfter, dass er nun bald die Grenze des Zeitlichen erreicht habe. Doch war das alles, wie gesagt, nicht ungewöhnlich für einen Mann seines Alters.

Agrippina hatte inzwischen den Senat einberufen. Noch durfte Claudius nicht tot sein. Obwohl man seine Leiche schon für das Begräbnis herrichtete und begann, Nero die Herrschaft zu sichern, brachten die ahnungslosen Konsuln und Priester Opfer für das Leben des Princeps dar. Agrippina schloss, als ob sie Trost suchen und spenden wollte, Britannicus ganz fest in die Arme, nannte ihn ein Ebenbild seines Vaters und hielt ihn auf diese Weise in den Privaträumen des kaiserlichen Wohnsitzes zurück. Auch seinen Schwestern Antonia und Octavia wurde der Weg an die Öffentlichkeit verwehrt. Die Eingänge zum Palast wurden durch Wachen gesichert. Immer wieder ließ die Kaiserin verlauten, Claudius' Zustand bessere sich. Sie wollte für die Inthronisierung ihres Sohnes den von den Chaldäern günstigsten Zeitpunkt abwarten.

Dann endlich, um die Mittagszeit des 13. Oktober, durfte Claudius tot sein. Die Tore des Wohn- und Regierungssitzes öffneten sich. Begleitet von

Burrus trat Nero heraus und zeigte sich dem wartenden Volk als der neue Kaiser Roms. Heilrufe begrüßten ihn. Er wurde in eine Sänfte gesetzt und in die Kaserne der Prätorianergarde gebracht. Nur wenige interessierten sich dafür, wo denn Britannicus sei. Aber sie wurden bald von der allgemeinen Hochstimmung mitgerissen.

Auch die Prätorianer begrüßten Nero als Imperator und ihren neuen Herrn, nachdem er eine Ansprache gehalten und eine Spende nach dem Vorbild seines freigiebigen Vaters versprochen hatte. Schließlich stimmte auch der Senat der von Agrippina arrangierten Regelung zu.

Claudius erhielt ein Staatsbegräbnis, wie es zuvor nur Augustus zuteil geworden war. Die „trauernde Witwe" wetteiferte in der Prachtentfaltung geradezu mit ihrer Urgroßmutter Livia Drusilla, ganz so, als wollte sie jeden eventuellen Zweifel über ihre Mitwirkung bei diesem Todesfall zerstreuen. Sie sorgte auch dafür, dass Claudius' Testament verschlossen blieb, „damit nicht die als Ungerechtigkeit empfundene Zurückstellung des Sohnes hinter den Stiefsohn Empörung und Unruhe im Volk errege".[14] Dem ermordeten Kaiser wurden schließlich alle Ehren zuerkannt, die man auch Augustus, seinem großen Vorbild, gewährt hatte, bis zur Aufnahme in den römischen Götterhimmel.

Was bleibt

Kaum ein Geschichtsschreiber der Neuzeit zählt ihn zu den großen Kaisern Roms. Und doch hat er der Stadt und dem Reich in seiner mehr als 13jährigen Regierungszeit seinen Stempel aufgeprägt, und es war nicht die schlechteste Epoche Roms, die es unter seiner Herrschaft verbringen durfte.

Tiberius Claudius Caesar Augustus Germanicus, der als Claudius in die Geschichte einging: Man hatte ihm nie Gelegenheit gegeben, sich in die Regierungsgeschäfte einzuüben, solange er noch jung war, und auch dem reifen Mann verweigerte man jegliches verantwortungsvolle Amt, um das er immer wieder nachsuchte. Denn niemand hätte auch nur im Traum daran gedacht, dass ihm dereinst das Principat in den Schoß fallen würde wie eine überreife Frucht. Denn Claudius war, wie wir gehört haben, mit diversen Behinderungen geboren worden, und seine Familie war von Anfang an darauf bedacht, ihn vor den Augen einer neugierigen Welt zu verbergen. Man schämte sich seiner. Viele sahen seine Behinderung nicht nur als körperlichen Mangel. Sie hielten ihn auch für geistig zurückgeblieben. Die allgemeine Missachtung war ihm daher gewiss. Dies umso mehr, als er sich auch als Bücherwurm erwies, als Mann der Wissenschaften, was den Römern ohnehin verdächtig erschien.

Zur Zeit seiner Geburt, im Jahr 10 vor Beginn der neuen Zeitrechnung (die die Römer freilich noch nicht so nannten, da die alten Götter noch herrschten), *anno* 743 *ab urbe condita* also, war die Herrschaft eines Einzelnen bereits eine feste Instanz, und an die einst so hoch geschätzte *res publica* erinnerten sich neben wenigen ewig Gestrigen nur noch die Schulbücher.

Nach den uralten Gesetzen, die kurz vor der Zeitenwende vielleicht nicht mehr ganz so streng beachtet wurden wie in den Anfängen Roms, sollten behinderte oder missgestaltete Kinder gleich nach der Geburt ausgesetzt werden, wilden Tieren zum Fraß oder bestenfalls als Nachschub für das Kuriositätenkabinett der Lupanare oder Gladiatorenschulen. Ein solches Schicksal blieb Claudius erspart. Mag sein, dass man sich scheute, sich eines Neugeborenen, in dessen Adern immerhin königliches Blut floss, auf diese grausame Weise zu entledigen. Doch sah man am Kaiserhof auch keinen Anlass, sich um diese Missgeburt besonders zu kümmern. Er wurde Freigelassenen und leichtfertigen Frauen zur Erziehung überlassen, und sie waren es auch, die bis zum letzten Augenblick sein Leben bestimmten.

Als er im Jahr 41 n. Chr. nach der Ermordung seines Neffen und Vorgängers Caligula von den Prätorianern auf den Thron gehoben wurde, eher zufällig, wie es scheint, brauchte der Senat lange, sich damit abzufinden. Schließlich musste er es doch, da ihm nichts anderes übrig blieb. Da aber war sein Verhältnis zum neuen Staatsoberhaupt bereits vergiftet. Und es sollte bis zu Claudius' Tod angespannt bleiben, wenn der Kaiser auch der alteingesessenen Institution stets mit ausgesuchter Höflichkeit begegnete und ihr alle erdenklichen Ehren erwies. Die ständige Zurückweisung und bewusste Vernachlässigung schon des jungen Claudius hatten in ihm eine Empfindlichkeit und Schüchternheit entwickelt, die ihm zeitlebens anhaften sollten und die auch seine Beziehung zu den eingeschriebenen Vätern überschatteten.

Neuartig an Roms viertem Kaiser war, wie gesagt, seine ungewöhnliche Gelehrsamkeit, die sogar von Autoritäten wie dem älteren Plinius in den höchsten Tönen gelobt wurde. Gleich sechs Mal zitierte er ihn in seiner berühmten Naturgeschichte, und er reihte ihn unter die hundert bedeutendsten Gelehrten seiner Zeit ein.

Schon der junge Mann, dem man lange eine geistige Schwäche attestiert hatte, ließ eine tiefgreifende Neigung zur Schriftstellerei und insbesondere zur Geschichtsschreibung erkennen, und Augustus, dem die besonderen Anlagen des jungen Verwandten nicht verborgen geblieben waren, verpflichtete Livius, den berühmtesten Historiker seiner Zeit, sich des Heranwachsenden anzunehmen und ihn entsprechend zu unterrichten. Was war dem jungen Claudius, den nahezu ein jeder verkannte, anderes übrig geblieben, als sich in der Forschung einen Ersatz für die Ämterlaufbahn zu suchen, die man ihm verweigert hatte? Er muss ein Meister seines Fachs und überaus fleißig gewesen sein. Schon der Umfang seiner Tätigkeit als Historiker lässt einen regen Geist erkennen, und so bedauert es die moderne Geschichtswissenschaft umso mehr, dass keines seiner Werke erhalten blieb. Einige bekannte Erlasse in Inschriften und auf Papyri lassen aber auf einen eigenartigen Stil schließen, dessen er sich in den verlorenen Abhandlungen ebenfalls bedient haben dürfte.

Schriftstellerkollegen des Altertums fiel es offenbar schwer, seine Gedanken und oft genialen Einfälle zu erschließen, und sie meinten, er könne sich nicht kurz und klar ausdrücken. Dies muss ihm wohl auch selbst aufgefallen sein. Denn gelegentlich hielt er in einer Rede inne, um sich zur Ordnung zu rufen und sich an sein eigentliches Anliegen zu erinnern. Es geschah auch, dass er bei öffentlichen Auftritten oder von ihm geleiteten Gerichtsverhandlungen einschlief. Denn selten konnte er nachts durchschlafen und wirkte deshalb müde und zerstreut. Auch das bot seinen Zeitgenossen Anlass zu viel Spott und Hohn.

„Der Umstand, dass Claudius wissenschaftlich tätig war und jahrelang ein zurückgezogenes Gelehrtenleben geführt hatte“, mutmaßt der Historiker Michael Grant, „erklärt viele Züge des Principats, das er nun antrat. Er hatte in seiner Person die beiden widersprüchlichen Tendenzen vereint, die für die Geschichtsschreiber seiner Epoche bezeichnend waren: Er war gleichzeitig ein gelehrter Altertumskenner und ein Chronist der Geschichte seines Zeitalters.“[1]

Beides ist in der Verwaltungstätigkeit dieses römischen Kaisers stark ausgeprägt. Er wollte einerseits die Überlieferung einer großen Vergangenheit (die seine Familie entscheidend mitgestaltet hatte) wahren, aber auch Neuerungen einführen, die er für den Staat als nützlich erachtete. Die große Kunst dabei war, die konservativen Kräfte nicht vor den Kopf zu stoßen.

Augustus, den Claudius vorbehaltlos bewunderte und dem er nachzueifern suchte, hatte diesen schwierigen Balanceakt fertiggebracht. Doch Claudius war nicht Augustus. Anders als der berühmte Vorfahre, der sich wissenschaftlich nie betätigt hatte, war Claudius in erster Linie Gelehrter – mit allen Eigenschaften, die solchen Leuten gewöhnlich anhaften: Einerseits eine kaum zu stillende Wissbegier und peinliche Genauigkeit, andererseits die Unbeholfenheit im täglichen Leben. Lange hat Claudius versucht, sowohl Theorie als auch Praxis gerecht zu werden und vom Mann des Buches zu dem der Tat zu wechseln. Erst gegen Ende seines Lebens gab er dieses Ziel auf und überließ die Regierungsgeschäfte seinen Freigelassenen und zuletzt seiner vierten Ehefrau, der überaus intelligenten und kompetenten Agrippina, um sich ganz in seine Privaträume zurückzuziehen und sich seinen gelehrten Schriften zu widmen.

Wie stand es tatsächlich um Claudius' intellektuelle Fähigkeiten? Sie sind, so einer seiner wenigen neuzeitlichen Biografen, schwer zu bestimmen. Für ihn gehören die Persönlichkeit des Kaisers und sein Regierungsstil zu den verwirrendsten Problemen der gesamten römischen Geschichte.[2]

Fest steht, dass Claudius notorisch zerstreut war (was man im Übrigen den meisten Gelehrten nachsagt), etwa, wenn er sich wundernd fragte, wo denn seine Gattin Messalina geblieben sei, die kurz zuvor, wovon man ihn in Kenntnis gesetzt hatte, hingerichtet worden war. Aber er war dennoch keineswegs der tumbe Tor, den seine Umwelt in ihm sah. Selbst Augustus wunderte sich darüber, dass Claudius, der gewöhnlich nur vor sich hinmurmelte, klar und deutlich sprach, sobald er sich an eine größere Zuhörermenge wandte. Dennoch plädierte auch der erste römische Kaiser dafür, das behinderte Familienmitglied im Verborgenen zu halten.

In vielen Bereichen war Claudius ein Kind seiner Zeit. Er hatte mit dem nicht ganz freiwilligen Besteigen des Thrones ein schweres Erbe angetreten, denn die Staatskasse war infolge der Verschwendungssucht seines Vorgängers leer. Die Menschen waren misstrauisch. Wie würde sich der neue Princeps verhalten? Würde auch er sich als eine Bestie in Menschengestalt erweisen, wie sie Caligula verkörpert hatte? Denkbar war es jedenfalls, schon weil sich Claudius für all die erlittene Schmach in seinem mittlerweile 50jährigen Leben rächen könnte. Es wäre sicherlich gewagt, ihn als Menschenfreund zu bezeichnen. Auch er fand, wie es damals üblich war, Geschmack an Tierhetzen und Gladiatorenkämpfen, an Seeschlachten und Hinrichtungen, denen er oft selbst beiwohnte und die er als besondere Spektakel genoss. Aber seine Grausamkeit war subtiler als die eines Caligula, der nur allzu gern willkürlich zuschlug. Doch auch Claudius wütete, vor allem im Senat und unter den Rittern, von denen er, oft aus fadenscheinigen Gründen, Dutzende hinrichten ließ. Aber er übergab selten einen Menschen dem Henker, ohne ihm zuvor den Prozess gemacht zu haben. Denn zu seinen besonderen Leidenschaften gehörte die Verhandlungsführung vor Gericht, wobei er bei der Urteilsfällung oft überraschte. Niemand konnte vorhersagen, wie ein Verfahren enden würde, und einige zogen es vor, sich selbst das Leben zu nehmen, ohne den kaiserlichen Urteilsspruch abzuwarten.

Stärker als seine Vorgänger kontrollierte er den Senat, doch muss man zu seiner Ehre anmerken, dass es tatsächlich immer wieder Attentatsversuche gab, die sein Leben und seine Stellung bedrohten. Die Mitglieder des erlauchten Gremiums taten sich schwer, Claudius als oberste Instanz des Reiches anzuerkennen. Warum sollten sie es mit der Staatsführung nicht besser können als jener kopfwackelnde, hinkende und sabbernde Greis, der noch kurze Zeit zuvor im Palast Caligulas die Rolle des Hofnarren gespielt hatte? Um Schlimmeres von sich und dem Reich abzuwenden, zögerte Claudius nicht, sich unliebsamer und ihm gefährlich erscheinender Senatoren zu entledigen. Nachschub für die verwaisten Sitze fand er genug, denn er gestattete nicht nur Männern aus Italien, sondern auch einigen Galliern, sich für die Mitgliedschaft zu bewerben und die Geschicke von Stadt und Reich im Mittelpunkt der Welt mitzubestimmen. Den erstaunten und diese Praxis missbilligenden eingeschriebenen Vätern gegenüber rechtfertigte sich der Kaiser mit dem Hinweis auf Augustus und seinen Onkel Tiberius, die ebenfalls Angehörige der Elite der Provinzen in Rom selbst in verantwortliche Positionen gehoben hatten. Eine nachahmenswerte Übung, war sie doch dazu geeignet, den Zusammenhalt des Riesenreiches zu sichern.

Trotz aller Vorbehalte des alteingesessenen römischen Stadtadels: Claudius beharrte darauf, dass man sich den Veränderungen der Zeit anpassen müsse. Und doch war die ganze Empörung viel Lärm um nichts. Unter ihm und seinem Nachfolger Nero kam nicht einmal ein Dutzend der Konsuln aus den westlichen Provinzen. Aus den östlichen Reichsteilen fand überhaupt keiner den Weg nach Rom.

Mehr als jeder seiner Vorgänger konzentrierte sich Claudius, wie gesagt, auf seine Richterpflichten. Auch das konnte einem Senat nicht gefallen, bei dem bisher die Gerichtshoheit gelegen hatte und der durch die Einmischung des Kaisers dessen Autorität gestärkt und die eigene Stellung geschwächt sah. So blieb es nicht aus, dass bald Spottverse auf den kaiserlichen Richter die Runde machten:

„Oh, beklagt den Mann, der wie keiner so rasch
bei Prozessen entschied, wenn nur eine Partei
er zu hören geneigt oder keine wohl auch."

so Seneca in seiner Apocolocyntasis, der postmortalen Satire auf den Kaiser.[3]

Lobenswert war sicherlich Claudius' Bescheidenheit. So weigerte er sich ein Leben lang, von seinen Zeitgenossen als Gott verehrt zu werden. Auch lehnte er lange den Titel Imperator ab, musste sich aber oft dennoch fügen. Er hatte nie eine militärische Ausbildung erhalten und auch, schon wegen seiner Behinderung, niemals Kriegsruhm erlangt. Selbst bei seinem blitzartigen Feldzug nach Britannien dürfte er nur eine eher passive Rolle gespielt haben. Übertriebene Ehrungen wies er stets zurück. So feierte er sogar die Verlobung seiner Tochter und den Geburtstag seines Enkels in aller Stille im kleinsten Familienkreis, wie Suetonius berichtet.[4] Mit ausgesuchter Höflichkeit begegnete er den Staatsorganen, die Rom groß gemacht hatten. Er bat beispielsweise die Konsuln, auf seinen Gütern Markttage abhalten zu dürfen. „Untersuchungen der Beamten wohnte er häufig wie ein ganz gewöhnlicher Anwalt bei; auch stand er vor ihnen auf, wenn sie Schauspiele gaben, und bezeugte ihnen mit dem übrigen Publikum seine Ehrerbietung. – Als sich einmal die Volkstribunen vor seinem Richterstuhl einfanden, entschuldigte er sich, dass sie aus Platzmangel nicht sitzen konnten und stehend ihre Sache vorbringen müssten."[5]

Selbstredend sprachen sich diese positiven Eigenschaften in Rom schnell herum. Die Römer liebten ihren Kaiser dafür so sehr, dass, wie berichtet, „auf die Nachricht hin, er sei auf einer Fahrt nach Ostia meuchlings umgebracht worden, das Volk in seiner großen Niedergeschlagenheit so lange das Heer als Verräter und den Senat als Mörder mit schrecklichen Verwünschungen überschüttete, bis einer und ein zweiter und dann mehrere Zeugen von den Behörden auf die Rednertribüne vorgeführt wurden, die bestätigten, dass der Kaiser wohlauf sei und sich der Stadt nähere".[6]

Trotz seiner schweren Kindheit und einer kaum angenehmeren Jugend hing Claudius am Leben, an dem er großen Gefallen fand. Mochten ihn in frühen Jahren auch oft Magenschmerzen plagen und ihn sogar an Selbstmord denken lassen, so genoss er doch immer gutes Essen und besten Wein, und er liebte Frauen, die sein Interesse auch bereitwillig erwiderten, wenn auch sicherlich nicht aus purer Zuneigung. Seine hohe Geburt und die einzigartige Stellung zogen das weibliche Geschlecht geradezu an, und Claudius war ihm verfallen, was ihm viel Spott seiner Untertanen einbrachte. Mit fortschreitender Zeit bestimmten, wie erwähnt, Frauen und Freigelassene sein Leben und seine Herrschaft und bewirkten schließlich, dass sich die anfangs gute Regierung dieses Kaisers zumindest von dem Zeitpunkt an verschlechterte, als Agrippina in Erscheinung getreten war. Doch näherte sich Claudius damals bereits dem sechzigsten Lebensjahr, das nur wenige Römer erreichten und das gerade ihm, dem von der Natur so übel mitgespielt worden war, niemand vorhergesagt hätte. Seine geistigen und körperlichen Kräfte schwanden, eine Tatsache, die sich seine vierte Ehefrau geschickt zunutze machte.

Glücklos, wie es begonnen hatte, endete Claudius' Leben. Als Augustus im Alter langsam die Übersicht verlor, stand ihm Tiberius als zuverlässiger Stellvertreter zur Seite. Unglücklicherweise verfügte Claudius über einen solchen Gehilfen nicht. Nero war zu jung, um sich seiner Verantwortung als designierter Nachfolger zu stellen. Und Claudius' leiblicher Sohn Britannicus, dem er sich in den letzten Lebensmonaten wieder annäherte, noch ein Kind. So blieb ihm nichts übrig, als Agrippina gewähren zu lassen, und er musste machtlos zusehen, wie Rom – zum ersten Mal in seiner vielhundertjährigen Geschichte – in die Fänge einer gefährlichen Frau geriet.

Und doch wäre es ein Fehler, Claudius von Anfang an nur als Marionette fremder Interessen zu betrachten. Man muss ihm zugutehalten, dass er nach dem Tod Caligulas ein schweres Erbe angetreten hatte, dass das Reich durch ihn keinen Schaden nahm und er seinem Nachfolger geordnete Verhältnisse hinterließ. Dafür verdient er unsere Achtung.

Sein Nachfolger Nero wurde, wie berichtet, von den Römern freudig begrüßt – wie fast jeder, der sich anschickte, in Rom Verantwortung zu übernehmen. Doch was hatte man von ihm zu erwarten? Ahnte man, dass man nun für viele Jahre einer weiteren Bestie ausgesetzt sein würde, einem Wahnsinnigen, den die Wissenschaft einst in einem Atemzug mit Caligula nennen und unter die grausamsten Kaiser Roms einrücken würde?

Aber das ist bereits eine andere Geschichte.

Die wichtigsten Personen

Drusus. Römischer Feldherr, Bruder des späteren Kaisers Tiberius: Sohn der Livia Drusilla, Stiefsohn des Augustus

Drusus. Sohn des (späteren Kaisers) Tiberius aus der Ehe mit Vipsanina Agrippina

Octavianus **Augustus.** Erster römischer Kaiser

Suetonius Tranquillus. Sekretär Kaiser Hadrians. Verfasser der Kaiserviten der ersten zwölf Alleinherrscher Roms von C. Iulius Caesar bis Domitian

Germanicus. Sohn des Drusus. Bruder des späteren Kaisers Claudius

Claudius. Vierter römischer Kaiser.

Tiberius Claudius Nero. Vater von Drusus und des späteren Kaisers Tiberius

Tiberius Claudius Nero. Zweiter Kaiser Roms

Antonia Minor. Ehefrau von Drusus. Claudius' Mutter

Livilla, Iulia. Nichte des Kaisers Claudius

Octavia. Augustus' Schwester. Großmutter von Kaiser Claudius

Domitius Ahenobarbus. Vater Kaiser Neros. Erster Ehemann von Agrippina Minor

Marcus Tullius **Cicero.** Römischer Politiker und Rhetoriker

Iulia. Tochter des Augustus

Marcus Vipsanius **Agrippa.** Schwiegersohn des Augustus.

Gaius Caesar. Enkel und Adoptivsohn des Augustus

Lucius Caesar. Enkel und Adoptivsohn des Augustus

Seianus, Lucius Aelius. Prätorianerpräfekt

Agrippina Maior. Enkelin des Augustus. Schwiegertochter des Tiberius (Ehefrau von dessen Adoptivsohn Germanicus)

Agrippina Minor. Vierte Ehefrau des Claudius. Mutter Neros

Nero. Fünfter Kaiser Roms. Mit seinem Tod erlosch das julisch-claudische Kaiserhaus

Messsalina. Dritte Ehefrau des Kaisers Claudius

Octavia. Tochter des Claudius aus der Ehe mit Messalina

Britannicus. Sohn des Claudius aus der Ehe mit Messalina

Narcissus. Freigelassener am Hof des Claudius

Pallas. Freigelassener am Hof des Claudius

Dio Cassius. Römischer Geschichtsschreiber

Josephus Flavius. Jüdischer Geschichtsschreiber am Hof der flavischen Kaiser

Tacitus, Publius Cornelius. Römischer Geschichtsschreiber

Gaius **Silius.** Liebhaber der Messalina; Verschwörer

Zeittafel

v. Chr.

10	1. Aug. Claudius wird im gallischen Lugdunum (Lyon) geboren. Vater Drusus (Sohn der Livia Drusilla, Stiefsohn des Augustus), Mutter Antonia Minor.
9	Tod des Drusus in Germanien
6	Skandal um Iulia, Tochter des Augustus
4	Tod Herodes' des Großen

n. Chr.

4	Claudius' Bruder Germanicus wird in die *gens Iulia* adoptiert
5	Claudius erhält die *toga virilis* und den Beinamen Nero
6	Verlobung mit Aemilia Lepida, Augustus' Großnichte
7	Der Geschichtsschreiber Titus Livius wird Claudius' Lehrer
7/8	Auf dem Triumphbogen in Licinum (Pavia) wird Claudius als Letzter genannt
9	Claudius wird Augur: er gehört dem Ritterstand an
12	Gaius Caesar, genannt Caligula, Claudius' Neffe, wird geboren (Vater Germanicus, Mutter Agrippina Maior)
14	Tod des Augustus; Tiberius tritt die Nachfolge an; Germanicus zieht in den Norden, um die Toten der Niederlage beim Teutoburger Wald zu bestatten.
15	Geburt der Agrippina Minor im heutigen nach ihr benannten Köln (Vater Germanicus, Mutter Agrippina Maior)
16	Seius Strabo wird Präfekt von Ägypten. Sein Sohn Lucius Aelius Seianus alleiniger Prätorianerpräfekt in Rom.
19	Tod des Germanicus bei Antiochia; Vertreibung der Juden aus Rom
27	Tiberius zieht sich auf die Insel Capri zurück
28	Agrippina Minor heiratet Gnaeus Domitius Ahenobarbus
29	Tod der Iulia Augusta (ehemals Livia Drusilla, Ehefrau des Augustus)
37	Caligula wird römischer Kaiser
38	Tod Drusillas, Caligulas Schwester
39 oder 40	Claudius' Heirat mit Messalina
40	Geburt Octavias, der Tochter des Claudius

41	Geburt des Sohnes Britannicus (eigentl. Tiberius Claudius Germanicus); 24. Jan. Caligula wird ermordet, Claudius zum Kaiser ausgerufen; Judenedikt
42	Rebellion des Scribonianus, Statthalters von Dalmatien; Verbannung Senecas auf Korsika; Juden erhalten Versammlungsverbot; Beginn größerer Baumaßnahmen: Porta Ostiensis Augustae und Trockenlegung des Fuciner Sees; Claudius setzt Mithridates auf den Thron des Bosporianischen Reiches (drei Jahre später wieder abgesetzt)
43	Hinrichtung der Iulia Livilla (Nichte des Claudius)
46	Verbannung des Asinius Gallus, des Enkels des Gaius Asinius Pollio, und des Statilius Corvinus wegen Verrats; Cotys wird in Armenien inthronisiert
47	Säkularspiele, Rom 800 Jahre alt; Reorganisation der *haruspices*
48	Ein Zensus ergibt 5984072 römische Vollbürger; Aufdeckung der Verschwörung des Silius, Hinrichtung von Messalina und Silius
49	Claudius heiratet seine Nichte Agrippina Minor, die Mutter Neros; Seneca wird aus der Verbannung zurückgerufen; erneute Judenedikte; Meherdates, früher Geisel in Rom, kehrt ins Partherreich zurück.
50	Die Ara Ubiorum erhält den Namen Colonia Agrippinensis
51	Nero erhält die *toga virilis* und wird von Claudius an Sohne Statt angenommen; Agrippina zur Augusta erhoben; böse Vorzeichen künden Claudius' baldigen Tod an; Krieg im Osten zwischen Iberern und Armeniern, Auseinandersetzungen zwischen Römern und Parthern
52	Verbannung des Furius Scribonianus; Naumachie auf dem Fuciner See
53	Hochzeit Neros mit Octavia
54 13. Okt.	Claudius stirbt in Rom, der 17jährige Nero tritt die Nachfolge an; Claudius wird vergöttlicht

Danksagung

Viele mir liebe Menschen haben dazu beigetragen, dass dieses Buchprojekt realisiert werden konnte. Ihnen allen gilt mein herzlicher Dank.

In erster Linie danke ich Frau Valerie Lange vom ***ibidem***-Verlag für die gewissenhafte Betreuung der Veröffentlichung und manchen guten Rat.

Dank meiner Familie, vor allem meinen Kindern Alexander Constantin und Dr. Natalia Schall für die geduldige Begleitung beim Kampf mit meinem PC, Herrn Dr. Günther Ebersold und Herrn Alexander Blocko für die permanente moralische Unterstützung und nicht zuletzt meinen lieben Freunden Adrian Brosch, Gabriele Hoffman und Jürgen Kolar vom Römerschiff Lusoria Rhenana, die meine schriftstellerische Arbeit mit so großer Aufmerksamkeit liebevoll begleiten.

Anmerkungen

Sein Name war Drusus

1 Suetonius Tranquillus (Suet.) Leben der Caesaren. Claud. I
2 Dio Cassius (Dio). Römische Geschichte. LV I
3 Suet. Claud. I
4 Dio LV 2
5 Suet. Claud. I
6 Ebd.
7 Seneca, Lucius Annaeus. Apocolocyntasis Claudii. 5,2
8 Suet. Claud. 2
9 Ebd.
10 Corpus Incriptionum Latinarum (CIL) V 6416
11 Suet. Claud. 5
12 Ebd.

Die politischen und familiären Verhältnisse

1 Tacitus, Publius Cornelius. Annalen XI 24
2 Nack-Wägner/Wagner Wilhelm. Das römische Weltreich. Wien. o.J. S. 367

In jungen Jahren

1 Suet. Claud. 26
2 Tacitus. Ann. II 34
3 Tacitus. Ann. IV 21
4 Suet. Claud. 27
5 Suet. Claud. 26
6 Suet. Aug. 64/65
7 Suet. Tib. 156
8 Dio LVI 30
9 Tacitus. Ann. I 5
10 Fischer-Fabian. S. Die ersten Deutschen. Locarno 1975. S. 262
11 Ebd. S. 259
12 Ebd.
13 Gardthausen, Viktor. Augustus und seine Zeit. Leipzig 1909

Herrscherwechsel

1 Suet. Claud. 4
2 Tacitus. Ann. I 4
3 Suet. Claud. 5
4 Ebd. 6
5 Tacitus. Ann. I 53
6 Ebd. 61

7 Ebd. 65
8 Ebd. III 2
9 Ebd. 12
10 Suet. Tib. 52
11 Tacitus. Ann. III 18

Schicksal und Willkür

1 Tacitus. Ann. IV 62
2 Ebd. 64
3 Suet. Tib. 63
4 Ebd.
5 Ebd. 44
6 Ebd. 43
7 Suet. Claud. 6
8 Tacitus. Ann. VI 46
9 Dio LVIII 28
10 Suet. Tib. 73

Am Hofe Caligulas

1 Josephus Flavius. Antiquitates Iudaicae. XVIII 6,8
2 Ebd. 6,9
3 Ebd.
4 Suet. Claud. 9
5 Suet. Cal. 15
6 Dio LIX 6
7 Ebd. 8
8 Suet. Cal. 30
9 Ebd.
10 Dio LIX 11
11 Suet. Cal. 24
12 Dio LIX 12
13 Suet. Cal. 33
14 Ebd.
15 Suet. Cal. 55
16 Ebd. Cal. 57

Die Thronerhebung

1 Josephus Flavius. A.a.O. XIX 1,20
2 Suet. Claud. 10
3 Grant. Michael. Roms Caesaren. München 1983. S. 159
4 Flavius Josephus. A.a.O. XIX 3
5 Tacitus. Historien IV 7
6 Josephus Flavius. A.a.O. XVII
7 Ebd. XVIII 4

[8] Ebd. XVIII 5
[9] Ebd. XVIII 6
[10] Ebd. XVIII 10
[11] Ebd. XIX 2
[12] Ebd. XIX 5

Die ersten Regierungsjahre

[1] Dio LX 5
[2] Suet. Claud. 11
[3] Dio LX 3
[4] Ebd. LX 4
[5] Ebd. LX 6
[6] Ebd. LX 11
[7] Tacitus. Ann. XI 24

Verschwörungen und die Rechtspolitik des Kaisers

[1] Plinius d. J. Epist. III 16
[2] Dio LX 16
[3] Ebd. 14
[4] Ebd. 15
[5] Suet. Claud. 13
[6] Dio LX 16
[7] Tacitus. Ann. XI 1
[8] Ebd. XI 6 f
[9] Suet. Claud. 15
[10] Ebd.
[11] Ebd.
[12] Dio LX 16
[13] CIL XVI 1-3
[14] Dio LX 17

Brot und Spiele

[1] Suet. Claud. 18
[2] Ebd. 21
[3] Ebd.
[4] Ebd.
[5] Ebd.
[6] Ebd.

Eine komplexe Persönlichkeit

[1] Suet. Claud. 30
[2] Ebd.
[3] Grant, Michael. A.a.O. S. 160
[4] Suet. Claud. 18

[5] Ebd. 31
[6] Dio LX 11
[7] Ebd.
[8] Suet. Claud. 33
[9] Ebd.
[10] Suet. Claud. 35
[11] Ebd. 15
[12] Ebd. 38
[13] Ebd. 40
[14] Ebd.
[15] Ebd.
[16] Ebd. 42
[17] Ebd.
[18] Ebd.
[19] Ebd. 41 f
[20] Grant, Michael. A.a.O. S. 163
[21] Ebd. S. 164

Die Bautätigkeit

[1] Suet. Claud. 21
[2] Ebd.
[3] Dio LX 21
[4] Stützer, Alexander. Das antike Rom. Köln 1979. S. 60 f.
[5] Suet. Claud. 21
[6] Coarelli, Filippo. Rom. Freiburg 1975. S. 254 f
[7] Werner, Dietrich. Wasser für das antike Rom. Berlin 1986. S. 70 f
[8] wie 7. Mit Hinweis auf Frontin. 14,1
[9] wie 7. mit Hinweis auf Plinius d. Ä. XXXVI 123
[10] Klee, Margot. Lebensadern des Imperiums. Stuttgart 2010. S. 57 f
[11] Coarelli, Filippo. a.a.O. S. 74
[12] Klee, Margot. A.a.O. S. 80
[13] Suet. Caes. 44; Claud. 20
[14] Dio LX 11
[15] Suet. Claud. 20
[16] Dio LX 11
[17] Das antike Ostia. Ein Hafen für Rom. Rom 2015
[18] Suet. Claud. 20

Claudius und die Religion

[1] Tacitus. Ann. X 11
[2] CIL 32323
[3] Dio LX 22
[4] Suet. Claud. 22

[5] Giebel, Marion. Das Geheimnis der Mysterien. Zürich 1990. S. 17
[6] Suet. Claud. 25
[7] Ebd.
[8] Plinis d. Ä,. Nat. Hist. 30,12
[9] Tacitus. Ann. XI 15
[10] Ebd.
[11] Tacitus. An. II 85,5
[12] Sueton, Tib. 36,2
[13] Flavius Josephus. A.a.O. 18 3,5
[14] Dio LX 66
[15] Sueton. Claud. 25
[16] Seneca, Lucius Annaeus. A.a.O. 8,2

Die Erweiterung des Reiches und die Provinzen

[1] Suet. Claud. 17
[2] Dio LX 8
[3] Ebd.
[4] Sueton. Claud. 24
[5] Ebd. 25
[6] Ebd.
[7] Dio LX 19
[8] Ebd. 20
[9] Ebd. 23
[10] Sueton. Claud. 17
[11] Ebd. 21

Claudius und die Frauen – Messalina

[1] Sueton. Claud. 33
[2] Ebd. 26
[3] Sueton. Cal. 24
[4] Sueton. Claud. 29; Tacitus. Ann. XIII 32
[5] Juvenal. Satiren 114-122
[6] Durant, Will und Ariel. Kulturgeschichte der Menschheit. Bd. 4. S. 302
[7] Balsdon, Dacre. Die Frau in der römischen Antike. dtv 1989. S. 114
[8] Tacitus. Ann. XI 2
[9] Ebd. 12
[10] Ebd. 27
[11] Suet. Claud. 29
[12] Tacitus. Ann. XI 30
[13] Ebd. 37
[14] Suet. Claud. 26

Iulia Agrippina

1 Dio LX 14
2 Suet. Claud. 26
3 Tacitus. Ann. XII 5
4 Ebd. 7
5 Dio LXI 2
6 Tacitus. Ann. XIV 9
7 Suet. Nero 5
8 Ebd. 6
9 Tacitus, Ann. XII 7
10 Ebd. XII 22
11 Kornemann, Ernst. Große Frauen des Altertums. Wiesbaden o.J. S. 233
12 Tacitus, Ann. XII 64
13 Kornemann, a.a.O. S. 236 f
14 Suet. Nero 34

Die Kinder des Kaisers

1 Suet. Claud. 27
2 Dio LX 31
3 Tacitus. Ann. XIII 47
4 Suet. Claud. 24
5 Ebd. 29
6 Dio LX 33
7 Suet. Claud. 29
8 Suet. Nero 35
9 Tacitus. Ann. XIV 69
10 Ebd. 63
11 Ebd. 64
12 Suet. Claud. 27
13 Tacitus. Ann. 32
14 Tacitus. Ann. XI 11
15 Suet. Claud. 43
16 Tacitus. Ann. XIII 15
17 Suet. Nero 33
18 Ebd.

Das geistige Leben in claudischer Zeit

1 Apostelgesch. 18, 12–16
2 Suet. Cal. 53
3 Friedländer, Ludwig. Der Philosoph Seneca. 1987. S. 106
4 Fuhrmann Manfred. Seneca und Kaiser Nero. Berlin 1997. S. 103
5 Tacitus. Ann. XIII 3
6 Ebd. IV 62

Die letzten Regierungsjahre

1 Tacitus. Ann. XII 35
2 Ebd. 12
3 Ebd. 16
4 Ebd. 11
5 Ebd. 20
6 Ebd. 23
7 Ebd. 27
8 Ebd. 30
9 Ebd. 37
10 Ebd. 47
11 Ebd. 44ff

Das Ende

1 Dio LX 34
2 Tacitus. Ann. XII 41
3 Ebd.
4 Tacitus. Ann. 59
5 Grant, Michael. A.a.aO. S. 166
6 Ebd.
7 Suet. Claud. 43
8 Ebd.
9 Tacitus. Ann. XII 64f
10 Dio LX 34
11 Tacitus. Ann. 61
12 Ebd. 66
13 Suet. Claud. 46
14 Tacitus. Ann. 69

Was bleibt

1 Grant, Michael. A.a.O. S. 163
2 Scramuzza, V. M. The Emperor Claudius. Massachusetts 1941
3 Seneca, Lucius Annaeus. A.a.O. 12,3
4 Suet. Claud. 12
5 Ebd.
6 Ebd.